高等院校婚庆专业“十三五”规划教材

婚庆市场营销与谈单技巧

金雷宇　主编
王晓玫　崔　杰　赵　天　参编

中国铁道出版社有限公司
CHINA RAILWAY PUBLISHING HOUSE CO., LTD.

内 容 简 介

本书是婚庆服务与管理专业的专业基础课程教材，通过学习使学生基本了解婚姻庆典市场的特征、历史变迁及市场营销的基本原理，并具备一定的营销实操技能，为继续完善管理学知识架构打下基础，为将来进入工作岗位做好充分的技能准备。

本书共12章，依知识掌握和理解的次序分别为认识婚庆市场、营销相关的经济学常识、营销观念及其历史演进、婚庆市场环境分析、消费者行为分析、婚庆市场调研方法、婚庆目标市场营销、婚庆产品策略、婚庆服务定价策略、婚庆市场分销策略、促销策略与婚庆谈单技巧、婚庆商务合同与签单。每章都包含学习目标、导入案例、理论知识、小结、关键概念、习题六个部分。在讲解原理的同时，辅以大量与婚庆行业相关的资料与案例，加深学习者对原理的理解和把握。同时，为体现高职教育的工学结合特征，每章的习题部分都有相应的实训题，使学生在练习中掌握市场营销的原理和方法。

本书适合作为高等院校婚庆服务与管理专业的教材，也可以作为婚庆行业工作人员的工具书。由于在实操性和趣味性之外有意保留了很多理论性的基本原理及其分析，本书也适合本科层次的相关专业学生作为服务类市场营销的专业书研读。

图书在版编目（CIP）数据

婚庆市场营销与谈单技巧/金雷宇主编. —北京：中国铁道出版社有限公司，2019. 3（2022. 7重印）
高等院校婚庆专业“十三五”规划教材
ISBN 978-7-113-25468-1

Ⅰ.①婚… Ⅱ.①金… Ⅲ.①婚庆业-市场营销-高等学校-教材 Ⅳ.①F719.9

中国版本图书馆CIP数据核字(2019)第031606号

书　　名：婚庆市场营销与谈单技巧
作　　者：金雷宇

策　　划：魏　娜　　　编辑部电话：（010）63549508
责任编辑：陆慧萍　卢　笛
封面设计：刘　颖
责任校对：张玉华
责任印制：樊启鹏

出版发行：中国铁道出版社有限公司（100054，北京市西城区右安门西街8号）
网　　址：http://www.tdpress.com/51eds/
印　　刷：三河市荣展印务有限公司
版　　次：2019年3月第1版　2022年7月第3次印刷
开　　本：889 mm×1 194 mm　1/16　印张：13.5　字数：312千
书　　号：ISBN 978-7-113-25468-1
定　　价：39.00元

高等院校婚庆专业“十三五”规划教材
编委会名单

总序

凝结着四所高校教师和婚庆行业一线专家集体智慧和辛勤付出的“高等院校婚庆专业‘十三五’规划教材”终于面世了，我们为之感到由衷的欣慰。这是婚庆专业教育理论建设、专业研究和专业教育情结使然。

2007 年，北京社会管理职业学院开始举办高等职业教育后，在民政管理专业项下设立了三个专业方向：婚姻服务与管理、社会救助与管理、殡仪服务与管理，自此在全国高校开创了婚庆专业的先河。而在专业建设之初，教材建设就成为专业建设的重中之重。从 2007 年下半年开始，北京社会管理职业学院婚庆教研室就着手编写婚庆专业自编讲义，至 2010 年已经编写完成了《婚姻庆典服务概论》《婚礼策划实务》《婚礼现场督导》《婚礼主持艺术》《普通话与婚礼主持》《婚礼摄影》《婚礼色彩学》《婚俗文化学》《婚礼花艺与现场布置》《婚礼音乐鉴赏与编辑》《婚庆公司经营与管理》《婚庆服务礼仪》等 12 本校本自编讲义。这些自编讲义为我们出版“高等院校婚庆专业‘十三五’规划教材”奠定了坚实的基础。

随着我国高等学校高职高专婚庆专业的迅速发展和社会需求加大，高职高专婚庆专业教材建设也面临着更高的要求。至 2013 年，除北京社会管理职业学院开办婚庆专业外，湖北民政职业学院、长沙民政职业技术学院、重庆城市管理学院也相继开办了婚庆专业。目前，据统计已经有 23 所高职院校、3 所中职学校开设了婚庆服务与管理专业或方向。为更好地配合高等职业教育婚庆专业的教学改革，加大工学结合教学资源的开发力度，为高职高专婚庆专业高端技能型人才培养提供优质教材支持，我们依靠民政部牵头组建和管理的、指导民政职业教育与培训工作的专家组织——民政行业教育指导委员会的领导，由民政行业教育指导委员会教材编写委员会、北京社会管理职业学院民政管理系牵头，长沙民政职业技术学院、重庆城市管理职业学院、湖北民政职业学院提名人选参与，同时吸纳了部分婚庆行业专家，成立了“高等院校婚庆专业‘十三五’规划教材编写委员会”（以下简称编委会），负责规划教材的组织编写。

“高等院校婚庆专业‘十三五’规划教材”总结了婚庆服务领域企业经营、技术经验、行业标准等方面理论和实践经验，展示了婚庆服务的未来发展趋势，突出了专业性、技术性、先进性和规范性。在具体编写上，体现了行业特点和前瞻性，并将国际、国内先进婚庆行业发展理念和实践经验提炼出来，力求成为引导我国婚庆行业未来发展的高质量、高水平的“高等院校婚庆专业‘十三五’规划教材”。

本系列教材包括：《婚礼策划实务》（第二版）、《婚礼现场督导》（第二版）、《婚礼主持教程》（第二版）、《婚礼花艺与现场布置》（第二版）、《婚礼化妆造型技术》、《婚礼音乐鉴赏与编辑》（第二版）、《婚庆公司经营与管理》、《中西婚礼文化》（第二版）、《婚礼摄影教程》、《婚庆服务礼仪》、《婚礼色彩设计与应用》（第二版）、《婚姻庆典服务概论》、《婚礼手绘教程》、《婚纱摄影技术》、《婚庆市场营销与谈单技巧》等。在每本书体例设计上采取以工作流程为主线设计教材的方式，突出体现了基于工作过程的设计理念。

编委会按照“服务婚姻、服务婚庆、服务行业”的理念，将内容与专业未来发展相衔接，结合参与编写作者所在高校的自身优势，分工合作，并于 2013 年 1 月 20 日召开了各分册编写大纲审议会议，确定了编写计划和各分册编写提纲。在北京社会管理职业学院编写讲义的基础上，历时两年多陆续由中国铁道出版社有限公司正式出版。

本系列教材体系框架主要由王晓玫教授带领相关教师和行业专家构思而成，在此基础上，又由各分册的主编和作者作了进一步的讨论和修改。展示在广大读者面前的这套“高等院校婚庆专业‘十三五’规划教材”，无疑凝聚着所有给予指导和参与撰写、讨论修改的专家、教师的集体智慧。

本系列教材出版后，获得开设婚庆专业的院校的热烈欢迎和踊跃订购，也获得了婚庆行业的高度评价和积极购买。由于部分教材已经售罄或者即将售罄，同时，经过调研，有的教材需要进行修订完善，经编委会与出版社商议，决定在第一版的基础上，对已经出版的教材进行修订后再版。

“高等院校婚庆专业‘十三五’规划教材”受水平所限，在其理论和实践的探索中难免会有这样或那样的疏漏或缺陷，敬请婚庆、婚俗理论界、实务界和所有关心婚庆教育的人士给予批评、指教。

邹文开

前言

市场营销学是建立在经济科学、行为科学和现代经营管理理论基础上的一门交叉学科，也是理论性与实践性并重的学科。市场营销学的研究内容涉及经济学、社会学、心理学、组织行为学、管理学、价格学、法学、广告学、公共关系学、审计学、会计学、金融学、美学等学科的理论与知识，因此，它明显具有综合性与交叉性的特点。其次，市场营销学是一门能够直接指导企业市场经营实践的应用性学科，具有较强的实践性与可操作性。从学科属性来讲，市场营销学属于广义的管理类学科，它与偏重企业内部管理的狭义管理学之间最重要的区别是其面对市场的开放性。

目前各种市场营销学的教材，不管是讲述通用理论，还是研究具体行业，大都具有两个最基本的特征：要么是像科特勒的《市场营销原理》那样，使普通学生（尤其是办学层次偏低的学校的学生）望而生畏；要么像一些高职专用教材，为了迁就学生特点，不传授系统的营销学经典内容，严重偏向实操技能，从而忽略了营销学课程理论和实践并重的基本特点，自然也就并没有使学生真正拥有一个营销的头脑，无法掌握有效的营销技能。

本书试图在婚庆行业打破这种局面，一方面仍然教授经典营销学内容，仅删减不影响主干知识架构的次要内容和过于抽象、需要一定数学基础的部分内容，同时通过婚庆行业相关案例和简明的实训练习，把营销理论与婚庆服务市场紧密结合起来，让学生在掌握基本概念的同时能够自己动手参与营销实践。在内容方面，由于保留了完整的营销知识结构，让学生集中精力掌握并熟悉中心知识点的同时，可以为升本考研等进一步深造预留一定的知识储备。

作为婚庆服务与管理专业的专业基础课程教材，本书立足于婚庆行业和相关服务行业，将营销的重点从实物产品逐步过渡到服务类产品，以求拓宽学生的知识面，并对今后的就业有所帮助。在知识点拓展方面，考虑到婚庆服务与管理专业学生的一般课程设计只涉及管理学的情况，特意增加了普通营销学课程不包含的相关经济学常识，这对理解市场营销的许多重大原理十分有效，也可以增加学生的学习兴趣。

本书由北京社会管理职业学院婚礼文化与传媒艺术学院金雷宇主编，王晓玫负责统稿、审稿，崔杰、赵天负责部分案例的编写。

本书既可以作为高等院校婚庆服务与管理专业的教科书，又可以作为婚庆行业工作人员的工具书。由于在实操性和趣味性之外有意地保留了很多理论性的基本原理及其分析，本书也适合本科层次的相关专业学生作为服务类市场营销的专业书研读。

当然，由于编者水平有限，对婚庆服务市场也缺乏更为深入的第一线调研，仓促之间难免会出现许多疏漏，甚至和现实市场的飞速发展有所偏离，期望广大读者尤其是行业中的各位专家学者提出宝贵意见，因为所有的教科书最终的目的都是服务于现实。

金雷宇

2018 年 11 月于北京

目录

第1章 认识婚庆市场

学习目标

通过本章的学习，你应该能够：

- 了解什么是市场以及市场的功能；
- 掌握婚庆服务市场的含义、发展、特征和趋势。

导入案例

婚礼的钟声、收银机和戒指在中国

随着初夏的临近，婚礼的钟声即将在美国各地此起彼伏。我以往一直对婚庆行业这门生意的规模有多大不甚了了，直到我的大女儿萨拉从耶鲁大学毕业去《现代新娘》杂志工作后，我才略知一二。她向我讲述新娘及她们的母亲如何精心筹划婚礼，这令我大开眼界同时也多少感到一丝惊愕，至少对我这个有两个女儿的父亲来说是如此。

几年之后，当我们在位于新泽西州的农场上举办萨拉的婚礼时，我终于实实在在地感受到，当年轻人结婚时，有多少行业会因此而生意兴隆。我的妻子卡琳和女儿萨拉似乎很快就与该地区的每一位婚纱设计师、酒席承办商、花店、蛋糕店、婚礼帐篷商、摇滚乐队、摄影师、婚礼策划师、酒店、餐馆、运输公司、电工、水暖工成为好朋友！难怪美国婚庆行业目前的市场规模估计高达400亿美元。然而，甚至这样的估计似乎也有些偏低。根据对美国2011年结婚的18 000名新娘进行的一项调查显示，她们的平均婚礼费用为27 021美元。如果是这样的话，那么去年美国进行的约210万场婚礼将给婚庆行业带来近600亿美元的收入。无论你如何界定婚庆行业，婚庆在美国都可称得上是门大生意。

有一个庞大的年轻人群体，随着国家的逐步富裕，想要成为当今世界全球化的一分子，而他们的父母们也很愿意为各自的独生子女倾尽所有。在伟大的互联网的推动下，我们应该对西式婚礼在中国也正成为一门规模庞大的生意而丝毫不感到惊讶，说中国婚庆行业正蓬勃发展都显得有些保守。虽然中国的平均费用较低，但中国婚庆行业的规模早已和美国的一样大。中国的总人口远远超过美国，每年办的婚礼超过 1 000 万场，比美国高出四倍多。虽然不同机构对中国婚庆行业规模的估计略有差异，但诸如《中国广告时代》等杂志的许多专家表示，中国婚庆行业的年产值在 2011 年之前就已达到 570 亿美元。

随着中国的许多新婚夫妇舍弃传统中式婚礼而选择西式婚礼，转向白色婚纱、摄影师以及昂贵的珠宝，中国婚庆行业势必会增长到更大的规模。这就是目前诸如弗吉尼亚州专门从事婚礼策划师培训的美丽婚礼国际（Weddings Beautiful Worldwide）等美国公司纷纷把各自的目光瞄向中国市场的原因。2011 年该公司在中国设立了一家合资企业，试图把自己在婚礼策划师培训方面拥有的专业知识引入中国。中国的传统，新婚夫妇在结婚时都会收到庆贺他们结婚的巨大红包，他们都希望学习如何利用这些钱来筹划婚礼。这家名叫美丽婚礼中国（Weddings Beautiful China）的合资公司的总裁劳尔·瓦斯克斯（Raul Vasquez）曾经在北京表示："随着中国经济的快速发展，消费者趋向于选择更加独特而且更具个性化的婚礼，这将推动中国婚庆行业的发展。"

该合资公司的中方合伙企业本身也是一家美资高端婚礼咨询公司，根据该公司网站公布的资料显示，其创始人致力于"为如今生活在中国的现代、优雅、时尚的新娘提供婚庆策划咨询服务"。该公司的办公地址位于北京市著名的三里屯地区。该合作项目的双方显然都相信，中国的婚礼开销将继续攀升且越来越昂贵，而婚庆市场有望急剧增长。他们计划通过一系列的培训课程，使学员能够成为"注册婚礼师"（Certified Wedding Specialist），从而打造新一代的婚礼策划师。

每当有人问现在进入中国是否为时已晚，我总是回答说，正相反，现在仍属于初级阶段。虽然中国早已成为世界第二大经济体，但目前婚庆行业仍处于起步阶段。中国在产品、技术及服务方面需要弥补的差距显而易见，其中每方面的差距都意味着一个新的商机，只要你认识到这些机会，并且有能力和远见制订及实施一项策略就能填补差距。其中有些机会可能由中国企业或企业家来填补，但其他一些机会可能由西方国家的公司获得。不过，无论哪种方式，这些差距最终都将得以填补，并且在此过程中创造出许多规模庞大而且有吸引力的公司。论及中国婚庆行业的发展前景，我认为以下三方面特别令人鼓舞。

第一，与许多其他行业不同，婚庆行业往往具有地方性，由许多小公司组成。在婚庆行业占据主导地位并且提供所有相关服务的大型企业寥寥无几，而一场成功的婚礼往往需要许多具有不同专长的公司通力协作。婚庆行业规模如此巨大，为许多创业者及小企业提供了发展空间。

第二，中国婚庆行业近年来的发展变化令人惊叹，这表明新观念在中国被人们接受的速度非常快。如果有人在 2007 年（更不用说在我第一次来到中国的 1992 年）告诉我说中国人会在西式婚礼上花这么多钱，我压根儿就不会相信。

第三，上述情况表明，中国的经济增长和各项发展不仅对中国的企业家和公司来说是一个机遇，对于其他国家的所有参与者也都是一个机遇。美丽婚礼国际及其合作公司就是在其中发现了具有吸引力的利基市场并把自己的专业知识引入中国的公司之一。

机遇总是出现在你孜孜以求的地方，在中国，有很多地方值得一看。服务业，尤其是奢侈品，是一个很好的起点。

（资料来源：Jack Perkowski.(2012-05-30)"Wedding Bells, And Cash Registers, Ring In China". http://www.forbes.com/sites/jackperkowski/2012/05/30/wedding-bells-and-cash-registers-ring-in-china/#4c4895b139aa(2018-9-14)）

理论知识

1.1　一般市场的概念及其功能

市场（Market）的概念，缘起于古代人类对于固定时段或地点进行交易的场所的称呼，指买卖双方进行交易的场所。比如我国南唐尉迟偓的著作《中朝故事》中有：“每阅市场，登酒肆，逢人即与相喜。”清代兰陵忧患生的《京华百二竹枝词》:“新开各处市场宽，买物随心不费难。”当然，这是指“市场”这个称呼的历史，真正的市场含义，更要上溯至远古时代，《周易・系辞下》就市场的起源写道:“日中为市，致天下之民，聚天下之货，交易而退，各得其所。”

发展到现在，市场具备了两种意义：一种意义是交易场所，如股票市场、期货市场等；另一种意义为交易行为的总称，即市场一词不仅仅指交易场所，还包括了所有的交易行为，主要包括买方和卖方之间的关系，同时也包括由买卖关系引发出来的卖方与卖方之间的关系以及买方与买方之间的关系。所以当谈论到市场大小时，并不仅仅指场所的大小，还包括了消费行为是否活跃。因此从广义上说，所有产权发生转移和交换的关系都可以称为市场。

1.1.1　市场的分类

依据标准和角度的不同，市场可以分为不同的类别。从理论上讲，市场可以有无数多的分类方法，视需求不同而不同。

1. 按交易对象的具体内容不同来分

按具体内容来分，有商品市场、技术市场、劳动力市场、金融市场、信息市场、服务市场（婚礼服务市场）等。

2. 按交易对象是否具有物质实体来分

（1）有形产品市场。

（2）无形产品市场，婚庆产品即是无形产品。

3. 按地理标准（空间标准）分

（1）国内市场：北方市场、南方市场、沿海市场。

（2）国际市场：国别市场和区域市场。

4. 根据出现的时间次序来分

（1）现实市场。

（2）潜在市场。

（3）未来市场。

5. 按购买者的购买目的和身份来分

（1）消费者市场。

（2）生产商市场。

（3）中间商市场。

（4）政府市场。

6. **按人文标准来分**

（1）妇女市场。

（2）儿童市场。

（3）老年人市场。

7. **按市场竞争状况来分**

1）完全垄断市场

完全垄断市场（Perfect Monopoly）又称纯粹垄断市场，是一种不存在竞争或基本不存在竞争的市场，在这种市场上，一个行业只有一家企业进行产品的生产和经营，没有或基本没有其他的替代者，如我国的烟草市场等。

2）寡头垄断市场

寡头垄断市场（Oligopoly）是指由少数几家大企业控制的市场，如我国的石油产品市场等。

3）垄断竞争市场

垄断竞争市场 (Monopolistic Competition) 是现实生活中最常见的一种企业市场模式。它是指在一行业中有许多企业生产和销售同一种产品，且每个企业的产量只占总产量的一小部分，有少量较大的企业占有一定份额的市场。

4）完全竞争市场

完全竞争市场（Perfect Competition）是指一个行业中有非常多的独立生产者，每个企业都很小，它们都以相同的方式向市场提供同类的、标准化的产品。这是一种理想化的市场竞争态势，现实生活中几乎不可能完全达到。但是，婚庆服务市场已经非常接近完全竞争，它的进入门槛低，供应商数量极大。

1.1.2 市场的功能与要素

市场是社会分工和商品经济发展的必然产物。同时，市场在其发育和壮大过程中，也推动着社会分工和商品经济的进一步发展。市场通过信息反馈，直接影响着人们生产什么、生产多少，以及上市时间、产品销售状况等，这就是亚当·斯密所谓的“看不见的手”的功能。市场串联起了商品经济发展过程中的产、供、销及最终消费者各方，为上述各方提供交换场所、交换时间和其他交换条件，以此实现商品生产者、经营者和消费者各自的经济利益。

1. **市场的基本特点与功能**

市场的基本特征与功能（意义），可以将它们一一对应起来认识。

1）统一

市场的统一不仅使消费者在商品的价格、品种、服务上能有更多的选择，也使企业在购买生产要素和销售产品时有更好的选择。

2）开放

一个开放的市场，能使企业之间在更大的范围内和更高的层次上展开竞争与合作，促进经济发展。

3）竞争

竞争是指各经济主体为了维护和扩大自己的利益而采取的各种自我保护的行为和扩张行为，

努力在产品质量、价格、服务、品种等方面制造优势。竞争的意义在于带来充分的市场竞争，会使经济活动充满生机和活力。

4）有序

市场有序性能保证平等竞争和公平交易，保护生产经营者和消费者的合法权益。

2. 市场的构成要素

市场的构成要素可以用一个简单的等式来描述：

市场 = 人口 + 购买力 + 购买欲望

1）人口

这是构成市场的最基本要素，消费者人口的多少，决定着市场的规模和容量的大小，而人口的构成及其变化则影响着市场需求的构成和变化。因此，人口是市场三要素中最基本的要素。

2）购买力

购买力是指消费者支付货币以购买商品或服务的能力，是构成现实市场的物质基础。一定时期内，消费者的可支配收入水平决定了购买力水平的高低。购买力是市场三要素中最物质的要素。

3）购买欲望

购买欲望是指消费者购买商品或服务的动机、愿望和要求，是由消费者心理需求和生理需求引发的。产生购买欲望是消费者将潜在购买力转化为现实购买力的必要条件。

市场的这三个要素是相互制约、缺一不可的，它们共同构成企业的微观市场，而市场营销学研究的正是这种微观市场的消费需求。

案例 1-1

如何计算你的市场有多大

某婚庆公司拟对北京市场进行购买力调研，他们发现北京的婚龄人口约为 100 万人，其中对该公司的婚礼服务产品有购买力的比例约为 50%，而通过问卷调研，发现上述比例中有 20% 的人有购买意向。那么，该公司面对的市场大小计算如下：

市场 =100 万人 ×50% 的人有购买力 ×20% 的人有购买意向 =10 万人

1.2　婚庆服务市场概况

根据前面的知识可知，婚庆服务市场既是无形产品市场，又是现实存在的市场，同时，也是一个竞争相对比较充分的市场。

从市场的功能出发，市场上交易的对象必定是商品。但是，婚庆服务产品作为没有外在形态的无形文化商品，在其交易过程中是以服务过程的面貌出售的。不能把婚庆服务当作是出售婚纱、酒席、策划团队等制造婚礼产品的手段和“原材料”的场所，这是首先应该分清的。

1.2.1　婚庆服务市场的含义

婚庆市场就是婚姻庆典服务供求双方交换关系的总和，即在婚姻庆典服务交换过程中所产生的各种经济现象和经济联系。从微观角度看，婚庆服务市场是由那些具有特定需求或欲望的结婚对象，或者举办其他庆典的对象，愿意通过交换活动来满足这种需求或欲望的全部的潜在婚庆顾客所构成的。

按照上述观点，婚庆市场包括以下几层含义：

第一，有一定量的婚庆商品或劳务，这是人们进行交换的物质基础。这个意思是说市场上有很多婚庆公司或者其他类似机构提供婚礼以及其他庆典服务，这种服务被作为一种商品出售。

第二，存在婚姻庆典商品的不同所有者，彼此又需要对方的商品，使婚庆商品交换成为可能。这是指市场上有大量的消费者，他们具有购买力和购买欲望，所以可以与婚庆产品提供方共同构成一个完整的市场。

第三，有参加交换活动的当事人。当事人是指婚姻庆典服务的生产者、婚姻庆典服务的消费者、中间商、个人、企业和其他组织。

1.2.2 我国婚庆市场发展简述

古代的中国婚礼遵循的是“三书六礼”，婚姻庆典服务局限于媒妁等形式，尚无专门从事婚姻庆典服务的行业，其市场不是显性的，而是隐含在供需之间。因此婚礼的筹办是临时组织的，样式和流程几乎完全遵循传统，不能逾矩，其服务形式也更多的是一种文化传统的坚持，比如红盖头这样的婚礼道具及其他形式。

新中国成立初期，国家百废待兴，烦琐、冗长的传统婚礼转化为简单、简朴的仪式。在那个整齐划一而又充满对幸福生活憧憬的年代，人们举办婚礼就跟举办联欢会相似，领导讲话，散发瓜子和糖果，介绍恋爱经过。大家可以通过很多电影电视作品来了解这种甚至可以称为简便的婚礼形式，比如《牧马人》等。而结婚双方走到一起的原因和渠道，基本上还是传统的居间做媒，甚至领导意见、父母期望等，这和新中国成立初期的政治、经济、社会环境也是相符的。

20 世纪 90 年代，随着我国改革开放的持续深入，西方生活方式对我国产生了越来越大的影响，西方的婚礼形式也随着各种文化产品的流入而进入了人们的生活，这个时期是人们婚礼观念发生重要变化、婚姻服务业快速发展的十年。第一家收费的婚姻介绍机构的出现，陆续成立的一批民营的婚庆公司，都预示着婚姻庆典服务市场开始蓬勃发展。人们越来越多地接受由专门的婚庆服务机构办婚礼的形式，越来越多的个体公司涌入婚姻庆典服务市场。婚纱照、浩浩荡荡的迎亲车队、越来越贵的喜糖、婚宴服务等，这些成为 90 年代人们结婚的基本程序。

进入 21 世纪，婚庆服务又出现了一系列明显的变化，具体表现在婚姻庆典服务行业的专业化方向上面。婚庆公司操办所有事项，而这些所有的流程都是事先设计好的产品，如化妆、摄像、司仪、婚宴、会场布置、蜜月旅行等，都是作为单一子产品的形式出现的，它们整合在一起，构成一个完整的婚庆产品。由于人们越来越注重婚礼的“仪式感”，新人们开始考虑婚礼的风格、婚礼的样式，开始讲究婚礼中的色彩、音乐、鲜花、装饰等，婚礼不仅是一种仪式，而且还是追逐时尚、表达个性、彰显能力的舞台，因此，婚庆市场也必须推陈出新，以满足不同新人的需求。这就使得婚庆市场从单一的、缺乏竞争的市场迅速向多样化、充满竞争的市场发展。

反过来，一个竞争性的市场，促使婚庆产品提供者主动提供更多的产品即婚姻庆典形式来迎合消费者的需求。同时，随着市场的膨胀，产品流程的复杂化，为了更加专业化而出现的内部分工，婚姻庆典服务行业很快成为一个庞大的产业链。婚礼策划师、督导师、婚礼顾问、婚礼经纪人，及至婚庆产品经理等全新的婚庆概念正在逐步丰富传统上以司仪、化妆师、摄像师为主流的婚礼服务职能。婚庆服务机构已经从过去简单、低端、模式化的初级阶段进入日趋专业化的婚礼文化创意领域。40年的改革开放，给我国人民生活的各个方面都带来了翻天覆地的变化，而人们举办婚礼方式的变化，婚姻服务行业的发展变化，正体现了这个过程。

中国人的婚礼既有浓厚的传统因素，又具备强烈的时代特征。因此，随着中国市场国际化的脚步，婚礼文化的国际交流日趋频繁，中国的婚庆市场实际上包括了部分国际市场，越来越多的外国人购买中国式的婚庆服务产品。那么，外国人是如何认识中国的婚庆文化的呢？

小资料

外国人眼中的中国婚姻庆典

中国古代婚礼

中国古代的婚礼仪式是周武王在位期间（公元前 1046—前 1043 年）由周公创造的，这一仪式在《礼记》中为一对夫妇的结合定下了六条规则。一段婚姻要遵从“媒妁之言，父母之命”，也就是听婚姻经纪人的话，服从父母的命令。一对年轻的夫妇不必在结婚前相遇并坠入爱河，因为结合的目的是为了延续家族的血脉。

在决定结婚时，夫妻双方的生辰八字以及其他家庭背景都是重要的信息，这一信息应由一个称为“媒婆”的婚姻经纪人收集，生辰八字应由一个风水专家来评估。

这是第一个仪式的一部分，即“纳采”，而第二个仪式是介绍女孩的名字和其他细节，为“问名”。

古人认为，如果这对夫妇的八字能够相得益彰，他们就会得到繁荣、子孙和健康的祝福。相反，如果双方的资料显示不能和睦相处，他们的婚姻就会充满厄运。一旦找到了和谐的出生日期，父母同意安排婚姻，双方之间就会安排婚礼物品的赠送等事宜。

所以第三和第四仪式分别是“纳吉”和“纳征”，准新娘和准新郎的父母将赠送礼品，如玉石、发夹、饼干、布料和茶叶，这象征着坚定的承诺。

第五个仪式是“请期”，通常是在订婚多年后进行的，包括为婚礼选择一个吉祥的日子。

第六个仪式是最重要的“亲迎”，它是婚礼和婚姻的完成。在婚礼前，这两个家庭交换了礼物。婚礼当天，男方带着迎书和抬着花轿的迎亲队伍到女方家迎娶新娘。

现代中国婚礼

以传统为基础的现代婚礼也几乎是像过去一样被精心策划的。

许多旅居海外的中国人仍然遵循传统，选择了一个吉祥的日子来举行婚礼。然而，传统做法在当前背景下已经简化。

从他们相遇相爱的那天起，到他们决定结婚的那天，他们可以在父母和朋友面前举办一个交换订婚戒指的晚宴。富人的婚礼仍然是精心策划和奢侈的，但收入普通的人往往会举办简单的婚礼晚宴或招待会。

婚礼举行的当天，新娘仍然被新郎和伴郎从家里接走，但在现今很多情况下，他们会乘坐豪华轿车离开。婚礼宴会多被认为是婚礼庆祝活动中最重要的部分。这对父母来说比婚礼的其他部分更重要。

菜单包括大约十二道菜：开胃菜、热菜、热汤、炒饭或面条、甜点和新鲜食物。宴会上的每位客人都向这对夫妇赠送礼金或礼物。在某些地方，当汤端上来的时候，新婚夫妇从一张桌子走到另一张桌子，为每位客人敬酒。新娘在婚礼当天会换四五件衣服，饭后又换衣服。

当客人们离开时，这对夫妇连同他们的父母和亲戚在门口排成一行，感谢客人们的到来并送行。中国婚礼的多样性是建立在各地文化差异、所制定的婚姻法以及西方文化的影响之上的。

（资料来源：chinatravel.https://www.chinatravel.com/facts/weddings-in-china.html（2018-9-14））

众所周知，市场的大小，是人口、购买力和购买欲望的整合结果，对于中国传统文化的认识和向往，构成了我国婚姻庆典市场的国际部分，这需要引起从业者越来越多的重视。

1.2.3 婚庆服务市场的现状与趋势

近二十年，随着我国国民经济的快速增长，城乡居民生活水平的日益提高，加上国际流行文化的影响，人民群众对生活品质要求的不断升级，以及人们对时尚的追求，使得大众婚庆习俗在不断产生变化，从而诞生了有一定规模并符合我国国情的婚姻庆典市场。

1. 婚庆市场的容量变化

据民政部历年《民政事业发展统计公报》（原《社会服务发展统计公报》）显示，2013 年，全国各级民政部门和婚姻登记机构共依法办理结婚登记约 1 346.9 万对（内地居民登记结婚 1 341.4 万对，涉外及华侨、港澳台居民登记结婚 5.5 万对），比 2012 年增长 1.8%，粗结婚率为 9.9‰，比 2012 年上升 0.1 个千分点。2013 年 25 ～ 29 岁办理结婚登记的人占结婚总人口比重最大，占 35.2%，比 2012 年提高 1 个百分点。2014 年 1 ～ 6 月仅半年时间，各级民政部门和婚姻登记机构共依法办理结婚登记 694 万对，全国每年因结婚产生的消费总额已达至少几千亿元。巨大的消费额不但催生了影楼、婚宴、婚庆用品、婚庆服饰等行业，许多配套行业如摄影摄像器材、美容美发、珠宝首饰、家居用品、餐饮，甚至装饰材料、汽车、房产、银行贷款、保险理财等也相继进军这一领域。

然而，到了 2017 年，情况发生了微妙的变化。2017 年各级民政部门和婚姻登记机构共依法办理结婚登记 1 063.1 万对，比 2016 年下降 7.0%，到了 2019 年，继续下降到 927.3 万对，结婚率也随之下降。

值得关注的是，自 2002 年以来，我国的结婚率变化是一个先升后降的过程。2002 年，我国的结婚率为 6.10‰。此后几年，该组数据一直呈上升趋势，但在 2014 年开始下降。2013 年至 2019 年之间，我国的结婚率由 9.9‰ 降至 6.6‰。

根据市场理论，市场容量即市场人口的变化，直接影响市场的大小，影响婚庆行业的业务量。当然，随着二孩政策的实施以及城镇化进程的加快，未来人口可能会再一次出现加速增长的趋势，婚庆产业依然可以被视为目前我国一个新兴的、充满巨大商机和前景的朝阳产业。

2. 婚庆市场的消费总量

据一份民间调查报告的数据显示，目前每对新人花销大都在 8 万元～ 20 万元之间，以平均每对 10 万元的花费计算，2013 年全国因结婚产生的消费总额约达 1.33 万亿元，占国内生产总值的近 2.34%。同时，可以通过加权移动平均法，结合我国结婚登记人数的增长变化情况，以每对新人婚礼平均消费 10 万元保守估算，得出未来若干年我国婚庆市场的大致规模。

根据民间婚庆行业协会的大数据调研，2017 年我国婚礼庆典的消费水平如图 1-1 所示。

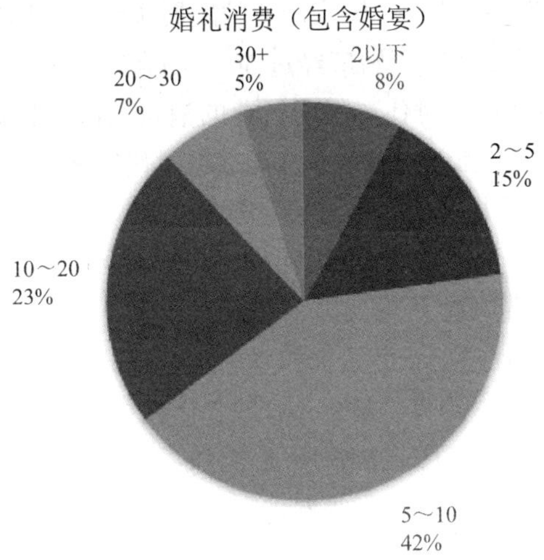

图 1-1　婚礼消费区间占比（单位：万元）

可以看出，2017 年婚礼消费的中间值并没有明显增长，考虑到婚姻登记人口的减少，其消费总量最多持平。而 2020 年之后的若干年，婚庆市场也将不可避免地一定程度上受到疫情等因素的影响。

婚庆服务需求的增长，源于一国经济的发展、人们生活水平整体提高和适龄结婚人口的增长，这三者共同促成了婚庆市场的繁荣。只有这样，市场总量才会膨胀。

小资料

计划生育二孩新政策

2015 年 10 月 29 日党的十八届五中全会决定：坚持计划生育的基本国策，完善人口发展战略，全面实施一对夫妇可生育两个孩子政策，积极开展应对人口老龄化行动。

2015 年 12 月 27 日全国人大常委会表决通过了人口与计划生育法修正案，全面二孩定于 2016 年 1 月 1 日起正式实施。这就意味着，2016 年元旦以后出生的二孩，都是合法的。按修正案中规定，生育一孩或两孩的夫妻均可获得延长生育假的奖励。法律修改前按照规定应当享受扶助的失独家庭，将继续获得扶助。

生育要有计划，但计划也并非一成不变。从 1980 年提倡一对夫妇只生一个孩子，到 1984 年提出在农村适当放宽生育两孩的条件，然后是 2013 年单独二孩政策的通过，再到今天的全面放开二孩，我国计划生育政策一直在处于动态调整的“进行时”。

从2020年开始，在国家相关部门研究延迟退休的背景下，各界呼吁继续推动新的生育政策落地见效，以应对人口老龄化问题。

3. 婚庆服务市场的未来趋势

由于前述原因，有些婚庆行业的从业者认为婚庆行业必然要逐步转型，婚庆市场格局要重新定位，婚庆行业持续洗牌将成为常态。目前，婚庆市场纷繁复杂、产业市场规模庞大，直接或间接的从业人员已经超过了1 000万人。如果市场萎缩，则从业者必然将面临优胜劣汰。婚庆市场已经出现一些行业共识和大致的趋势：

（1）伴随中国经济增长进入换档期，婚庆产业的发展步伐与全国经济形势步调基本一致，也将从高速发展向中低速发展转变。中国婚庆经过30年的高速增长，正面临着转型升级的重要时期，婚庆行业已经进入了品牌竞争时代。婚庆行业的消费人群的日益年轻化趋势又使得婚庆企业转而迅速提升自身的服务能力和创新能力，从而适应时代发展。

（2）中国婚庆行业从过去作坊式的分散经营，逐渐发展为跨行业、多业态的产业格局，并向着多样化、便利化、精细化、品质化、网络化和产业化的方向发展。

（3）婚庆服务市场的消费量总体呈现支出水平显著增长、个性化需求明显增多的态势，人们用于婚礼的消费支出仍将继续保持增长，进而拉动婚庆市场的繁荣。

（4）互联网+婚庆的概念通过跨界、整合、开放、信息化、在线化、数据化等方式和手段，打破了以往的行业潜规则，赋予婚庆行业新的发展路径，同时增强了行业的整体服务意识，满足了个性化定制需求。从另一个角度看，消费者越来越理性，信息越来越透明，传统的婚庆服务公司生存空间越来越小。

（5）打造一站式的购物场景，设计出更完善、更具体、更人性化、可持续的综合性婚庆服务平台。婚庆行业如果想快速规模化，最终还是要回归到产品样式。从用户的场景、各个细分环节去尝试打造一个可分工、可规模化的商业链条出来，这样婚庆市场才能进入发展的快车道。

（6）各种婚庆方面的应用和App大量出现，这也是一种分工模式，它在一定程度上解决了婚庆行业人才稀缺的劣势，降低了成本，提升了效率，也为未来不断出现全国婚庆行业领导品牌打下了技术基础。另一方面，传播技术也越来越不成为婚庆行业的核心竞争力，婚庆行业的核心竞争力逐步回归服务行业的本质——服务质量。

（7）尽管婚庆行业根深蒂固的线下属性以及低频消费的本质和互联网特性格格不入，但线上线下结合的商业模式是不可避免的，婚庆网络化、婚庆+互联网已经成为大势所趋。

小　结

1. 婚姻庆典服务市场包括三层含义：

（1）有一定量的婚姻庆典商品或劳务，这是人们进行交换活动的物质基础；

（2）存在婚姻庆典商品的不同所有者，彼此又需要对方的商品，使婚庆商品交换成为必要；

（3）有参加交换活动的当事人。当事人是指婚姻庆典服务的生产者、婚姻庆典服务的消费者、中间商、个人、企业和团体组织。

2. 婚姻庆典市场现状：行业总规模因人口因素有波动，总消费量变化不大。

3. 婚庆行业未来趋势：向规模化、联网化、互联网化以及国际化发展。

4. 婚礼消费产业，又称婚庆产业，是为处于新婚阶段的广大人群（新人）提供系列产品和全面服务的各种行业的集合，是传统意义上仅注重婚庆典礼的婚庆行为的延伸与扩充。

5. 婚礼消费产业包括婚庆公司、喜糖产业、婚庆首饰产业、婚宴酒产业、婚纱影楼产业等。但必须特别注意，婚庆市场中的商品，始终是作为无形产品出现的婚庆服务过程，并非具体的某个环节和物品。

关键概念

市场　市场的要素　婚庆市场　市场的分类　国际市场

习　题

一、简答题

1. 简述婚姻庆典服务市场的特征。
2. 一个有效的市场由哪些要素构成？
3. 有哪些对市场形成重大影响的因素？

二、实训题

【实训项目】

如何通过资料整理了解面对的市场。

【实训目的】

1. 加强对市场的认识。
2. 掌握婚庆服务市场的变化，并能够大概计算自己面对的市场容量和市场特征。

【实训内容】

教师提出数据要求，学生通过调研和网络搜索获得相关资料并整合为材料。

【实训步骤】

1. 教师提出基本要求。
2. 学生设计搜集信息的步骤，提出获得目标数据的方法。
3. 完成后教师随机抽查学生获得的结果，并要求在班级汇报。
4. 学生提出问题。
5. 教师进行点评、总结。

【完成任务】

1. 获得某个市场的相关数据，并形成报告。
2. 在课堂上汇报。
3. 将设计的方案交给教师。

第2章 营销相关的经济学常识

学习目标

通过本章的学习，你应该能够：

- 了解效用以及市场均衡；
- 了解商品的价格弹性及其意义；
- 了解消费者剩余的概念；
- 熟悉婚庆市场的各项成本；
- 了解宏观经济概念及其对婚庆市场的影响。

导入案例

结婚成本30年翻千倍 费用太高，西安90后被迫“啃老”

据报道，2015年中国人的结婚成本30年来翻了千倍。近一半新人结婚费用的20%甚至60%来源于父母支持。当年爷爷娶奶奶只用了“半斗米”，爸爸娶妈妈只用了“半头猪”，而现在结婚却要了爹娘“半条命”！有网友感慨：就算找到老婆，也娶不起啊！说多了都是泪，还是努力挣钱争取不啃老！

现象：现在结婚远比父母时代铺张

“如果现在结婚的花费是30万元，那么30年前就是300元钱。关键是现在结婚，30万元可能在西安这种城市连一套两室一厅的房款都交不清吧。”听到这个报道的市民铁鑫先生也发表了自己的观点，今年27岁的他，10月份马上就要结婚，他说，以自己为例，不算父母给自己买的房子和车子，到现在为止，婚宴30桌、婚庆跟妆、给女方买的首饰、婚鞋婚纱、结婚照、彩礼已经花了40万元了。而之前由家长为他购置的房子和车子，现在算下来也值60多万元了。他估算结婚最少要花费100万元。记者算了一下，按100万元花费，的确比30年前要高出千倍。

铁鑫认为，原来父母那个年代，大家普遍的工资一个月大概就是一百元左右，听父母说，两三个月的工资就可以结婚了。现在一个月工资以平均工资四千元为例，结婚成本按100万元来算。“现在一年工资一个月算 4 000 元，一年就是 4.8 万元，不吃不喝存够 100 万元，得要多少年呢？”铁鑫说道，“关键是现在结婚的内容、形式、要求比 30 年前多得多。过去多简单啊，有的人坐上公交车就去结婚了。现在不整个豪华车队那还叫结婚吗？远比父母时代铺张多了。”

专家：如今结婚不啃老的人很少见

在我国，绝大多数人结婚都离不开俗套，最基本的仪式和风俗都是会有的，虽说各地的风俗不同，但结婚成本越来越高这种情况，是肯定的。西安某婚庆企业周经理向记者透露，婚庆产业正逐渐成长为一个新的朝阳产业。根据国家民政局的统计数据，全国 2011 年因婚礼当日而产生的消费接近 3 000 亿元，到 2013 年上升到 5 000 亿元。全省一年 30 万对新人领证、西安市 10 万对，婚礼消费产值达 100 亿元。

周经理介绍，80 后作为一个庞大的社会群体进入婚育年龄，给婚庆这个行业注入了强大的生命力，如果把这个庞大的待婚群体平均分配到 10 年当中陆续完婚，每年也将有 1 000 万对新人结婚，而随着居民收入水平的不断提高，人们在婚庆上的花费也会增加，这是一定的。实际经验中，不算婚房和彩礼等消费，在西安，一对新人最低的结婚标准，也达到 10 万元了，最高则无上限。见过有花 200 万元搞婚庆的，还不算车子和房子。“现在婚庆从几万到几百万都可以私人定制，所以结婚成本越来越高很正常。”周经理说道。

市民：让结婚变得简单一些

记者也采访了几位已婚或准备结婚的 80 后、90 后，其中 99% 的人表示，自己结婚多多少少都花费了双方家长的钱，只有一位海归表示，自己结婚所有花费自己可以承受，父母所出的彩礼也是自己提前支付给父母的。而就啃老这一敏感话题，被采访者表示，都不想啃老，但是不啃老根本不现实。一位在设计院工作的胡先生说，让结婚回归简约、简单，不再那么铺张，费用自然就降下来了。

（资料来源：陕西传媒网，http://xian.qq.com/a/20150508/009607.htm）

理论知识

2.1　什么是效用

在第 1 章谈到，市场是由人的欲望加上人具有购买能力形成的，而欲望（Want）必须在有购买力时才能变成市场的有效需求（Demand）。那么，这个消费的欲望是怎么来的呢？是因为某样东西对你有用，这种“有用性”称为“效用”（Utility）。马克思政治经济学里有“使用价值”（Use Value）的概念，这概念实际上并不是马克思发明的，而是亚当·斯密发明的，普遍地为古典经济学家所使用。这“使用价值”的概念只要略作调整，就基本等同现在所说的“效用”的概念。

2.1.1　效用的特征

一开始经济学家认为效用是基数，但后来他们发现效用大概只能是序数。所谓基数就是 1，2，3……，是可以进行加减乘除四则运算的，比如长度就是基数，因此可以计算 3 米的绳子比 1 米的绳子长 2 米，并且这两条绳子连起来总共长 4 米。而所谓序数就是第 1，第 2，第 3……，只能排序，不能进行加减乘除的四则运算。第 1 加第 2 是多少？不可能是第 3 吧？也无法比较不同序数之间的距离有多大。比如一个最美新娘评选，决出了冠军、亚军、季军这前三甲，可以肯定的只是理论上冠军应该长得比亚军漂亮，亚军又长得比季军漂亮，但冠军比亚军漂亮的程度，跟亚军比季军漂亮的程度相比，是更大、更小还是一样？就不知道了。

因此，当某一事物用序数表示，而人们为了方便运算拿基数来替代它时，一定要非常小心，不能把基数运算中包含着的序数所不具备的性质也错误地收纳进来。比如说我们比较喜欢这家酒店，比那家好一些，这家对我们的效用是 9，那一家就算 7，这个时候必须特别小心，数字 9 和 7 并不是对于两家酒店差异的精确衡量，而主要是为了表现我们头脑里的一种价值排序。

2.1.2 边际效用递减规律

边际效用是指某种物品的消费量每增加一个单位所增加的满足程度。边际的含义是增量，指自变量增加所引起的因变量的增加量。在边际效用中，自变量是某物品的消费量，而因变量则是满足程度或效用。

人在肚子饿的时候吃一个包子，效用极高，吃第二个效用依然很高。等到吃第八个时，一般人已经吃不动了，此时这第八个包子的边际效用几乎是零。如果让你吃十个，那么第十个包子的效用恐怕已经是负的了。

边际效用的意义在于，当考虑营销策略时，要注意到，虽然消费者的市场需求来源于对效用的追求，但是消费者的满意程度总是随着同类产品或服务的增多而变小。百尺竿头更进一步很难，而满足消费者的初级追求就相对比较容易。

2.2 市场均衡

市场交易行为中，当买方愿意购买的数量正好等于卖方所愿意出售的数量时，称为市场均衡，也可以称为市场交易均衡量。市场均衡是供给与需求平衡的市场状态。图 2-1 ~ 图 2-12 中，P 表示价格水平，Q 表示销售量，D 表示需求，S 表示供给，E 表示均衡点。

2.2.1 消费者需求曲线

需求曲线（Demand Curve）是显示价格与需求量关系的曲线，是指其他条件相同时，在每一价格水平上买主愿意而且能够购买的商品量的表或曲线。某商品的需求曲线如图 2-1 所示。

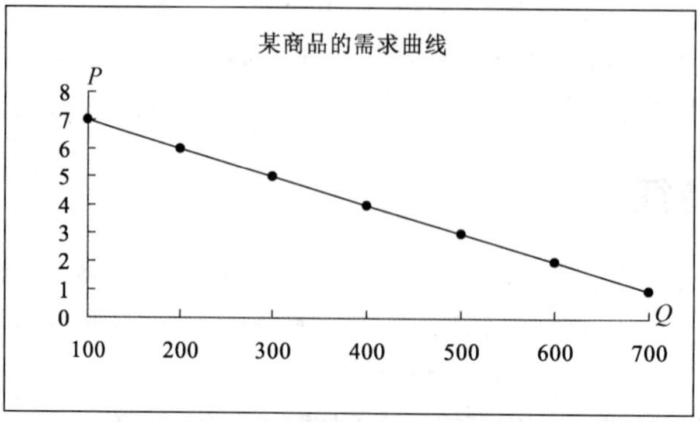

图 2-1 某商品的需求曲线

由于消费者的需求（效用的判断）与价格的关系各种各样，因此需求曲线可以以任何形状出现，符合需求定理的需求曲线只可以是向右下倾斜的，如图 2-2 所示。这就是经济学中的需求定律。

影响需求的因素：

（1）商品的价格。

（2）消费者的收入水平。

（3）相关商品的价格。

（4）消费者的偏好。

（5）消费者对该商品的价格预期。

需求曲线可分为以下三类：

（1）个人需求曲线（Individual Demand Curve）：单个消费者愿意购买某种产品的数量与其价格之间的关系。

（2）市场需求曲线（Market Demand Curve）：市场上全体消费者愿意购买某种产品的数量与其价格之间的关系。市场需求曲线可由行业内各个消费者的个人需求曲线横向相加求得。

（3）企业需求曲线（Firm Demand Curve）：某企业的全体顾客愿意向该企业购买某种产品的数量与其价格之间的关系。

需求曲线的意思不光是某个消费者在价格变动时的消费量变动，也表示价格变动时，有些消费者选择购买，而有些选择不购买，于是造成了总的社会需求量的变化，如图 2-3 所示。在婚庆市场上，需求的变化主要是后者引起。

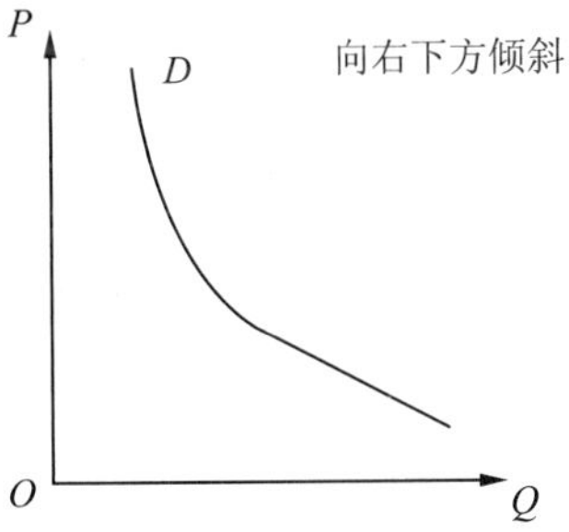

图 2-2　消费者需求曲线

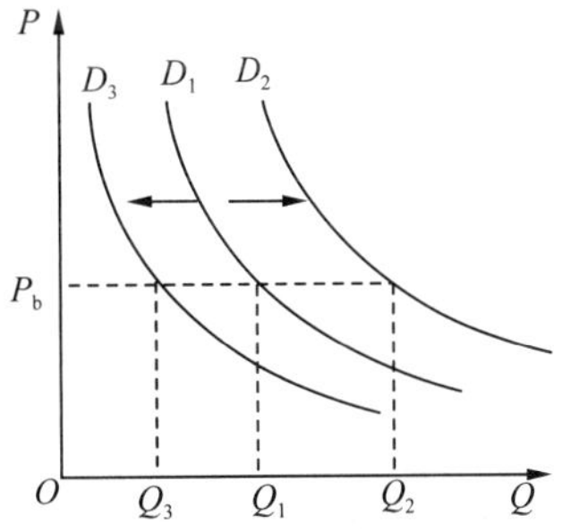

图 2-3　市场的总需求

2.2.2　生产者供给曲线

供给曲线（Supply Curve）是以几何图形表示商品的价格和供给量之间的函数关系，供给曲线是根据供给表中的商品的价格与供给量组合在平面坐标图上所绘制的一条曲线。某商品的供给曲线如图 2-4 所示。

一般而言，供给量与价格会呈正相关，即价格上升，供给量增加；价格下降，供给量减少，如图 2-5 所示。这就是供给定律。

影响供给的因素包含：

（1）该商品的自身价格。

（2）生产的成本。

（3）生产的技术水平。

（4）相关商品的价格。

（5）生产者对未来的预期。

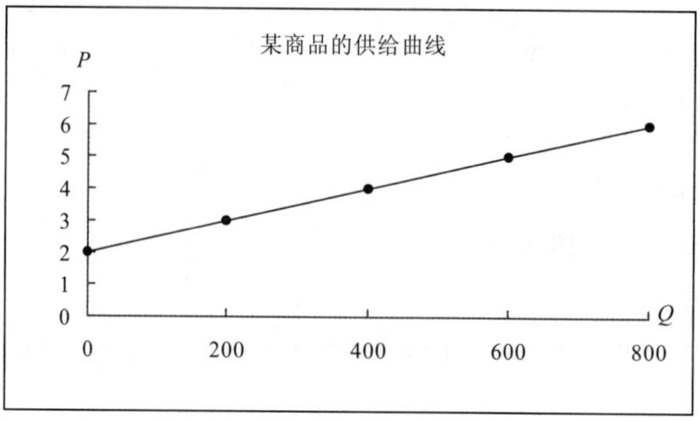

图 2-4　某商品在各个价格下的供给量

市场的总供给（见图 2-6）非常好理解，一旦经济形势向好，更多的消费者愿意出更多的钱来举行婚礼，市场总需求上升，则必定会有更多的婚庆企业加入市场竞争，总的婚礼服务产品的供给量必然上升。

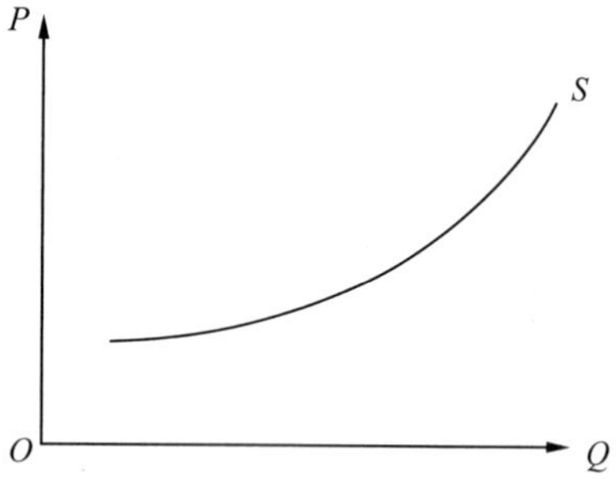

图 2-5　厂商供给曲线

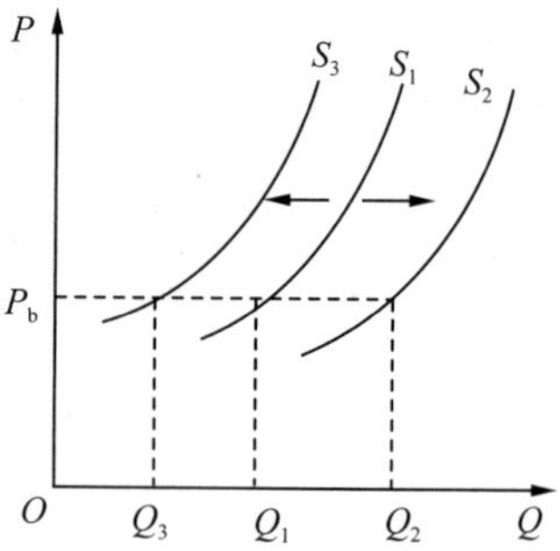

图 2-6　市场的总供给

2.2.3　供需均衡

在影响需求和供给的其他因素都给定不变的条件下，市场均衡由需求曲线与供给曲线的交点所决定。在经济体系中，一个市场处在各种经济力量的相互作用之中，如果有关该市场各方面的各种力量能够相互制约或者相互抵消，那么该市场就处于相对静止状态，并将保持该状态不变，此时称该市场处于均衡状态。

因此市场均衡就是供给与需求相等时的市场状况，又称市场出清，这时必定有一个买卖双方都接受的价格，如图 2-7 所示。表 2-1 所示在价格为 4 元时，市场达到均衡状态。

表2-1　市场均衡价格

价格（元）	2	3	4	5	6
需求量（单位数）	600	500	400	300	200
供给量（单位数）	0	200	400	600	800

此时，一旦需求变动，如果供给量没有变化，则如图 2-8 所示，均衡价格将会上升。

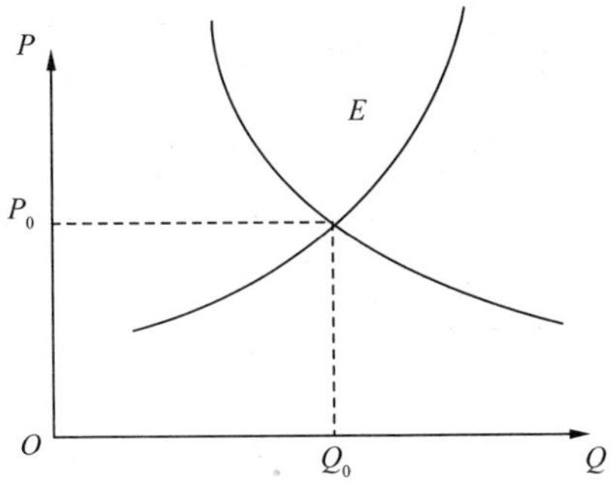

图 2-7 市场均衡状态

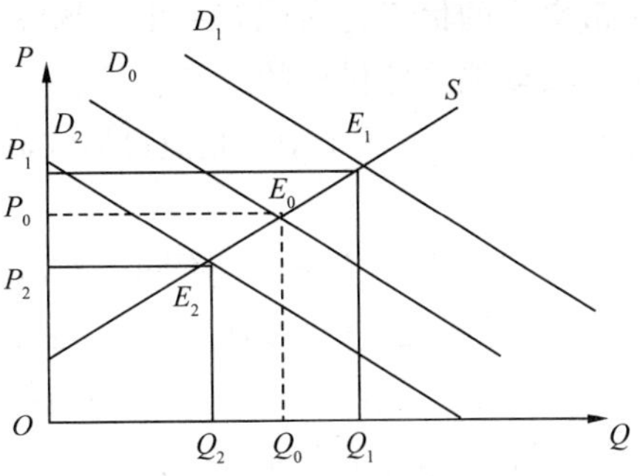

图 2-8 需求变化导致价格变化

相反，如果需求不变，供给发生变化，均衡价格也会产生变化，如图 2-9 所示。供给增加，则价格必然下降。

不过，在现实经济生活中，需求和供给总是同时在不断地变动，如图 2-10 所示。

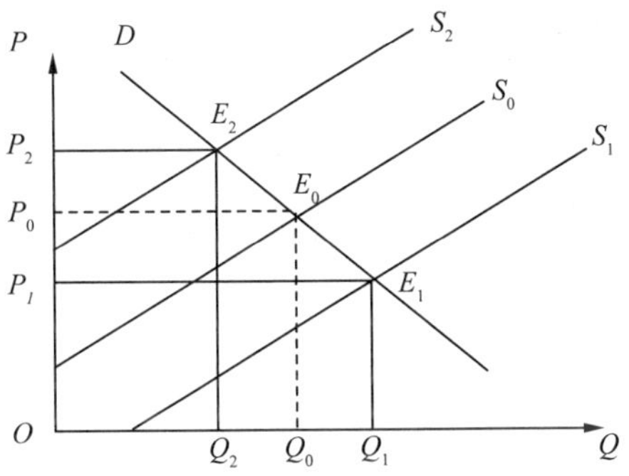

图 2-9 供给变化导致价格变化

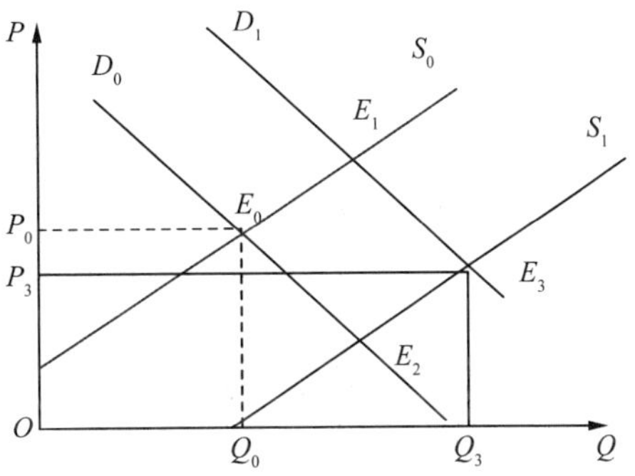

图 2-10 供需动态变化中的均衡价格

2.2.4 消费者剩余

消费者剩余（Consumer Surplus）又称消费者的净收益，是指消费者在购买一定数量的某种商品时愿意支付的最高总价格和实际支付的总价格之间的差额。消费者剩余衡量了买方自己感觉到所获得的额外利益。

1. 消费者的剩余是怎么来的

假设市场上有 100 人要结婚，有一款他们都看上的婚礼，价格为 10 000 元，这个价格是市场长期形成的均衡价格。现在这 100 人都愿意出钱购买此款产品，由于产品的效用对每个人是不一样的，如果这 100 人中有一个人觉得产品值 20 000 元，还有 10 个人觉得该产品值 15 000 元。这样一来，可以计算他们购买产品本来愿意支出的总价是 106 万元，实际上他们比愿意付出的价格节省了 6 万元。这 6 万元就称为消费者剩余，它是从消费者效用的概念里推导出来的。图 2-11 中的阴影部分就是消费者剩余。

2. 价格歧视

消费者剩余直接带来一种销售模式，称为差别价格，又称价格歧视。价格歧视通常指商品或服务的提供者在向不同的接受者提供相同等级、相同质量的商品或服务时，在接受者之间实行不同的销售价格或收费标准。它能够成立的原因就在于消费者剩余，企业看到了有人愿意出比均衡价格更高的价格，因此它会把市场隔开，向每一个人收取他愿意付出的最高价格（等于对他的效用）。在上面的例子中，企业可以收取106万元。

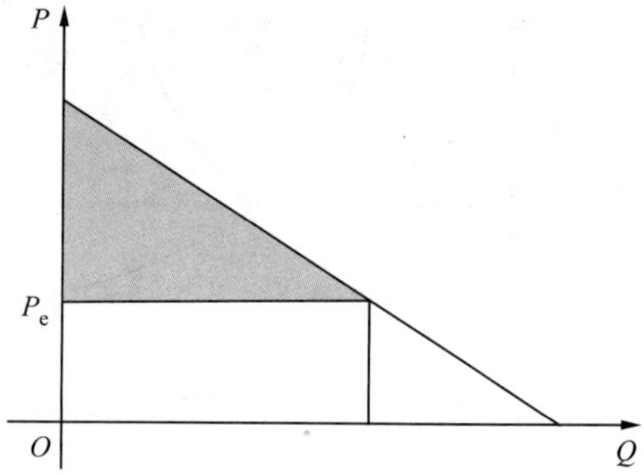

图2-11 消费者剩余

经常可看到企业为经济发展不同的地区制定不同的价格，并且不允许跨区销售，这就是为了榨取消费者剩余。不过，采取价格歧视也有不小困难：

（1）消费者的意愿价格难以测定。

（2）市场难以细分。

（3）难以为特定的子市场确定价格。

（4）很难保证消费者之间的转卖行为。

（5）市场细分和定价费用可能过高。

2.3 商品的价格弹性

从第2.2节已知，需求定律决定了价格和需求的变动关系。但是，究竟它们之间的变动关系具体如何呢？同样的价格变动，对每一样产品来说，或者对每一个消费者来说，引起的消费量的变动是一样的吗？价格弹性就是要描述这个问题。

2.3.1 什么是价格弹性

价格弹性指价格变动引起的市场需求量的变化程度，如果一件商品降价1个单位，立刻引起需求量上升2个单位，那就说明需求的价格弹性很大，具体数字就是需求量变动的2个单位除以价格变动的1个单位（变动率）。在曲线图上（在图2-12中简化为直线），这个弹性系数e就是直线的斜率之倒数的绝对值。

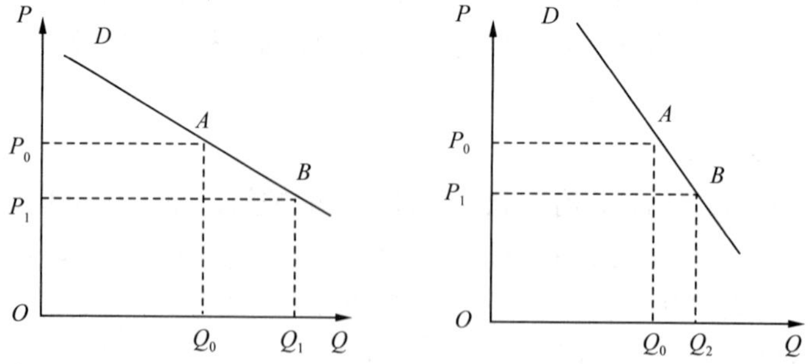

图2-12 两种商品的价格弹性

一般来说，当需求量变动百分数大于价格变动百分数，需求弹性系数大于1时，称为需求富有弹性或高弹性；当需求量变动百分数等于价格变动百分数，需求弹性系数等于1时，称为需求单一弹性；当需求量变动百分数小于价格变动百分数，需求弹性系数小于1时，称为需求缺乏弹性或低弹性。

2.3.2　价格弹性的营销学意义

需求的价格弹性是企业决定产品提价或降价的主要依据。一般地说，在需求曲线具有弹性的情况下，企业可以采取降价策略；反之，企业可以采取提价策略，以保证企业收益不断增加。不同价格弹性下价格策略的边际效益如表 2-2 所示。

表2-2　不同价格弹性下价格策略的边际收益

弹性策略	$E_d>1$	$E_d=1$	$E_d<1$	$E_d=0$	$E_d=\infty$
降价	增加	不变	减少	与价格同比例减少	厂商不会降价
提价	减少	不变	增加	与价格同比例增加	收益减少为零

需求弹性也是价格歧视的条件之一。如果某一个市场的消费者对某一样产品缺乏弹性，也就是当企业提升价格，他们也不会减少消费量，那企业就可以把他们和其他市场隔离开，榨取他们的消费者剩余。比如某些地区的人特别喜欢吃牛肉，哪怕价格再贵也想吃，那么在这个市场上就可以保持高价。

2.4　几种重要的成本概念

成本（Cost）是指企业为生产商品和提供劳务等所耗费物化劳动，或劳动中必要劳动的价值的货币表现，是商品价值的重要组成部分。成本是商品经济的一个经济范畴。国家规定成本的构成内容主要包括：

（1）原料、材料、燃料等费用，表现商品生产中已耗费的劳动对象的价值。

（2）折旧费用，表现商品生产中已耗费的劳动对象的价值。

（3）工资，表现生产者的必要劳动所创造的价值。

2.4.1　固定成本与变动成本

企业的成本，按性质和形态分类，可以分为固定成本和变动成本两类。

1. 固定成本

固定成本（Fixed Cost），相对于变动成本，是指成本总额在一定时期和一定业务量范围内，不受业务量增减变动影响而能保持不变的成本。

一家婚庆企业，用简单模型描述，需要办公场地、机器设备、各种税费、门店租金、管理人员的工资等。这些费用不管生产多少产品，服务了多少新人，都是基本固定的，至少在相当长的营业时期内。

2. 变动成本

变动成本（Variable Costing）与固定成本相反，变动成本是指那些成本的总发生额在相关范围内随着业务量的变动而呈线性变动的成本。直接人工、直接材料都是典型的变动成本，在一定期间内它们的发生总额随着业务量的增减而成正比例变动，但单位产品的耗费则保持不变。

举个例子，还是上面那家婚庆企业，除了固定成本之外，它每为新人举办一次婚礼，需要消耗掉一定的额外资金，这个成本是随着举办的婚礼数量而增加的。

3. 盈亏平衡点

固定成本和变动成本的概念，带来一个更加重要的营销分析方法——盈亏平衡分析。

盈亏平衡分析（Break-even Analysis）又称保本点分析或本量利分析法，是关于产品的销量、成本、利润之间的相互制约关系的综合分析，用来预测利润、控制成本、判断经营状况的一种数学分析方法。一般说来，企业收入 = 成本 + 利润，如果利润为零，则有收入 = 成本 = 固定成本 + 变动成本，而收入 = 销售量 × 价格，变动成本 = 单位变动成本 × 销售量，这样由销售量 × 价格 = 固定成本 + 单位变动成本 × 销售量，可以推导出盈亏平衡点，也就是在某个价格下，企业收回所有成本的最小销售量。

案例 2-1

寻找盈亏平衡点

一家婚庆公司，固定投入的成本为 10 万元，每举行一场婚礼的单位变动成本约为 2 万元。现在公司给婚礼定价 3 万元，这个价格也是市场上同类婚礼的均衡价格。请问他们需要至少卖出去多少场婚礼，才能达到盈亏平衡?

2.4.2 机会成本

机会成本（Opportunity Cost）是指企业为从事某项经营活动而放弃另一项经营活动的机会，或利用一定资源获得某种收入时所放弃的另一种收入。机会成本又称择一成本、替代性成本。

假设一家婚庆企业有两种不同的婚礼产品：一种是传统婚礼，价格是 10 万元；另一种是一站式婚礼，价格 7 万元。营销人员接待一对新人时，如果推荐了一站式婚礼，那么这个推销行动的机会成本就是 10 万元。换句话说，就是为了挣 7 万元而失去 10 万元，表面的损失是 3 万元。企业在经营中应该正确选择经营项目，其判断的依据就是实际收益必须大于机会成本，从而使有限的资源得到最佳配置。

从本质上来说，一切成本都是机会成本，因为无论是机会还是金钱，都可以兑换为另一种获得收入的机会。下面的案例可以帮助加深理解。

案例 2-2

看演唱会的机会成本

假设你赢了一张美国大歌星埃里克·克莱普顿今晚演唱会的免费门票（注意，别的时候去看演出门票的价格 30 美元，你觉得相当合适，但是你不能转售免费门票）。碰巧另一美国大歌星鲍勃·迪伦今晚也在开演唱会，你也很想去。迪伦的演唱会票价是 40 美元。

当然，你别的时候去看鲍勃·迪伦的演出也行，你的心理承受价格是 50 美元。除此之外，看两人的演出并无其他成本。

请问，你去看克莱普顿演唱会的机会成本是多少？而选择看迪伦演唱会的机会成本又是多少？

2.4.3　交易成本

交易成本（Transaction Costs）又称交易费用，是由诺贝尔经济学奖得主科斯（R.H.Coase，1937）所提出，交易成本理论的根本论点在于对企业的本质加以解释。交易成本是指在完成一笔交易时，交易双方在买卖前后所产生的各种与此交易相关的成本。前面所说的关于市场均衡的理论，完全不考虑交易成本，是比较理想的模型。但是在现实生活中，交易成本无处不在。

举个例子。一个小伙子想娶一个姑娘，两家相距 100 千米。姑娘的父亲说："你可以娶走我女儿，彩礼么随便给一点就行了，不过有个条件，就是你接亲的时候，必须步行背着我女儿走回去。"这就是典型的"商品"价格虽然很低，但是交易成本奇高的例子，它几乎足以毁掉这笔"交易"。

交易成本主要包含以下内容：

（1）搜寻成本：商品信息与交易对象信息的搜集。

（2）信息成本：取得交易对象信息与和交易对象进行信息交换所需的成本。

（3）议价成本：针对契约、价格、品质讨价还价的成本。

（4）决策成本：进行相关决策与签订契约所需的内部成本。

（5）监督交易进行的成本：监督交易对象是否依照契约内容进行交易的成本，如追踪产品、监督、验货等。

（6）违约成本：违约时所需付出的事后成本。

交易成本的营销学意义在于，当企业把消费者置于中心位置，想方设法为消费者着想时，有一种办法就是降低消费者的交易成本，哪怕由企业来承担此项成本。这在后面讨论营销组合的 4C 理论时会用到。

2.5　宏观经济常识

宏观经济学是一门极为庞杂的学科，这里只选取对市场营销有明确意义的几个概念加以了解。

2.5.1　国内生产总值

国内生产总值（Gross Domestic Product，GDP）是指在一定时期内（一个季度或一年），一个国家或地区的经济中所生产出的全部最终产品和劳务的价值，常被公认为衡量国家经济状况的最佳指标。它不但可反映一个国家的经济表现，还可以反映一国的国力与财富。

2015 年我国 GDP 达 676 708 亿元，同比增长 6.9%；2016 年我国 GDP 达 744 127 亿元，同比增长 6.7%；2017 年我国国内生产总值 827 122 亿元，按可比价格计算，比上年增长 6.9%。中国是世界上经济增长最快的经济体之一。1978—2017 年中国 GDP 增长率如图 2-13 所示。

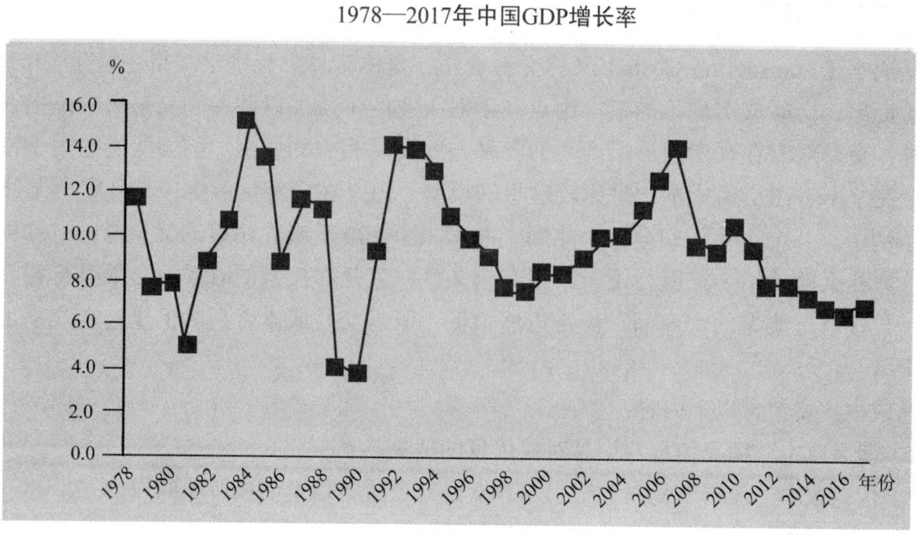

图 2-13 1978—2017 年中国 GDP 增长率（国家统计局）

2.5.2 国民收入

国民收入（National Income）是指物质生产部门劳动者在一定时期所创造的价值，是一国生产要素（包括土地、劳动、资本、企业家才能等）所有者在一定时期内提供生产要素所得的报酬，即工资、利息、租金和利润等的总和。

1. 人均国民收入

人均国民收入与国民收入成正比，与人口数量变动成反比。它基本上可以反映一国生产力发展水平和国民的生活水平。但是，被认为是消费开支的最重要的决定性因素的收入，还是居民可支配收入，它常被用来衡量一个国家生活水平的变化情况。

2. 人均可支配收入

居民可支配收入是通过居民家庭日常获得的总收入计算得来的。居民家庭总收入中包括个人所得税、公积金、养老基金、医疗基金、失业基金等，这些属于国家先发后征或居民家庭成员必须缴纳的刚性支出，因此这部分名义收入（居民不可自由支配的）必须予以扣除，余下的即为居民可以用来自由支配的收入。可支配收入能够直接影响消费市场。

2018 年 7 月，国家统计局公布了 31 个省份 2018 年上半年居民人均可支配收入。数据显示，上海、北京上半年居民人均可支配收入已超过 3 万元，浙江、天津超过了两万元，其中上海以 32 612 元居全国首位。

2.5.3 货币供应量

货币供应量（Money Supply）是指一国在某一时点为社会经济运转服务的货币存量，它由包括中央银行在内的金融机构供应的存款货币和现金货币两部分构成。

我国货币供应量指标的主要层次如下：

（1）M0= 流通中的现金；

（2）狭义货币 (M1)=M0+ 企业活期存款；

（3）广义货币 (M2)=M1+ 准货币 (定期存款 + 居民储蓄存款 + 其他存款)；

（4）M3=M2+ 金融债券 + 商业票据 + 大额可转让定期存单等。

其中，M2 称为广义货币，也是最常见诸报端的概念。若 M2 增速较快，则投资和中间市场活跃，中央银行和各商业银行可以据此判定货币政策。如果 GDP 的增长是相对固定的，那么货币供应量的快速增长就会导致通货膨胀。

快速的通货膨胀会使得婚庆企业的成本大幅上涨，但是婚庆市场上消费者的需求价格弹性非常大，因此很可能最终导致销售量大减。

小 结

1. 若某样东西对你有用，则这种“有用性”称为“效用”。

2. 市场交易行为中，当买方愿意购买的数量正好等于卖方所愿意出售的数量时，称为市场均衡。

3. 价格弹性指价格变动引起的市场需求量的变化程度。

4. 机会成本是指企业为从事某项经营活动而放弃另一项经营活动的机会，或利用一定资源获得某种收入时所放弃的另一种收入。

5. 交易成本是指在完成一笔交易时，交易双方在买卖前后所产生的各种与此交易相关的成本。

关键概念

效用 边际效用 供需均衡 消费者剩余 交易成本 盈亏平衡

习 题

一、简答题

1. 边际效用递减是指什么？

2. 固定成本和变动成本的意义是什么？

3. 交易成本包括哪些具体内容？

二、实训题

【实训项目】

婚庆市场中各项相关成本的计算。

【实训目的】

了解现实市场中企业可能面对的各项成本。

【实训内容】

学生在跟岗实习中观察所在企业，尽量多地描述出企业的成本类型与数量。

【实训步骤】

1. 教师提出基本要求。
2. 学生进行调研。
3. 学生分组完成后教师随机抽查学生获得的结果，并要求在班级汇报。
4. 学生提出问题。
5. 教师进行点评、总结。

【完成任务】

1. 获得某个市场的相关数据，并形成报告。
2. 在课堂上用 PPT 汇报。
3. 将 PPT 作业交给老师。

第3章 营销观念及其历史演进

学习目标

通过本章的学习，你应该能够：

- 了解什么是市场营销；
- 了解营销观念的演进；
- 熟悉市场营销观念，尤其是4P营销组合；
- 了解婚庆市场的营销现状以及基本方法。

导入案例

订完婚宴，咋那么多推销婚庆的！

齐鲁晚报青岛2014年12月15日讯（记者 吕璐 通讯员 贾文德 刘玉磊） 前脚在酒店预订婚宴，后脚就接到婚庆公司的推销电话。日前，市民贾先生向李沧区工商局投诉，酒店擅自泄露他的个人信息。酒店方承认泄密，但坚称是出于好意。经工商部门调解，酒店赔礼道歉，并适当减免婚宴费用作为赔偿。

今年10月，市民贾先生在李沧区一家酒店预订了婚宴。谁知，没过几天，贾先生就接到多家婚庆公司、酒水喜糖配送公司的推销电话，甚至还有旅行社打来电话推销蜜月旅游路线，最多时一天能接十几个推销电话。贾先生仔细回想发现，近期只在酒店的婚宴预订协议上留过联系方式，问题多半出在酒店方面。随后贾先生询问酒店的工作人员，对方坦然承认泄露联系方式的事实。酒店工作人员称，打电话的婚庆公司都是酒店的合作方，这是酒店为新人免费提供的一项增值服务，新人在这些婚庆公司可以享受到相应的折扣优惠。

日前，贾先生向李沧区工商局投诉了该酒店。工商执法人员调查时，酒店宴会部经理承认贾先生所说情况属实，但坚称透露电话给婚庆公司的初衷是好的，目的是帮贾先生解决困难。根据新消法，经营者及其工作人员对收集的消费者个人信息必须严格保密，不得泄露、出售或者非法向他人提供等。酒店在未征得贾先生同意的前提下擅自将联系方式泄露给他人，侵害了贾先生的合法权益。最终在执法人员的调解下，双方达成一致，酒店方面向贾先生赔礼道歉，并适当减免婚宴费用作为赔偿。

工商部门提醒消费者，在消费过程中尽量不要留下身份证号码、家庭住址等个人信息，如必须要留下个人信息，要向经营者确认信息的用途，以免个人的信息被不法分子利用，造成自身权益受到侵害。

（资料来源：http://www.qlwb.com.cn/2014/1216/274444.shtml）

理论知识

3.1 什么是市场营销

市场营销（Marketing）的概念，从英文的写法看，就是一种有关市场（Market）的活动，像是“市场的现在进行时”，可理解为一种制造一个市场出来的销售活动。

但是营销不仅是推销或者有些行业俗称的谈单。现代市场营销学认为，推销是市场营销活动的一个组成部分，但不是最重要的部分。推销是企业营销人员的职能之一，但不是最重要的职能。如果企业搞好市场营销研究，了解购买者的需要，按照购买者的需要来设计和生产适销对路的产品，同时合理定价，做好渠道选择、销售促进等市场营销工作，那么这些产品就能顺利地销售出去。

3.1.1 市场营销的定义

美国市场营销协会AMA（American Management Association）定义委员会1960年给市场营销下过这样的定义：“市场营销是引导货物和劳务从生产者流向消费者或用户的企业商务活动过程”。这一解释尽管较之“营销＝销售”的认识有了进步，但仍然有失偏颇，不能全面概括和准确表述现代企业营销活动的全过程。事实上，为了占据市场，扩大销售，实现企业的预期目标，企业不只是要进行消费者的流量引导，还要进行产前活动（如市场调研、产品开发）和售后活动（如售后服务、收集反映）。这就是说，市场营销活动包括了企业在流通过程结束后的售后活动，不仅要以顾客为全过程的终点，更重要的是以顾客为全过程的起点。简单的营销过程如图3-1所示。

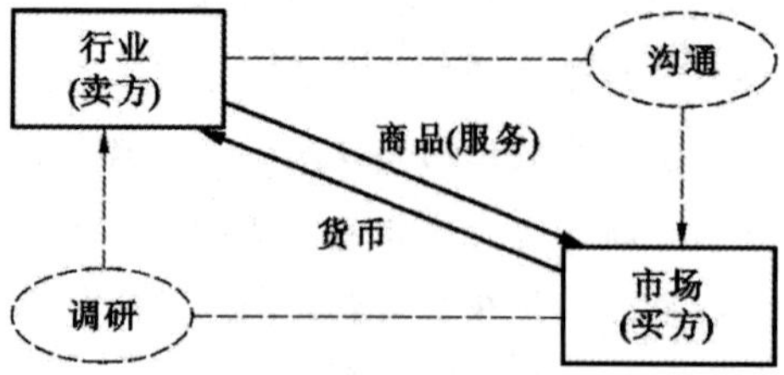

图3-1 简单的营销过程

相比之下，营销学大师菲利普·科特勒（Philip Kotler）下的定义强调了营销的价值导向：市场营销是个人和集体通过创造产品和价值，并同别人自由交换产品和价值，来获得其所需所欲之物的一种社会和管理过程。这一定义强调了价值的流动。

AMA 在 1985 年重新定义：

市场营销是（个人和组织）对理念（或主意、计策）、货物和劳务的构想、定价、促销和分销的计划与执行过程，以创造达到个人和组织的目标的交换。

2013 年 7 月，美国市场营销协会董事会一致审核通过，市场营销的定义为：市场营销是在创造、沟通、传播和交换产品中，为顾客、客户、合作伙伴以及整个社会带来价值的一系列活动、过程和体系。

小资料

AMA 市场营销的定义

Marketing is the activity, set of institutions, and processes for creating, communicating, delivering, and exchanging offerings that have value for customers, clients, partners, and society at large.

由此看来，所谓市场营销，就是在变化的市场环境中，旨在满足消费需要、实现企业目标的商务活动过程，包括市场调研、选择目标市场、产品开发、产品定价、渠道选择、产品促销、产品储存和运输、产品销售、提供服务等一系列与市场有关的企业业务经营活动。市场营销的过程既是物品的交换过程，也是价值的交换过程，同时还是促进社会优化的一种合作共赢活动，如图 3-2 所示。

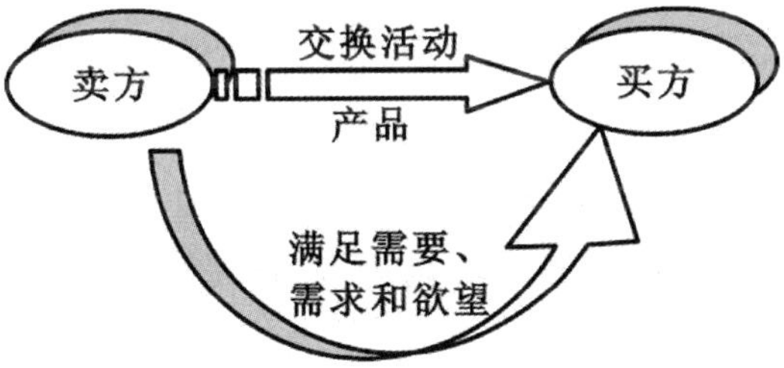

图 3-2　满足价值交换的营销过程

市场营销的概念和定义并非如数学公式一样有标准形式，通常是基于观点阐述者自己的理解和体会。即使是营销管理学大家，通常也会不断更新自己对于市场营销的定义，任何所谓定义都需要持有审慎选择的态度。

3.1.2 市场营销的功能

市场营销的根本任务，就是通过努力解决生产与消费的各种分离、差异和矛盾，使生产者手中各种不同的供给与消费者各种不同的需要与欲望相适应，实现生产与消费的统一。因而，市场营销在社会生产与社会需要之间的平衡中发挥着重要作用。

1. 降低交易成本的功能

降低交易成本的功能，是指提供了交换和物流的便捷功能，包括资金融通、风险承担、信息沟通、产品标准化和分级等。借助资金融通和商业信用等手段，可以控制或改变产品的流向和流量，在一定条件下，能够给买卖双方带来交易上的方便和利益。市场信息的收集、加工和传递，对于生产者、中间商、消费者或用户都是重要的，没有信息的沟通，其他功能都难以实现。产品的标准化和分等分级，可以大大简化和加快交换过程，方便产品储存、运输和顾客购买。

2. 探明市场的有效需求

一个企业面临的是动态市场，婚庆企业同样如此。市场环境在一刻不停地变化着，消费者的需求也在不断变化。在令人眼花缭乱的变化中，要准确识别并且根据趋势成功地预测消费者需求是一件很难的事。对企业来说，不能随时把握消费者的需求，就意味着不能获取它、满足它，更谈不上企业目标的实现。有效的市场营销活动可以成为市场需求探测器，使企业清楚地了解消费者需求的方向、结构及其分布，从而为企业寻到生存、发展的良机。

由于婚礼产品是一种文化产品，其需求经常是一种情感需求，因此，消费者对婚庆产品的消费行为是一种文化或情境的情愫发酵，消费行为是一种心理价值比较。作为营销人员，必须注意要将这种心理需求挖掘出来，所以婚姻庆典产品应该具备诱发这些情愫的元素，无论在外观、材质或技法上。如果商品在这方面的特征不明显，也可透过企业的品牌形象或包装的手法来达成，这里的包装是指商品的营销包装，如参与公益活动、特色活动的事件等。

3. 促进新产品的开发

企业要不断地改进原有产品、出新产品和进行产品更新换代，目的是为了满足消费者需求。不了解消费者需求，作为新产品开发承担者的科研、技术部门就会变成无头苍蝇。有效的市场营销，必须要通过市场需求信息的反馈，为产品改进、开发和更新换代指明方向，并督促、推动产品研发系统的快速运转。

4. 维护客户关系

市场营销不仅把握并满足了消费者的需要，而且通过售前、售中和售后服务，以及不断横向扩展服务范围，对顾客形成吸引力，使顾客自发、自愿地向企业靠拢，保持和增加对企业或品牌的忠诚度，扩大产品的潜在市场。这种维持和增加消费者忠诚度的任务，在供需矛盾突出的买方市场上非常艰巨和重要，只能依靠市场营销这个价值的交换工具来完成。同时，市场营销的信息沟通功能把市场需求具体地反馈给生产者，有助于生产出适应消费者快速变化口味的产品，从而对提升产品形态发挥着重要作用。

案例 3-1

村官重走红毯推销民俗婚礼服务

赵越 2009 年从南京理工大学毕业后，成为八卦洲街道外沙村一名大学生村官。2010 年，街道成立了“红杜鹃生态农业产业园”，但经营一段时间后因多是传统项目，效益不是很好。随后，她找到几位村官同仁，商量着怎么把项目进行更新。

大家认为，依托产业园增加文化旅游的内容，或许是条路子。之后，他们成立了“生态丽岛大学生村官创业团队”，打造出 3 个体验项目：乐享自然儿童野趣园、现实版的 QQ 农场和民俗婚庆馆。民俗婚庆馆是他们的招牌，可以为市民提供明清风格的婚礼、知青怀旧婚礼服务。民俗婚庆馆今年 8 月开幕，有迎娶仪式、摄影、餐饮等全套服务。在开幕后举办了一场大学生村官的集体婚礼，受到一致好评。

因为开业时间短，宣传力度不够，赵越的婚庆馆生意并不好。赵越去年在老家办过婚礼，她又与老公商量，决定再办一次，给大家做出示范。10 月 13 日，他们穿上中国传统服饰，在南京国展中心以“红杜鹃生态农业产业园”为司仪单位，举办了一场盛大的中式传统婚礼。当天有很多人来看，拍照的人特别多，这坚定了几名村官继续创业的决心。

（资料来源：农网．（2013-11-19）http://www.nongwang.net/zixun/show.php?itemid=6597（2018-9-11））

3.2　营销观念的演变

市场营销定义的变化，完全是出于营销观念的演变。伴随着经济周期和市场变化，市场营销观念也不断地变化。

3.2.1　营销观念的几个阶段

市场营销观念是指企业进行经营决策、组织管理市场营销活动的基本指导思想，也就是企业的经营哲学。它是一种观念，一种态度，或一种企业思维方式。这几种观念，是作为一般总结，并不是绝对的分阶段方法，如图 3-3 所示。

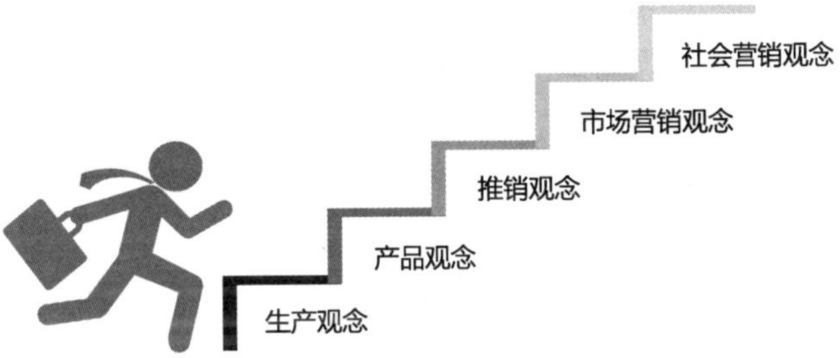

图 3-3　营销观念演进

1. 生产观念

生产盛行于 19 世纪末 20 世纪初。生产观念是一种重生产、轻营销的指导思想，其典型表现就是“我们生产什么，就卖什么”。以生产观念指导营销活动的企业，称为生产导向企业。

案例 3-2

福 特 汽 车

20 世纪初，美国福特汽车公司制造的汽车供不应求，亨利·福特曾傲慢地宣称：“不管顾客需要什么颜色的汽车，我只有一种黑色的。”福特公司 1914 年开始生产的 T 型车，就是在“生产导向”经营哲学的指导下创造出奇迹的。使 T 型车生产效率趋于完善，降低成本，使更多人买得起。到 1921 年，福特 T 型车在美国汽车市场上的占有率达到 56%。

2. 产品观念

产品观念是与生产观念并存的一种市场营销观念，都是重生产轻营销。产品观念认为，消费者喜欢高质量、多功能和具有某些特色的产品。因此，企业管理的中心是致力于生产优质产品，并不断精益求精，日趋完善。在这种观念的指导下，公司经理人常常迷恋自己的产品，以至于没有意识到产品可能并不迎合时尚，甚至市场正朝着不同的方向发展。他们在设计产品时只依赖工程技术人员而极少让消费者介入。

案例 3-3

杜邦公司的钢材

杜邦公司在 1972 年发明了一种具有钢的硬度，而质量只是钢的 1/5 的新型纤维。杜邦公司的经理们设想了大量的用途和一个 10 亿美元的大市场。然而这一刻的到来比杜邦公司所预料的要漫长得多。因此，只致力于大量生产或精工制造而忽视市场需求的最终结果是其产品被市场冷落，使经营者陷入困境。

3. 推销观念

推销观念产生于资本主义经济由“卖方市场”向“买方市场”的过渡阶段。盛行于 20 世纪 30—40 年代。推销观念认为企业管理的中心任务是积极推销和大力促销，以诱导消费者购买产品，其具体表现是：“我卖什么，就设法让人们买什么”。在推销观念的指导下，企业相信产品是“卖出去的”，而不是“被买去的”。他们致力于产品的推广和广告活动，以求说服、甚至强制消费者购买。他们收罗了大批推销专家，做大量广告，对消费者进行无孔不入的促销信息“轰炸”。如美国皮尔斯堡面粉公司的口号由原来的“本公司旨在制造面粉”改为“本公司旨在推销面粉”，并第一次在公司内部成立了市场调研部门，派出大量推销人员从事推销活动。

但是，推销观念与前两种观念一样，也是建立在以企业为中心的“以产定销”，而不是满足消费者真正需要的基础上。因此，前三种观念被称之为市场营销的旧观念。

4. 市场营销观念

市场营销观念形成于 20 世纪 50 年代。该观念认为，实现企业目标的关键在于正确确定目标市场的需要和欲望，一切以消费者为中心，并且比竞争对手更有效、更有利地传送目标市场所期望满足的东西。

市场营销观念的产生，改变了传统的旧观念的逻辑思维方式，而且在经营策略和方法上也有很大突破。它要求企业营销管理贯彻“顾客至上”的原则，将管理重心放在善于发现和了解目标顾客的需要，并千方百计去满足它，从而实现企业目标。因此，企业在决定其生产经营时，必须进行市场调研，根据市场需求及企业本身条件选择目标市场，组织生产经营，最大限度地提高顾客满意程度。

市场营销观念相信，决定生产什么产品的主权不在生产者，也不在于政府，而在于消费者。

案例 3-4

把梳子卖给寺院

有个营销经理想考考他的手下，就给他们出了一道题——把梳子卖给和尚。

第一个人心想，和尚都没有头发，还卖什么梳子！此人找个酒馆喝起了闷酒，睡了一觉，回去告诉经理，和尚没有头发，梳子无法卖！

第二个人来到了一个寺庙，找到了一个和尚，对和尚说，我想卖给你一把梳子，和尚说，梳子对我没用，不买。那人就说如果卖不出去，我就会失业，你要发发慈悲啊！禁不住软磨硬泡，和尚就勉强买了一把。

第三个人在庙里转了转，对和尚说，拜佛是不是要心诚，和尚说，是的。心诚是不是需要心存敬意，和尚说，要敬。那人说，你看，很多香客很远来到这里，他们十分虔诚，但是却风尘仆仆，蓬头垢面，如何对佛敬？如果庙里买些梳子，给这些香客把头发梳整齐了，把脸洗干净了，不是对佛的尊敬吗？和尚觉得此言有理，就买了十把。

第四个人也来到了一个寺庙卖梳子，和尚说，真的不需要的。那人对和尚说，如果庙里备些梳子作为礼物送给香客，又实惠、又有意义，香火会更旺的，和尚想了想，有道理，就买了 100 把。

第五个人对和尚说，你是得道高僧，书法甚是有造诣，如果把您的字刻在梳子上面，刻些"平安梳""积善梳"送给香客，是不是既弘扬了佛法，又弘扬了书法，老和尚微微一笑，善哉！就买了 1 000 把梳子。

第六个人和和尚说了一番话，却卖出了一万把梳子。那人说了些什么呢？他告诉和尚，梳子是善男信女的必备之物，经常被女香客带在身上。如果大师能为梳子开光，使梳子成为她们的护身符，则既可以积善行善，又能保佑平安，很多香客还能为自己的亲朋好友请上一把，保佑平安，弘扬佛法，扬我寺院之名，岂不是天大善事？就这样，寺院买了一万把，取名"积善梳""平安梳"，由大师亲自为梳子开光，当然，开光所捐的善款也不菲啊！

（资料来源：http://blog.sina.com.cn/s/blog_bab07c110101dg3n.html）

本案例把梳子卖给寺院从某些角度来说有不妥之处，在营销策略上也存在严重失误。这里引用其说明营销思维的突破，而不是认同其做法。在激烈的市场竞争中，营销人员必须转变观念，不拘泥于产品本身，而是积极寻找新的需求，开拓新的销售渠道，将销售中的不可能变为可能。但营销不是极尽巧舌之能，不能够偏离产品本身，更不是欺骗，参见下文"案例 3-7"的延续讨论。

5. 社会营销观念

从 20 世纪 70 年代起，随着全球环境破坏、资源短缺、人口爆炸、通货膨胀和忽视社会服务等问题日益严重，要求企业顾及消费者整体利益与长远利益的呼声越来越高。在西方市场营销学界提出了一系列新的理论及观念，如人类观念、理智消费观念、生态准则观念等。其共同点都是认为，企业生产经营不仅要考虑消费者需要，而且要考虑消费者和整个社会的长远利益，这类观念统称为社会营销观念。社会营销观念的基本核心是：以实现消费者满意以及消费者和社会公众的长期福利作为企业的根本目的与责任。理想的营销决策应同时考虑到：消费者的需求与愿望的满足，消费者和社会的长远利益，企业的营销效益。

小资料

年轻人的别样婚礼

2016 年 8 月 31 日，邯郸市魏县大辛庄乡马河村充满欢声笑语，在唢呐、锣鼓等乐器声中，新郎官蒋大伟骑着高头大马，穿过大街小巷，一路上喜气洋洋将自己的心上人娶回了家。这对新人选择骑马坐轿喜结连理，既个性、时尚，又经济实惠。

据新郎的父亲介绍，儿子今年 25 岁，在外地打工，儿媳妇是本村人，两个人属于自由恋爱。举办婚礼之前，没想到恰好赶上村里修路，两位新人经过商议，决定趁此机会玩一把浪漫，从邻村租来马匹、花轿，请来一支民间乐队，举办一场与众不同的婚礼。

就在几天前，对衡水小伙子李猛来说也是具有特殊意义的一天，这一天他带领他的特殊的“新能源汽车迎亲车队”迎娶新娘。一对新人也从此走进婚姻的殿堂。

一大早，小区就热闹了起来，“大庆路－榕花街”上的迎亲车队吸引了人们好奇的目光，绚丽的超跑特斯拉作为主婚车率领着十几辆白绿色的新能源车，新颖、别致、环保、拉风，这一别出心裁的设计让迎亲仪式显得隆重而又特别。清一色的新能源车，行驶在一起，干净整洁、小巧别致，为这次的婚礼增添了一抹亮丽的色彩。

（资料来源：凤凰网 .（2016-09-04）.http://news.ifeng.com/a/20160904/49897331_0.shtml）

营销是在动态的全球性的环境中进行的，环境的迅速变化使过去成功的策略可能不再适合当下，因此，经理们要不断重新思考他们的营销目标和营销实践。正像管理思想大师彼德·德鲁克所观察到的那样，一个公司在上一年度的成功模式在下一年度可能就不适用了。营销观念带来的差别如表 3-1 所示。

表3-1 营销观念带来的差别

市场观念	营销出发点	营销目的	基本营销策略	侧重方法
生产观念（产品观念）	产品	通过生产大批产品或改善产品即刻获利	以增加产量、提高质量、降低价格竞争	坐店等客
推销观念	产品	通过大量推销产品获利	以多种推销方式竞争	派员销售广告宣传
市场营销观念	消费者需求	通过满足需求达到长期获利	以发现和满足需求竞争	实施整体营销方案
社会营销观念	消费者需求	通过满足需求达到长期获利	以获取消费者信任，兼顾社会利益影响消费等竞争	与消费者及有关方面建立良好的关系

3.2.2 营销观念演进的意义与启示

从营销观念的历史演进，可以很容易地发现，与旧的观念相比，每一个更新的观念不论在表述的重点还是在着眼点上都有了创新。

新的营销观念中最显著的变化就是把立足点和表述的侧重点都放在了顾客身上。

1. 明确了顾客地位

顾客在市场营销中应居于什么地位呢？中心地位。人们不难发现越是新的观念，在表述上始终是围绕“顾客”而展开的，尤其强调了要重视“管理客户关系”。关于营销的定义，不同的学者或者机构都会从不同的角度给出不同的看法。但是，在定义中这么着重突出“顾客”，而且是由 AMA 这样的机构提出，这在市场营销发展史上可以说是第一次，当然，也可从此看到“顾客”在市场营销中的地位。其实，随着技术和营销的发展，在近年来的市场营销实践中，尤其是在近几十年来，对“消费者”的重视程度已经被提到了前所未有的高度。

2. 承认了顾客价值

消费者驱动着市场。顾客凭借什么力量来驱动市场呢？凭借的就是他们的购买权。这种购买权对于企业来说是稀缺的，因而也就具有了价值。这种价值足以使得企业千方百计地追求为顾客提供利益。

3. 强调了与顾客的互动

市场营销活动应该在哪些环节强调与顾客的互动呢？应该在营销的各个环节。新经济条件下的市场营销发展趋势之一就是客户越来越多地参与到了营销活动中来。从新产品开发到售后服务，从营销战略开发到营销策略实施，这样一系列的过程中应当重视客户更多地参与，也只有这样才能真正做到尊重客户价值。

3.3 营销的 4P、4C 和 4R 理论

4P、4C、4R 营销理论，营销学上的三大经典营销策略组合理论。不难发现，这些理论的演进与市场营销的定义或观念的演进之间是有着密切的对应关系的。

3.3.1 营销的 4P 理论

4P 理论，即产品（Product）、价格（Price）、渠道（Place）、促销（Promotion）四要素，它是由密歇根大学教授杰罗姆 • 麦卡锡（E.Jerome Mccarthy）1960 年提出，它的伟大之处在于它把营销理论巧妙地简化并第一次使之便于记忆和传播，逐步形成了一个极为实用的营销手段的组合。

1. 4P 理论

1）产品

产品包含核心产品、实体产品和延伸产品等，还可以细分。广义的产品可以是有形的实体，也可以是无形的服务、技术、知识或智慧等。

2）价格

价格的制定手段很多，竞争比较法、成本加成法、目标利润法、市场空隙法，这些方法的目标是使产品成为可交换的商品。企业以盈利为目标，所以定价要具有兼顾销售效率和企业效益的双重考虑。

打价格战是一种经常见到的定价和竞争策略，但价格低并非总是奏效，婚庆产品销量最大的是最便宜的那一款吗？恐怕不是。有时候，信息不对称，使价格中蕴涵了太多的附加信息，品质、期望、效用，甚至面子，价格不仅与产品本身相关联，也与品牌的附加内涵和价值相关联，与市场的供求关系相关联。

3）促销

传统意义的促销是人员推广、广告、攻关活动和销售促进。这些方式在营销过程中有着非常广泛的应用。随着互联网的兴起，促销的手段花样翻新、层出不穷。

4）渠道

渠道是产品从生产方到消费者终端所经历的销售路径。普通消费品会经过代理商、批发商、商场或零售店的环节。B2C 模式中也有电话直销、电视直销、网络直销、人员直销、专卖店直销等模式。直销模式大大缩减了从厂家到买家的中间环节，将中间利润让渡给消费者或作为新的营销模式所产生的额外费用的补偿。B2B 模式中也可能采取厂家对厂家的直接销售或选取代理商的中间销售模式。

2. 4P 理论的发展

4P 理论之后，因为服务业在 20 世纪 70 年代迅速发展，有学者又增加了第 5 个“P”，即“人”（People）；又因为包装在消费品营销中的重要意义，而使“包装”（Packaging）成为又一个“P”；“营销管理之父”科特勒在强调“大营销”概念的时候，又提出了两个“P”，即公共关系（Publications）

和政治（Politics）。在营销战略计划受到业界重视的时期，科特勒又提出了战略计划中的4P过程，即研究（Probing）、划分（Partitioning）或者细分（Segmentation）、优先（Prioritizing）、定位（Positioning），营销组合演变成了12P理论。但是，任何过于复杂的理论，都是对最初4P理论的初衷的某种意义上的违背，4P理论依然作为营销基础工具，发挥着非常重要的作用。

3.3.2 营销的4C理论

虽然4P横扫近半个世纪，但到20世纪90年代，随着消费者个性化日益突出，加之媒体分化，信息过载，传统4P渐被4C所挑战。从本质上讲，4P思考的出发点是企业中心，是企业经营者要生产什么产品、期望获得怎样的利润而制定相应的价格、要将产品怎样的卖点传播和促销、并以怎样的路径选择来销售。这其中忽略了顾客作为购买者的利益特征，忽略了顾客是整个营销服务的真正对象。以客户为中心的新型营销思路的出现，使顾客为导向的4C理论应运而生。1990年，美国学者劳特朋（Lauteborn）教授终于提出了与4P理论相对应的4C理论。

4C理论的核心是顾客战略。而顾客战略也是许多成功企业的基本战略原则，比如，沃尔玛"顾客永远是对的"的基本企业价值观。4C理论的基本原则是以顾客为中心进行企业营销活动规划设计，从产品到如何实现顾客需求（Consumer's Needs）的满足，从价格到综合权衡顾客购买所愿意支付的成本（Cost），从促销的单向信息传递到实现与顾客的双向交流与沟通（Communication），从通路的产品流动到实现顾客购买的便利性（Convenience）。

1. 4C营销理论

1）顾客需求

顾客需求，有显性需要和潜在需要之分。显性需要的满足是迎合市场，潜在需要的满足是引导市场。营销的首要功课是要研究客户需求，发现其真实需求，再来制定相应的需求战略，以影响企业的生产过程。由于市场竞争的加剧，客户对于同质化产品表现出消费疲惫，而适度创新则是引导和满足客户需求的竞争利器。

顾客需求层次也是进行市场细分的依据之一。满足何种需求层次，直接决定了目标市场定位抉择。根据马斯洛的需求层次理论，顾客需求从基本的产品需求向更高的心理需求满足的层次发展，因此，企业不仅要做产品，还要做品牌做生活，通过创建品牌核心价值，营造新型生活方式，实现顾客在社会认同、生活品位等层次需求的满足。尤其是作为文化服务业的婚庆服务，顾客需求以及个性化、多样化的产品服务永远是第一位的。

2）顾客成本

顾客成本是顾客购买和使用产品所发生的所有费用的总和。价格制定是单纯的产品导向，而顾客成本则除了产品价格之外，还包括购买和熟练使用产品所发生的时间成本、学习成本、机会成本、使用转换成本、购买额外配件或相关产品的成本付出的总和。对于这些成本的综合考虑，更有利于依据目标客户群的特征进行相关的产品设计和满足顾客的真实需要。

案例3-5

超市免费班车

曾经有相当长的一段，各大卖场开设的免费购物班车成为街头一景。这些招手即上的免费班车穿行于超市周边的街道、社区、宿舍等人流密集区域，在方便消费者购物的同时，也拉近了大卖场与消费者之间的距离。据了解，全市95%以上的大卖场都设有自己的班车线路，少的两到三条，多的达到八九条。

靠免费班车来吸引客源，究竟能有多大效果？记者观察多家超市的免费班车后发现，由于发车间隔较长，以及线路绕行等一些因素，年轻人很少有空闲乘坐免费班车，顶多是赶上了顺便坐一下，乘坐免费班车的主要以中老年顾客为主。

家住劲松中街附近的范阿姨告诉记者，退休之后，闲暇时间多了。正好沃尔玛、乐购等好几条免费班车线路都从家门口经过，来回都很方便，因此买不买东西都经常跟老伴去各大超市逛逛。还由此结识了一帮家住附近的“车友”，大家有时还会相约一起乘车采购，经常相互交流低价商品信息。

如果说，“一站式购齐”是大卖场消费的典型特征，那么对这些搭乘免费班车前来的中老年消费者来说，情况显然并非如此。由于有了充足的时间和便利的交通，他们有充足的条件货比三家。“一次购足”演变为“多次购足”甚至“多站购足”，所购买的商品也主要集中在低毛利甚至负毛利的特价商品上，总体购买力非常有限。采访当中，记者多次听到超市方面发出这样无奈的感慨：“我们也知道免费班车带来的并非是优质客源。但是如今，免费班车已经成为超市竞争不可分割的一部分。”

（资料来源：北京商报.（2009-10-21）.http://news.163.com/09/1021/01/5M44U5HK000120GR.html）

3）顾客沟通

企业的营销策略是以顾客为导向，而非企业导向或竞争导向。现实的许多企业以竞争导向制定促销策略，结果陷入了恶性竞争。顾客导向才更能使企业实现竞争的差异性和培养企业的核心竞争能力。顾客沟通也更强调顾客在整个过程中的参与和互动，并在参与互动的过程中，实现信息的传递以及情感的联络。

沟通要选择目标客户经常接触的媒介渠道，同时，由于信息爆炸，消费者每天所接触的信息来源非常广泛，因而单向的信息传递会由于消费者的信息接收过滤而造成传播效率低下。

而营销沟通所强调的客户参与，目的是要使顾客在互动的过程中对信息充分接收并产生长期的记忆。当前的体验营销就是客户在体验的过程中，了解产品与自身需求的契合度，发现产品的价值所在，在无形中领悟并愿意接受其品牌文化，在潜移默化中达到心理体验的一致。而体验的过程中，顾客的心声被企业接纳，又成为下一次产品创新的方向和动力。

4）顾客便利

顾客便利的目标是通过缩短顾客与产品的物理距离和心理距离，提升产品被选择的几率。

案例 3-6

亚马逊的未来物流体系

在 2017 年的超级碗上，亚马逊花费超过 150 万美元投放了一则 10 秒长的广告，推介了亚马逊的无人机送货服务 Prime Air。

而最近的一系列专利披露显示，这家由在线零售成长起来的科技公司正打算用新技术反哺其零售业务，从物流入手，打造未来无人化的智能快递服务。在其整个无人物流系统设想中，包含了已有的无人化仓库、无人机，同时还有自动驾驶货车，乃至更加“科幻”的空中仓库以及地下传送带。

下面从交付、运输、仓储这三个物流的核心环节，揭示亚马逊打造超前的智能物流体系的巨大野心。

2013 年年底，亚马逊 CEO 贝佐斯首次宣布了公司准备推出面向消费者的无人机快递服务 Prime Air，旨在半小时内将质量低于 5 磅的货物，用无人机投递到客户家中。物流的“最后一公里”是整个流程中成本最高的一个环节，需要耗费大量的时间与人力，如果能用无人机实现快递无人化交付，无疑能节省不少物流开支，同时也能为消费者提供更多便利。

然而这一等就是三年。直到去年 12 月，亚马逊才正式用 Prime Air 向客户完成了首次交付。但在这三年中，亚马逊并没有闲着，而是不断地迭代着 Prime Air 的无人机产品，提升其续航、最大速度，更改气动外形以获得更高的动力效率，并且请来了计算机视觉团队，为其添加了自动避障的能力。

亚马逊此次让 Prime Air 在超级碗亮相，也传递出了一个信息——在公司未来的物流系统中，无人机将是一股中坚力量。

（资料来源：赛迪网 .（2017-02-10）.http://www.ccidnet.com/2017/0210/10240549.shtml）

2. 4C 理论的问题

4C 营销理论从其出现的那一天起就普遍受到企业的关注，此后的 20 世纪 50 ～ 70 年代，许多企业运用 4C 营销理论创造了一个又一个奇迹。但是，从企业的实际应用和市场发展趋势看，4C 理论依然存在不足。

首先，4C 理论以消费者为导向，着重寻找消费者需求，满足消费者欲望，而市场经济除此之外还存在竞争导向。一个企业不仅要看到需求，而且还需要更多地注意到竞争对手，冷静分析自身在竞争中的优劣势并采取相应的策略，才能在激烈的市场竞争中站于不败之地。

其次，在 4C 理论的引导下，企业往往被动适应顾客的需求，令他们失去了自己的方向。在婚庆服务市场的谈单过程中，很多营销人员会因为害怕失去一个客户，而忽略了企业原本已经经过市场检验的婚庆服务产品特点，一味地屈从客户的要求，这对于整个公司和整个市场都是有害的。如何将消费者需求与企业长期获得利润结合起来，是 4C 理论有待解决的问题。

3.3.3　营销的 4R 理论

顾客战略为核心的 4C 理论，随着时代的发展，显现了其局限性。当顾客需求与社会原则相冲突时，顾客战略也是不适应的。例如，在倡导节约型社会的背景下，部分顾客的奢侈需求是否要被满足。这不仅是企业营销问题，更成为社会道德范畴问题。于是 2001 年，美国的唐•E. 舒尔茨（Don E. Schultz）又提出了关联（Relevancy）、反应（Reaction）、关系（Relationship）和报酬（Rewards）的 4R 理论，侧重于用更有效的方式在企业和客户之间建立起有别于传统的新型关系。

1. 4R 营销理论

1）关联

关联即认为企业与顾客是一个命运共同体。建立并发展与顾客之间的长期关系是企业经营的核心理念和最重要的内容。那么，对于婚庆服务这样的重复购买概率极低的产品和服务，如何建立关联性呢?

2）反应

在相互影响的市场中，对经营者来说最难实现的问题不在于如何控制、制定和实施计划，而在于如何站在顾客的角度及时地倾听，并从推测性模式转变成高度回应需求的商业模式。

3）关系

在企业与客户的关系发生了本质变化的市场环境中，抢占市场的关键已转变为与顾客建立长期而稳固的关系。与此相适应产生五个转向：从一次性交易转向强调建立长期友好合作关系；从着眼于短期利益转向重视长期利益；从顾客被动适应企业单一销售转向顾客主动参与到生产过程中来；从相互的利益冲突转向共同的和谐发展；从管理营销组合转向管理企业与顾客的互动关系。

4）报酬

任何交易与合作关系的巩固和发展，都是经济利益问题。因此，一定的合理回报既是正确处理营销活动中各种矛盾的出发点，也是营销的归结点。

2. 4R 理论的特点

4R 营销理论的最大特点是以竞争为导向，在新的层次上概括了营销的新框架，根据市场不断成熟和竞争日趋激烈的形势，着眼于企业与顾客的互动与双赢，落实了关于关系营销的重要思想。但是，4R 所要求的同顾客建立关联关系，需要实力基础或某些特殊条件，这并不是所有的企业都可以轻易做到的。

营销理论是在一个不断发展的过程，但万变不离其宗，与 4P 和 4C 还存在着实质上的关联。比如，从顾客需求的角度思考如何设计和研发产品，同时从顾客成本的角度考虑如何制定最合理的价格，反过来说，顾客需求本身对于产品价格也有着直接的影响。再比如，从与顾客如何实现沟通的角度思考促销和推广的方式，同时从客户购买的便利性的角度来确定企业通路的选择。

综上所述，营销理论的演进和改良并不需要墨守成规地去理解，尤其是婚庆行业这一类的文化服务业，其产品为无形产品，并且一般为一次性消费，市场表现往往渗透着文化影响力，情况要比一般商品市场复杂得多。4P 和 4C 的营销策略组合原则，都在我们日常的营销实践中被有意无意地广泛应用。一般情况下，4P 营销理论作为营销的基本理论，从企业的角度来看，是把 4C 和 4P 理论作为理念前提下的一种有效的营销方案实现方式，也是我们学习的基本知识点。

小　结

1. 婚庆市场营销的观念：

（1）从婚庆行业开始有营销行为起，就已经避开了产品观念；

（2）婚庆市场的营销观念和一般商品的营销观念没有本质区别。

2. 市场营销的观念演变是逐步从产品转向消费者的，婚庆市场的观念演变是从婚礼样式为核心逐步转变为为新人服务为核心。

3. 营销的观念并不是一成不变的，也并不是一定从低级转向高级，所谓低级和高级都要视情况而定，适应营销业务实践要求的观念就是高级观念。

4. 婚庆市场上，营销的方法一般不会是某一种，而是若干种观念和若干种方法的整合体。

关键概念

4P 理论　4C 理论　4R 理论　市场营销观念

习　题

一、简答题

1. 简述婚姻庆典服务市场适用的营销理论。

2. 案例 3-4 和案例 3-7 说明了什么问题？

3. 婚庆服务市场有没有可能采用产品观念来赢得市场，为什么？

二、实训题

【实训项目】

分别用 4P 和 4C 营销理论描述某婚庆产品或相关产品的营销情景。

【实训目的】

了解营销观念的演变，并能够清晰地分清不同理论之间的优劣，从不同理论角度清楚描述营销方案的出发点和立足点。

【实训内容】

教师列出某种类型的婚庆产品，学生进行一定的市场调研，并利用理论知识分析该方案利用了哪些营销理论，评估其效果和科学性。

【实训步骤】

1. 教师提出基本要求。

2. 学生进行调研。

3. 学生分组完成后教师随机抽查学生获得的结果，并要求在班级汇报。

4. 学生提出问题。

5. 教师进行点评、总结。

【完成任务】

1. 完整描述该婚礼方案的理论部分，并形成报告。
2. 在课堂上汇报。
3. 将分析报告提交给教师。

第4章 婚庆市场环境分析

学习目标

通过本章的学习，你应该能够：

- 掌握婚庆市场宏观环境分析方法；
- 掌握婚庆市场微观环境分析方法；
- 掌握营销环境分析方法与对策。

导入案例

婚礼费用：哪个国家最便宜？

不菲的聘礼，昂贵的礼金，热闹的伴娘……越来越多的准新娘被不必要的婚礼开销所困扰。那么，在其他国家举行婚礼要花多少钱？

美国：新娘方几乎赔钱

在美国，当夫妻结婚时，新娘一方几乎是在“赔钱”，因为他们应该支付所有的费用，如结婚礼服、服装、乐队、场地租金、食物，即使是蜜月的花费。而新郎方，他们只花了一枚戒指钱而已。

印度：最麻烦的婚礼和最悲惨的新娘

在印度，女方不仅要支付婚礼的费用，而且还要接受新郎一方提出的嫁妆要求。除了嫁妆，婚礼过程也极其复杂。婚礼对新娘来说就像马拉松。在婚礼的前一天晚上，印度新娘们不仅要在脸上化妆，而且要从手到脚都配上装饰品。这些珠宝的重量可达一公斤。

埃及：与印度相反，最悲惨的新郎

在埃及，新郎应该解决四个棘手的问题：洞房、嫁妆、结婚礼物、婚礼。在开罗，一套新房子的价格约为50万英镑或以上，嫁妆约为2万英镑，然而，白领的普通工资仅为1 000英镑左右。也许这就是为什么在伊斯兰文化中，明明一个男人可以有四个妻子，而大多数年轻人宁愿成为单身。

日本：昂贵的婚礼，但父母没有购房负担

在日本举行婚礼是非常昂贵的。2016 年的一项研究表明，日本人在婚礼上平均花费 359 万日元。大部分费用都花在了婚礼晚宴、戒指和蜜月旅行上。日本的父母通常不会为他们的孩子买房子来结婚。

非洲的部分国家：曾经只有结婚的承诺，现在则需要牛羊

在非洲的部分国家，婚姻曾经是非常简单的，一个简单的礼物，比如动物的一块皮毛，就是一个终生的承诺。但是现在，几十头牛羊的要求是常见的。

德国：轻松愉快

在德国，裸婚是很常见的，结婚的花费也非常之小。婚礼的总费用约为 10 000 欧元，包括婚纱、戒指和场地，约为工薪阶层 2 ～ 3 个月的工资。德国人喜欢在自己的草坪上举行婚礼，不去酒店，没有不放松的客人，不收礼金，只有最好的朋友在聚会上分摊费用。如此轻易和放松！

（资料来源：Chinadaily.（2017-03-07）.https://bbs.chinadaily.com.cn/forum.php?mod= viewthread&tid= 1880906（2018-9-14））

理论知识

4.1　营销环境分析的定义与种类

一个公司的营销环境（Marketing Environment）由影响营销管理能力的所有因素构成，而营销管理能力是指成功地发展和维持同目标用户关系的能力。营销环境既提供机遇又带来风险，成功的公司懂得要不断监测和适应变化着的环境。然而，不幸的是，有太多的公司不注意这一点。

一个公司的营销人员对识别环境变化负有主要责任。营销部门要比其他部门更好地把握趋势、寻求机遇。尽管在一个组织中，各部门经理都需要观察外部环境，但营销经理需要有专门的能力—— 营销信息系统和营销研究，即收集营销环境信息的能力；营销部门还要比其他部门花更多的时间来了解用户环境和竞争环境。正是通过系统的环境研究，营销部门能够不断地修正营销策略，以适应市场上出现的新的挑战和机遇。营销环境可以分为微观环境和宏观环境两类。微观环境（Micro environment）由那些影响公司为用户提供服务能力的因素构成，包括公司内部其他相关部门、供应商、中间商、用户市场、竞争者和公众。宏观环境（Macro environment）由那些较大的影响整个微观环境的社会因素构成，包括人口统计、经济、自然、技术、政治和文化等因素构成。

除此之外，企业还必须分析自身的竞争力问题，从而确定企业自身的优势，以及这些优势是否足以应付环境带来的威胁，或者能够利用环境带来的机会获得利益。

4.2　婚庆公司的宏观环境

公司以及所有相关者都是在一种更大的宏观环境中活动的，这种环境既提供机遇，也存在威胁。图 4-1 表明了在企业宏观环境中存在的六种主要因素。本节将对这些因素逐一介绍，以便了解它们如何对营销计划产生影响。

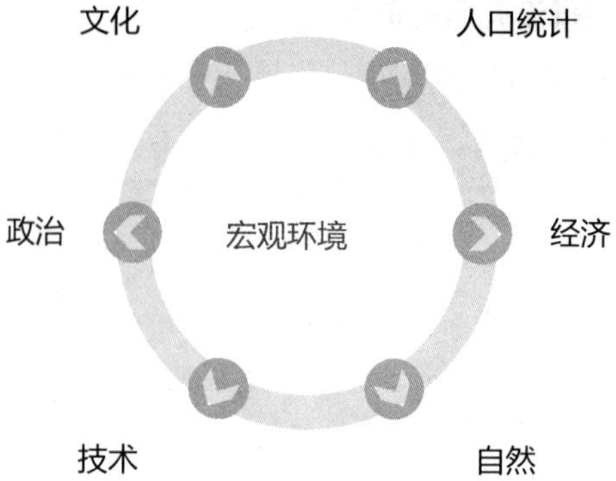

图 4-1 企业宏观环境

4.2.1 人口统计环境

人口统计是指根据人口的规模、密度、地理位置、年龄、性别、种族、职业和其他一些统计量所进行的研究。由于人口统计环境与人相关，而且是与构成市场的人相关，所以营销者对此很感兴趣。

世界人口增长迅速，目前已达 75 亿左右。世界性人口爆炸对服务业影响巨大。从购买力角度考虑，它意味着不断增长的市场机遇。因而，营销者要紧紧跟踪国内外人口变化的趋势及市场的发展，即跟踪人口年龄、家庭结构、人口数量、教育特点和人口密度的变化趋势。

1. 人口年龄结构的变化

在任何国家，最重要的一个人口统计因素是年龄结构。有两个原因导致人口平均年龄越来越大：其一，长期保持很低的出生率，年轻人相对越来越少；其二，人的寿命在延长，老人相对越来越多。

小资料

中国人口发展现状

据了解，2016 年末中国内地总人口（包括 31 个省、自治区、直辖市和中国人民解放军现役军人，不包括香港、澳门特别行政区和台湾省以及海外华侨人数）138 271 万人，比上年末增加 809 万人，同比增长 0.59%，增长幅度十年来最高。

2017 年退休延迟方案出台，设定 5 年的“缓冲期”，2022 年正式开始实施，直至 2045 年完成。人力资源和社会保障部社会保障研究所所长何平提出，我国应逐步延龄退休，建议到 2045 年不论男女，退休年龄均为 65 岁。据《2017 年统计年鉴》显示，2016 我国 15 ～ 65 岁人口为 10.03 亿人，2002 年来，我国人口出生率就已经是千分之 12.86，随后十五年来，我们的人口出生率一直低于千分之 13。这也是为何我国要推出退休延迟方案。因为 15 ～ 64 岁将是我国主要劳动人口，这部分人口减少直接影响到经济的发展。

目前，中国已成为世界第二大经济体，其工作年龄段人口在 1980 年到 2015 年之间增加了 3.8 亿。在这段时间里，中国数以百万计的人从农村迁移到城市，从事制造业工作。颇大的人口红利使得中国在 2010 年成为了世界最大的制造业经济体，但是，预计最晚在 2030 年前，中国人口将达到峰值，约为 14.3 亿。

（资料来源：国家统计局）

各种年龄群体的不同增长率将大大影响营销者对目标市场的选择。例如，婴儿膨胀期出生的人口已经创造出巨大的不断增长的儿童市场，18 岁到 40 岁之间的人口数量是婚庆服务市场的估算容量等，因此每个行业都会根据自身特点有针对性地研究人口结构变化。

2. 家庭的变化

以美国为例，以往美国人的理想家庭是有两个孩子、两辆车，住在郊外。现在，这种观念已经改变。人们结婚的年龄正在变大，而且要更少的孩子。尽管婴儿膨胀期出生的人口比重较大，但早在 20 世纪末，有孩子的已婚人口就开始下降。

中国的婚庆市场可以考虑的情况有：结婚服务对象的家庭情况，如果是独生子女，那么他们的婚礼消费明显会更高，而有多个子女的家庭，平均到每一个人的消费自然会变少；家庭婚姻状况对结婚数量的影响等。

3. 人口居住区域的变化

根据对美国、日本人口流动的趋势研究，可以发现人口迁移呈两大阶段：第一阶段，人口从农村向城市迁移，一二线和三四线城市都有人口迁入，这可能跟这一阶段产业以加工贸易、中低端制造业和资源性产业为主有关。第二阶段，人口从农村和三四线城市向一二线大都市圈及卫星城迁移，三四线人口面临迁入停滞，大都市圈人口继续增加，集聚效应更加明显，这可能跟产业向高端制造业和现代服务业升级，以及大都市圈学校医院等公共资源富集有关。

值得注意的是，在第一阶段到第二阶段过程中，会出现短期的大都市圈向区域中心城市回流现象，但不改变人的趋势。这也就是意味着，控制大城市人口、中小城镇化战略和大规模西部造城运动可能是不符合人口迁移规律的，而且大城市比小城市更有效率、更有活力、更节约用地、更节约资源。这是国际城市化进程中人口迁移的基本规律。

从我国的 21 世纪这十几年情况来看，人口迁移也符合这个基本规律。尤其是人们特别关心的年青一代的人口迁移，主要就是围绕几十个大城市进行流动的，甚至范围会缩小到十几个重要的城市。

小资料

杭州成人才最具吸引力城市

中青在线北京 4 月 11 日电（实习生 常江 中国青年报·中青在线见习记者 孙庆玲）近日，职场社交平台 LinkedIn（领英）发布了《2018 中国职场人跳槽趋势洞察》和《2018 中国人才招聘趋势报告》。数据显示，中国职场人跳槽周期逐年缩短，跨行业及地域流动趋势明显，杭州成年轻人就业城市的“香饽饽”。

毕业后已经从事软件服务与开发工作 19 个月的周斌（化名），就正准备去杭州继续开拓他新的“疆土”。“杭州城市比较友好，它是一座彬彬有礼的城市，并且生态环境也不错，如果工作累了，就去西湖风景区看看，放松放松。”

领英中国智库负责人王希娜表示，今天的职场人追求职业发展的时候不再仅仅看高薪和工作机会本身，更看重的是满足基本诉求后，“我在这个地方能不能生活得更舒服”。捷信消费金融招聘主管、领英中国认证招聘官周晓琳也认为，90后、95后的孩子们找工作，“不像咱们父母那一代，或者说像我们开始找工作的时候，他们没想那么多，先找到再说”。

而像周斌这样准备跳槽到新一线城市的年轻人，并不在少数。最新的城市人才吸引力榜单显示，杭州的吸引力指数高达1.576。从人才净流入/净流出比来看，新一线城市对于人才的吸引力已经“秒杀”北上广深四大一线城市。

（资料来源：中青在线 http://news.cyol.com/yuanchuang/2018-04/11/content_17089564.htm）

4. 更好的教育

受教育程度对于消费品的偏好具有极其明显的影响。受教育程度在很大程度上影响着一个人的知识水平和对外界信息的了解与兴趣，从而会影响其追求的需要和动机，这主要是因为文化知识的提高有助于增加对外界事物的了解，从而更容易诱发对外界事物的兴趣和好奇心。同时，文化知识的增长有助于克服对陌生消费环境的恐惧心理。

一份对新婚消费人群的社会调查显示，具有一定消费能力的新婚对象是以工薪阶层和中高等学历人群为主的。被调查人群97%为未婚人士，男性占38%，女性占62%；年龄在20岁至30岁的占到96%；受访人群大部分具有高等教育背景，大专以上学历人群占62.3%以上；职业主要分布在服务行业、计算机业、金融业、教育业和制造业；在每月可支配收入方面，各阶层分布相对均匀，月收入少于1 000元的人群占12%，1 000～3 000元占33.3%，3 000～5 000元占37.6%，5 000元以上者占12%，收入呈纺锤形分布，从调查结果看，工薪阶层是新婚消费的主力军，调查结果具有较全面的代表性（北京高等学校青年英才计划项目，项目编号：YETP1873，作者崔杰、王晓玫等）。

小资料

受教育程度、收入与初婚年龄的相关性分析

（1）受教育程度和初婚年龄成正相关。也就是说，受教育程度越高，结婚年龄越迟。

（2）个人收入和初婚年龄也成正相关。随着个人收入的增加，结婚年龄也会推迟。

（3）受教育程度和收入虽然与初婚年龄相关，但是只是弱相关（$r<0.3$），不能解释初婚年龄的所有因素。

（4）受教育程度和个人收入对于初婚年龄的影响，女性要明显高于男性。也就是说，受教育程度的提高和个人收入的增加会对女性结婚年龄造成更为明显的影响。这也是现在有许多“剩女”出现的重要原因。

（5）由回归分析显示，受教育程度和个人收入与初婚年龄是显著相关的，它们的P值都远远小于0.01。

初婚年龄反映了一个社会中婚姻和家庭的变迁，而且会对国家的人口再生产有巨大影响，研究其影响因素具有重要的现实意义。通过对初婚年龄的影响因素的分析，可以分析当代不同地位的青年的结婚意愿是否受到自身受教育程度和收入的影响。

（资料来源：王俊雅，《教育学》2015年10月总第86期）

4.2.2　经济环境

众所周知，市场需要具备购买力的人。经济环境就是由影响消费者购买力和消费方式的因素构成。各国在收入水平和收入分布方面差别很大，一个极端是自给自足式的经济类型，人们主要消费本国农业和工业产品，这些国家的市场机会很小；另一个极端是工业化国家，这些国家为各种各样产品（包括服务）提供了巨大的市场。营销者必须密切注意购买力变化的主要趋势和人们的消费方式，不仅要考虑二者的关系，而且要考虑世界市场。

1. 收入的变化

伴随着经济的稳定发展，中国居民人均可支配收入持续增长，2016 年达到 2.4 万元。收入的提升，直接驱使中国居民对更高层次消费的追求。然而 21 世纪以来，中国基尼系数一直居于高位。2016 年中国基尼系数为 0.465，仍大于世界 0.4 的警戒线水平，中国的贫富差距水平依然在高位徘徊，新晋中间阶层逐渐向金字塔尖和腰部以上流动壮大，成为消费主力。

2010 年中国第六次人口普查结果显示，中国人口主要集中在两个年龄段：30 ～ 45 岁、15 ～ 25 岁。国际经验认为“46 岁”是人口消费支出的峰值点，所以综合中国员工职业发展、家庭环境、社会保障等因素，“35 ～ 45 岁”人群是中国消费力最高的人群；2010 年“15 ～ 25 岁”年龄段的人群为 85 后、90 后，这一部分人群伴随着互联网成长，具有个性化的消费观念和猎奇心理，2010—2017 年渐渐走向社会开始具有一定的消费能力，虽然购买力有限，但具有不同的消费观念和消费需求，逐渐成为引领消费潮流的灯塔人群，如图 4-2 所示。这两个数据对于婚庆行业是一个明显的利好。

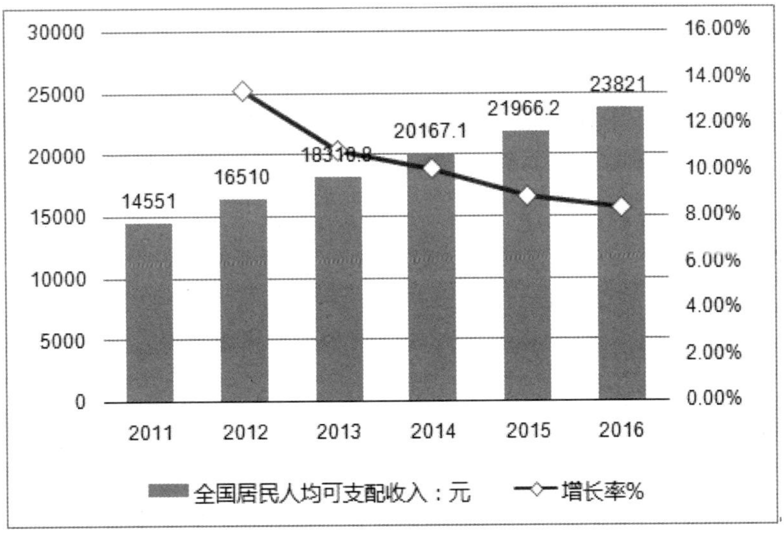

图 4-2　2011—2016 年中国居民人均可支配收入走势

需要特别注意的是，收入的变化必须考虑真实收入与名义收入的差别，这在第 2 章里面已经涉及。

2. 消费方式的变化

不同收入水平的家庭有不同的支出方式，其中一些差别在一个世纪之前就由 E. 恩格尔（Ernst Engel）注意到了，他研究了人们的支出方式怎样随着收入的提高而变化。他发现，当人们收入提高时，在食品方面的花费比例将下降，在住房方面的花费比例基本保持不变，在其他项目上的花费比例和储蓄比例将增加。恩格尔定律被后来的许多研究所证实，像收入、居住成本、利息率、储蓄与借贷方式等主要经济变量的变化对市场都有重要影响。公司利用经济预测来监视这些变量的变化。根据这种预测，公司就能利用经济环境的变化谋求发展。

小资料

O2O 线上模式引领婚礼消费观

2013 万家热线秋季婚庆珠宝网络展销会于 9 月 1 日正式在线上拉开帷幕！为了帮助新人们节省精力和时间，提供一站式服务，此次展商特别涵盖了婚纱摄影、婚庆策划、婚纱礼服、婚戒首饰、婚礼用品、婚宴酒店、婚庆服务等多个门类。为准新人带去最大幅度的优惠力度，最高的品质以及最优质的服务。

从 20 世纪 70 年代的“三转一响”（自行车、手表、缝纫机和收音机），到 80 年代的“三大件”（电视机、洗衣机和电冰箱），再到现在的“有车、有房、有存款”，外带婚纱照、酒宴、蜜月旅行，一个都不能少，结婚花费用“飙升”形容一点不为过。正因为花费上的飙升，开始有新人从网络上着手筹婚，但网络筹婚的同时也担着风险，O2O 模式的开启成功解决了这一问题。合肥的新人们不用再大热天的到处奔波，不用再担心网购的质量。O2O 即线上预订，线下消费，这一模式等于为新人们又上了一层保险。

（资料来源：http://jiehun.365jia.cn/news/2013-09-03/A42F22682CE1469B.html）

4.2.3 自然环境

自然环境（Natural Environment）涉及的是自然资源，这些资源或者是营销者所需的输入，或者受营销活动的影响。许多环境专家还担心，人类很快将被自己的垃圾所埋葬。在自然环境方面，营销者需要注意以下趋势。

1. 原材料短缺

原材料的短缺是个很好理解的问题。各种矿物等不可再生的资源给人们提出了一个严肃的问题，虽然这些逐渐短缺的资源还没有用尽，但是，利用这些资源制造产品的公司正面临着成本的增加，它们可能不得不把这些成本转嫁给用户。

2. 能源成本增加

石油是一种不可再生的资源，它对将来的经济增长影响极大。在更经济的能源替代品被开发出来以前，世界上主要的工业国家非常依赖石油。石油将继续左右着世界的政治和经济状况。煤的使用增加了，许多公司也在探索如何才能使太阳能、核能、风能以及其他能源形式得到实际的应用。实际上，成百上千的公司正在向人们提供用于取暖和其他用途的太阳能产品。

近十年来中国政府大力推广和补贴新能源汽车，各地都在鼓励购买电力驱动的汽车，尽管电动车对于能源利用的效率问题依然有很大的争议，但是对于能源问题的担忧是实实在在的。

3. 污染增加

工商业几乎总是破坏自然环境的质量，无论是传统工业还是婚庆礼仪服务这样的无烟工业。

这一点可以看一下化学废料和核废料的废弃物、海洋中汞的含量、土壤和食物中化学污染物的数量，以及不能溶解于土壤的瓶子、塑料袋和其他包装物。

然而，公众对环境的关心为那些有意识的公司创造了营销机遇。越来越多的用户开始与那些对环境保护负责任的公司做生意，而不与那些损害环境的公司做生意。尽管有益环境的产品较贵，他们仍然买这种产品（想一想昂贵的特斯拉电动汽车依然有很多人购买）。许多公司正在对这样的需求做出反应，这种需求要求更安全的产品，可重复利用或可溶于生态环境的包装，如超市被禁止提供塑料袋，以更好的污染控制和更节能的生产。

案例 4-1

如何打造低碳环保婚礼

低碳环保的意识和理念已经逐渐深入人们的生活中，为了我们共同生活的地球能够更加清新与健康，每个人都应该尽自己的义务。现在“低碳”这个词成为人们生活的重心，新人们如何响应号召来策划一场绿色环保婚礼呢？

请帖数码化

发传统请帖既浪费纸张，又劳民伤财，同时限制了请帖内可包含的信息样式。在这个数码时代，不如设立自己的婚礼网站，详细列出婚礼的资料。一些像 momentville 或 ewedding 的网站提供免费、漂亮的网站模板任你选择。如果希望有更华丽、甚至有婚礼规划工具可选择，则不妨考虑试试如 weddingjojo 或本地版 2become1 类似的网站。你可以很容易地张贴照片和放上影片、更新信息，把所有传统请帖容不下的小细节，如地图和博客等都放在一个网站之上，既方便又可以节省印刷成本。当然，对于不擅长上网的朋友，我们大可能要返回传统的纸制请帖。那么，请尽量使用再造纸和大豆油墨来印制。大豆油墨为可再生的自然资源，而且比普通石油油墨更色彩鲜明。

礼服租借

婚纱和伴娘裙往往只穿一次，除非你打算将来让女儿继承，但首要条件是需要存储空间，并有信心二、三十年后她仍然愿意穿着你以前的裙子。既然如此，你何不考虑租用礼服呢？现在有很多地方出租华丽的婚纱礼服，而且价格多样，丰俭由人。

换个更好玩的婚礼地点

婚礼一定是一大家子人聚在酒店或者家中举杯相庆吗？这样虽然热闹，但是却少了新意，也让你关于婚礼现场色调、宴会菜单的许多想法无法实施。如果你的婚礼规模不算大的话，那么不妨试试更有趣的婚礼地点吧，乡间的别墅、市郊的景区，甚至是大学校园或者博物馆，都可以带来不一样的体验。

选用当季开放的花朵来制作新娘捧花

虽然温室技术的进步让不同品种的花朵几乎都能在同一季节开放了，但是享受花香的背后，你也要为“科技”付出自己的一份金钱代价。其实除了冬天，几乎每个季节都有自己专属的花卉开放，也是最能代表这个季节的花种，所以，何必舍近求远、非要使用温室里才能开出的花呢？

菜单

最近不少人提出，以鱼翅款待宾客其实为喜宴带来不必要的残酷。但即使你放弃鱼翅，如果仍选以肉食为盛宴的主菜，其实亦会带来很大的饭桌上满足。假如不能完全没有肉荤，可以精选以少数肉类或海鲜佳肴点缀素食为主的菜单，除可减少婚礼的碳足印外，还同时为客人介绍了一种既绿色又健康的餐饮选择。

交通工具

耗油的轿车和豪华大房车已不再是浪漫的象征，而是导致各城市严重空气污染的帮凶。虽然我们在城市里不能拉马车，但大有情趣的新郎哥们想出了另类方法迎接新娘子：与其让姊妹们作弄新郎及兄弟，不如由男方付出劳力来证明他们的诚意，如踏浪漫三轮车，甚至用传统的中国花轿，都是更绿色的接新娘招数。

重复利用婚礼上的物品

“Recycle，Reduce and Reuse”的“3R 原则”，是让你的婚礼更省钱更环保的黄金法则，不使用一次性的餐具、不使用过多用非降解材质制作的装饰物，都是婚礼上的环保细节。如果想更进一步，那么不妨再添上一个“R”——租借（Rent），比如婚纱礼服、新郎礼服都可以租借，而不是一定要花上几万块去买一款定制婚纱。

（资料来源：（2018-03-01）http://blog.sina.com.cn/s/blog_8543bcb30102xbzt.html）

4.2.4 技术环境

技术环境（Technological Environment）也许是左右人类命运的最戏剧性力量。新技术必将取代旧技术，当旧产业与新技术抗衡时，他们必将失败。新技术创造新市场和新机遇。

1. 技术变化的步伐

许多今天看来很普通的产品在一百年前是不存在的。二十年前人们结婚时，有台摄像机就觉得不错了，而现在各种数码影像、LED 大屏幕、无人飞行器拍摄应有尽有，并且成本也并不高昂。

2. 开发与科研投入

长期以来，在开发与研究费用方面，美国占世界第一位。不过，美国国家科学研究委员会的一份报告称，中国近年来大幅提高了科研方面的支出，2000 年至 2015 年间，中国科研支出每年约增长 18%，而同期美国的年均增速为 4%。科研投入最终会有利于各行各业的增长，包括婚庆服务行业。

3. 强调小改小革

由于开发与引进新技术成本很高，许多公司更强调产品的小改小革，以避免在重要创新方面的赌博。多数公司愿意把资金投放在模仿竞争者的产品上，在特性和款式上做出小的改进上，或者只是对现有品牌进行简单的延伸。可以说，大多数的研究是防御性的，而不是进攻性的。

案例 4-2

高科技婚礼正成为市场新秀

听起来各种炫酷的高科技，正在成为婚礼元素。记者了解到，关于婚礼的花样不断翻新，当下高科技婚礼则成为市场新秀，虽然价格都不低，但由于新颖有个性，受到新人们的青睐。

5D 婚礼秀堪比电影

“现在的婚礼越玩越高端，新娘飞起来的婚礼还是第一次参加。”蚌埠市民李先生说，“他在蚌埠一家酒店参加的一场婚礼，新娘从 9 米高的地方坐着花车缓缓飞到新郎身边，就像是天使下凡，唯美的画面配上司仪富有磁性的旁白，就像看电影。”

记者了解到，这种婚礼秀被称为 5D 沉浸式婚礼，融合了高科技 5D 动画效果，宾客裸眼就能欣赏到立体逼真的现场。据 5D 婚礼技术供应商安徽诺尔动漫科技有限公司人士介绍，目前这一模式在蚌埠试行，今年将推向合肥市场。不仅在婚礼现场，未来在新人下榻的酒店房间也可以实现 5D 梦幻场景，利用设备和技术打造海景、星空等各种效果。

记者了解到，这样炫酷的婚礼现场报价不菲，包含设备和投影服务等内容报价在数万元，即便当下最便宜的优惠价，也要 1.5 万元。

3D 打印婚宴伴手礼

3D 打印技术是这两年来大热的概念，该技术也加入婚礼元素中。记者了解到，包括婚宴伴手礼、新人玩偶等，都能运用 3D 打印技术。

记者在某电商平台看到，3D 打印婚宴饼干模型销量不错。新人可以将两人照片发给卖家，即可用 3D 打印机打印出饼干模型。模型原料是 3D 打印耗材 PLA，以玉米为原料，可用于食品加工。模型报价为 35 元，运用模型可以烤出饼干，作为婚宴的伴手礼。

合肥姑娘小朵就进行了尝试，她本来就是烘焙达人，婚礼想给大家不一样的纪念，于是采用 3D 打印制作饼干当作伴手礼，“虽然有点耗时，但别出心裁的。”

此外 3D 打印的人像玩偶，可放置于婚车的车头作为装饰，也受到一些新人的青睐。你只需要提供一张标准照片给卖家，计算机生成三维数据，然后全彩 3D 打印输出，独一无二的人像玩偶就出炉了。

VR 摄像可全景保鲜

摄像是婚礼过程中不可或缺的环节，从最开始的现场拍摄，到跟拍，到无人机拍摄等，玩出不少花样。

如果问现在婚礼摄像最炫酷的是什么，则当属 VR 全景摄像。

当下，VR 概念在不少行业都火爆。VR 摄像是在三维全景基础上发展延伸的，拍成的片子可以 360° 任意拖动观看。作为纪念，全景婚礼拍摄视频，可以在若干年后让新人和家人再次“回到婚礼现场”。据了解，成片可以用 iPad 观看，也可用网络或微信分享给好友，当然若购买专业的 VR 眼镜观看，效果最佳，会有身临其境的效果。

记者了解到，VR 婚礼摄影报价不菲，每半小时成片价格在 5 000 元左右，费用包含设备、劳务等。目前，合肥本土的 VR 婚礼摄像尚未成气候，杭州等地的公司则较为成熟，这些公司也承接合肥的业务，不过在收费基础上，还将酌情收取差旅及路途耗时费。算下来，整体费用就更高了。

（资料来源：新安晚报（2016-06-15）.http://app.ahwang.cn/?action=show&app=article&contentid=1530463&controller=article）

4.2.5 政治（法律）环境

政治环境极大地影响着营销决策。政治环境（Political Environment）包括法律、政府部门和压力群体，在一个确定的社会中，他们影响和制约着各类组织和个人。

反过来说，也只有当一个市场的政治环境允许，企业才有可能提供相应的产品与服务。这一选择是企业生死存亡的大事，必须特别小心。

案例 4-3

中国古代的“婚姻法”

现代社会，妇女一般是到了三十岁还没结婚，才有被视为大龄“剩女”的风险。但是如果回到古代，男女迟迟不结婚的话，恐怕连父母都要跟着坐牢。

比如春秋时期，由于战争使人口锐减，为了繁衍生息，越王勾践曾经下令，如果一个姑娘到了17岁还没有嫁人，不仅自己有罪，连父母都会跟着受罚。“凡男二十岁，女十七岁不嫁娶者，惩其父母。”

再有《周礼·地官·媒氏》中说：“中春之月，令会男女，于是时也，奔者不禁，若无故而不用令者，罚之。”为了催促结婚，官府还会组织大型的相亲会，这时，只要双方愿意，甚至可以省去一些传统的繁文缛节。

4.2.6 文化环境

文化环境（Cultural Environment）由机构和其他力量所构成，它们影响到社会的基本价值观、理解、偏好和行为。人们在一个特定的社会中长大，该社会使他们形成了基本的信仰和价值观。下列文化特点可能影响营销决策。

1. 文化的持久性

人们具有许多信仰，其中核心的信仰是相当牢固的。例如，大多数人包括中国人都相信要工作、结婚、有同情心和诚实。这些信仰又形成了日常生活中更多的态度和行为。核心的信仰通过父母传递给孩子，通过学校、工商业和政府得到强化。

二级信仰相对容易改变。比如，相信婚姻是核心信仰，相信人们应该早结婚是二级信仰。营销者可能改变人们的二级信仰，但要改变人们的核心信仰则很困难。营销者能够有效地告诉人们应该晚结婚，却不能有效地告诉人们根本不结婚。

2. 文化的转变

尽管核心的信仰和价值观是非常牢固的，但文化的变化确实存在。看一下当下的流行音乐团、电影人物的性格、年轻人头发的式样和服装就能理解这一点。为了确定机遇和威胁，营销者要预测文化的转变。

中国的婚礼文化有着极为悠久的历史，而现代中国的婚礼结合了中国传统习俗和西方文化的元素，比如现代中国婚礼中很重要的一环就是会拍摄西方式的婚纱照，足以证明婚礼文化的转变之大。实际上，真正有法律意义的结婚仪式，只是到地方政府进行结婚登记，并没有太多的程序，然而喜酒就会举办得非常盛大。这种种变化和信息，有助于营销者用适当的产品和沟通来适应这种趋势。

4.3　婚庆公司的微观环境

市场营销工作就是通过创造用户价值和满意度来建立公司同用户的关系。然而，营销人员不可能单独完成这项工作，他们能否成功还取决于公司微观环境的其他要素，如公司其他部门、供应商、营销中介、顾客、竞争者和公众等六个要素，如图 4-3 所示。有时还要面临替代品的威胁。

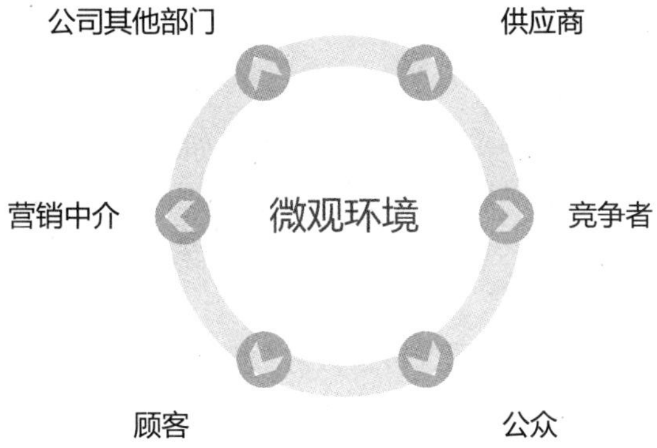

图 4-3　企业微观环境

4.3.1　公司其他部门

在制定营销计划时，营销管理部门要考虑公司的其他部门，如高层管理、财务、研究与发展、采购、设计、策划等部门。所有这些相互联系的部门构成了企业的内部环境。最高管理部门确定公司的宗旨，建立公司的目标，制定公司的总体战略和政策。营销经理必须在高层管理部门制定的战略计划指导下制订营销计划，而营销计划在实施之前也必须得到高层管理部门的批准。

比如，有些婚庆公司会设立企划部门，有分管副总、企划总监、销售主管以及其他销售人员，企划部门必须与婚礼策划、设计、财务等部门协调一致。财务部门关心的是如何筹集和使用资金，要计算收入与成本，以便使营销部门了解是否达到了计划目标；采购部门关心的是如何得到鲜花、礼品、场地、酒席等供应物品；策划部门负责按质按量生产出产品。总之，所有这些部门对营销部门的计划和活动都有影响。在营销观念指导下，所有这些职能都必须考虑“顾客”，必须协调一致，以便创造出超价值的产品和高的用户满意度。

4.3.2　供应商

供应商在整个用户“价值传送系统”（Value Delivery System）中起着重要的纽带作用。他们为制造公司提供资源，以便制造产品或提供服务。

1. 供应商分析的必要性

由于供应状况对营销活动具有重大影响，营销经理必须对此严密监视。供应短缺或延迟，以及其他许多事件都会导致短期内销售额下降，并在长期内降低用户满意度。营销经理还必须控制关键供应品和价格变动趋势，因为供应成本上升，将导致价格上升，从而降低公司的销售数量。

2. 供应商对营销的影响

1）供应的及时和稳定

原材料、关键设备以及外包服务等货源的保证供应，是企业营销活动顺利进行的前提。一部手机不仅需要钢铁、塑料等原料来进行加工，还需要设备、能源作为生产手段与要素，任何一个环节在供应上出现了问题，都会导致企业的生产活动无法正常开展。为此，企业为了在时间上和连续性上保证得到货源的供应，就必须和供应商保持良好的关系，必须及时了解和掌握供应商的情况，分析其状况和变化。

2）供应的价格

供应的货物价格变动会直接影响企业产品的成本。如果供应商提高原材料价格，会带来企业的产品成本上升，生产企业如提高产品价格，必然会影响市场表现。一场婚礼，因为鲜花价格突然大涨，有可能使成本飙升。为此，企业必须密切关注和分析供应商的货物价格变动趋势。

3）供货的质量保证

供应商能否供应质量有保证的生产资料，直接影响到企业服务的质量，进一步会影响到销售量、利润及企业信誉。例如劣质葡萄难以生产优质葡萄酒，劣质的婚宴酒席会让人扫兴而归。为此，企业必须了解供应商的产品，分析其产品的质量标准，从而来保证自己产品的质量，赢得消费者，占领市场。

4.3.3 营销中介

营销中间商（Marketing Intermediaries）帮助制造公司促销、销售和分配产品给最终用户。营销中间商包括重售公司（Reselling Firms）、实体分配公司（Physical Distribution Firms）、营销服务代理（Marketing Services Agencies）和金融中间商（Financial Intermediaries）。

1. 重视营销中介

营销中介是能够为企业营销活动提供各种服务的企业或部门的总称。营销中介对企业营销产生直接的、重大的影响，只有通过有关营销中介所提供的服务，企业才能把产品顺利地送达目标消费者手中。营销中介的主要功能是帮助企业推广和分销产品。

2. 主要的营销中介

1）中间商

中间商是指把产品从生产商流向消费者的中间环节或渠道，它主要包括批发商和零售商两大类。中间商对企业营销具有极其重要的影响，它能帮助企业寻找目标顾客，为产品打开销路，为顾客创造地点效用、时间效用和持有效用。一般企业都需要与中间商合作，来完成企业营销目标。为此，企业需要选择适合自己营销的合格中间商，必须与中间商建立良好的合作关系，必须了解和分析其经营活动，并采取一些激励性措施来推动其业务活动的开展。

2）营销服务机构

这是指企业营销中提供专业服务的机构，包括广告公司、媒介经营公司、市场调研公司、咨询公司、财务公司等。这些机构对企业的营销活动会产生直接的影响，它们的主要任务是协助企业确立市场定位，进行市场推广，提供活动方便。一些大企业或公司往往有自己的广告和市场调研部门，但大多数企业则以合同方式委托这些专业公司来办理有关事务。为此，企业需要关注、分析这些服务机构，选择最能为本企业提供有效服务的机构。

3）物资分销机构

物资分销机构指帮助企业进行保管、储存、运输的物流机构，包括仓储公司、运输公司等。

案例 4-4

苹果改变在华营销渠道

"黄牛"把一个装满崭新苹果 iPhone 6 手机的口袋放到办公桌上，用右手做了个数钱的手势。十分钟后"黄牛"一脸满足地离开这间位于中关村的办公室，留下独自摇头叹气的李显，他随后用红笔在台历 2015 年 1 月 13 日的格子里写下了"+50"字样。这本才启用了 13 天的新台历，每个已经过去的日子边上都用红笔写着一个数字。

"你自己看吧，这就是我每天能拿到的数量，今天 50 台，已经是最多的一天了。"李显对《华夏时报》记者说。

李显在中关村经营着一家自己的手机店，尽管是苹果手机的小型代理商，但因为果粉们的热捧，过去几年的日子"过得还不错"。苹果 iPhone 6 的上市让他对 2015 年一度充满期待，但当 2015 年如期而至的时候，他却迎来了"最黑暗的日子"。

扩编直营店、总代理转行、高级代理跑路，苹果手机的营销渠道正在经历一场自我革命，唯一的目的就是尽量甩掉经营中间环节。革命成果立竿见影，来自瑞士银行的数据显示，在过去一个季度里，中国第一次超越美国，成为 iPhone 的最大消费市场。

（资料来源：网易财经，http://money.163.com/15/0117/01/AG4GURGQ00252603.html）

4）金融机构

金融机构指企业营销活动中进行资金融通的机构，包括银行、信托公司、保险公司等。金融机构的主要功能是为企业营销活动提供融资及保险服务。在现代化社会中，任何企业都要通过金融机构开展经营业务往来。金融机构业务活动的变化还会影响企业的营销活动，比如银行贷款利率上升，会使企业成本增加。

案例 4-5

武汉一家婚庆公司的融资广告

本人在湖北武汉有一个婚庆项目，因市场供不应求，需要扩大规模，目前在武汉东湖有一个婚庆花艺店面，年收益约 30 万元，股权融资 100 万元。融资资金主要用于市场推广、打广告、流动资金、人员工资、打造销售团队，愿意出让 20% 的股权。此项目受到国家的大力扶持，收益稳健，有意者联系我。

（资料来源：https://xiangmu.trjcn.com/detail_643163.html）

4.3.4　顾客

1. 顾客分析的必要性

顾客是指使用进入消费领域的最终产品或劳务的消费者和生产者，也是企业营销活动的最终目标市场。顾客对企业营销的影响程度远远超过前述的环境因素。顾客是市场的主体，任何企业的产品和服务，只有得到了顾客的认可，才能赢得这个市场，现代营销强调把满足顾客需要作为企业营销管理的核心。

2. 顾客分析的类型

1）消费者

满足个人或家庭消费需求购买产品或服务的个人和家庭。

2）生产者

生产其他产品或服务，以赚取利润而购买产品或服务的组织。

3）中间商

购买产品或服务以转售，从中盈利的组织。没错，中间商也经常是你的顾客之一。

4）政府

政府购买产品或服务，以提供公共服务或把这些产品及服务转让给其他需要的人。

5）国际买家

指国外购买产品或服务的个人及组织，包括外国消费者、生产商、中间商及政府。

3. 顾客分析的要求

上述五类市场的顾客需求各不相同，要求企业以不同的方式提供产品或服务，它们的需求、欲望和偏好直接影响企业营销目标的实现。为此，企业要注重对顾客进行研究，分析顾客的需求规模、需求结构、需求心理以及购买特点，这是企业营销活动的起点和前提。

公司需要仔细地研究它的顾客市场，这一内容将会在本书后面的消费者分析中详细阐述。

4.3.5 竞争者

市场营销观念指出，一个公司若想成功，就必须为用户提供比其他竞争者更大的价值和更高的满意度。因此，营销者所要做的不仅仅是简单地满足目标用户的需要，还必须对产品进行定位，使本公司的产品或服务在用户心目中比竞争者具有更大的优势。

1. 分析竞争者

在商品经济条件下，任何企业在目标市场进行营销活动时，不可避免地会遇到竞争对手的挑战。即使在某个市场上只有一个企业在提供产品或服务，没有现存的对手，也很难断定在这个市场上没有潜在的竞争企业。

企业竞争对手的状况将直接影响企业营销活动。如竞争对手的营销策略及营销活动的变化就会直接影响企业营销，最明显的是竞争对手的产品价格、广告宣传、促销手段的变化，以及产品的开发、销售服务的加强都将直接对企业造成威胁。为此，企业在制定营销策略前必须先弄清竞争对手，特别是同行业竞争对手的生产经营状况，做到知己知彼，有效地开展营销活动。

2. 竞争者分析的内容

一般来说，企业在营销活动中需要对竞争对手了解、分析的情况有：

（1）竞争企业的数量有多少；

（2）竞争企业的规模和能力大小强弱；

（3）竞争企业对竞争产品的依赖程度；

（4）竞争企业所采取的营销策略及其对其他企业策略的反映程度；

（5）竞争企业能够获取优势的特殊材料来源及供应渠道。

4.3.6　公众

公司的营销环境也包括各种公众，公众是指任何对组织达到目标具有实际或潜在兴趣或影响的群体。以下是七种主要的公众类型：

1）金融公众

这种公众影响公司获取资金的能力。银行、投资公司、股东是主要的金融公众。

2）媒介公众

这是指传递新闻、营销故事、产品口碑等信息的公众，包括报纸、杂志、广播电视台、网络、移动媒介等。

3）政府公众

政府对企业经营活动制定了各种各样的规定，营销人员必须经常向公司的律师咨询有关产品安全性、广告真实性等方面的政府规定。

4）民间公众

公司的营销决策可能受到消费者组织、环境组织、少数人群体或其他群体的质询。公司的公共关系部门有助于使公司与民间群体和消费者保持接触。

5）地方公众

每个公司都有地方公众，如企业周围的居民和社区组织。大公司通常设有处理社区或当地街道事务的专门机构，由其处理社区方面事物、出席社区会议、回答问题，以及致力于其他一些有意义的活动。

6）一般公众

公司需要知道一般公众对其产品和活动的态度，公司在一般公众中的形象直接影响到他们是否购买本公司的产品。

7）内部公众

公司的内部公众包括它的工人、经理、志愿人员和董事会成员。大公司采用新闻公告或其他方法向内部公众传递信息。如果职工感觉公司很好，他们就会把这种正面形象扩散给外部公众。一个公司可以为其主要公众和用户准备营销计划。如果一个公司想要从某种公众处得到某种专门的反响，如良好的意愿、口碑、时间和资金的捐赠，它就必须为这些公众提供某种有足够吸引力的东西，以便得到所期望的反应。

4.3.7　替代品

亚当·斯密所谓“劳动分工受到市场限制”的含义，表明大市场有足够的需求支持专业化，这使得某些商品的专业化销售市场从综合性市场中分析出来，并以其产品特色朝着规模化、特色化和发展。

如果某个细分市场存在着替代产品或者有潜在替代产品，那么该细分市场就失去吸引力。替代产品会限制细分市场内价格和利润的增长。公司应密切注意替代产品的价格趋向。如果在这些替代产品行业中技术有所发展，或者竞争日趋激烈，这个细分市场的价格和利润就可能会下降。

案例 4-6

旅行结婚替代婚礼仪式，Yes 还是 No？

最近小编的一个朋友要结婚了，随着筹婚的不断深入，朋友渐渐觉得有些吃力了。因为举行一场婚礼的开销实在是太大了。首先酒席就是重中之重，然后就是婚庆、婚纱、礼服等。一场婚礼，一场仪式，造成了一系列的花费。不得不说，对于我们 80 后来说，负担是沉重的。

而在还未筹婚时，她老公和她谈到结婚问题时提出过旅行结婚。当时她是怎么也没愿意，因为她觉得，需要一场属于和自己最爱的人的婚礼，需要在亲友以及朋友的见证下，互相许下相伴一生的誓言。可是，筹婚了那么久，手里的钱越来越少，而盛情邀约来了大学同学和一些朋友之后各种食宿安排也耗去不少。更关键的是，婚礼当天她深刻意识到在仙桃举行婚礼完全是为了娱乐亲友，各种盘新娘的法子让她一天连饭都没有吃上几口，高跟鞋站得累了一天还要笑着去送走一个个亲戚朋友。

她老公望着一脸疲惫的她说，想想看哦，这些婚礼花掉的钱，我都可以带你去几次马尔代夫了……她才惊呼自己的失策！

（资料来源：江汉热线，http://bbs.jhrx.cn/thread-192138-1-76.html）

4.4 营销环境分析与企业对策

所谓市场营销环境分析，就是通过对影响企业营销的各种内外因素予以确定评价，使企业的领导者能审时度势，适时地采取对策措施，趋利避害，做出适应环境的决策。企业营销成功的关键在于正确地预测和把握市场营销环境的变化趋势，并结合企业的特点，通过对市场营销环境的调查分析，认识和掌握环境因素的变化规律，按照企业营销活动的目标，因势利导地制定出适应环境变化、利于企业发展和生存的营销战略。

营销环境分析的对象，即本章第 2 ～ 3 节的宏观环境与微观环境，环境分析加上内部分析，就形成了完整的营销战略分析（SWOT 分析）。内部条件或内部环境是指企业自身所具有的各项优势与劣势。对它们进行分析的目的是找出企业自身的优势与劣势，以上述要素排列矩阵进行分析，从而确定企业面对特定环境时的对策。

4.4.1 外部分析及对策

1. 机会 / 威胁分析矩阵

机会威胁是指通过对市场环境的综合分析，企业可以准确地找到自己面临的市场机会和环境威胁的位置，确定主攻方向，调整企业的发展策略。

在机会威胁矩阵图中，横轴表示威胁水平，纵轴表示机会水平，通过分析可以得出四种不同的环境状况，如表 4-1 所示。

表4-1　机会威胁矩阵

		威胁水平	
机会水平		高	低
	高	Ⅰ（冒险）	Ⅱ（理想）
	低	Ⅳ（困难）	Ⅲ（成熟）

矩阵分析：

区域Ⅰ机会水平高，威胁水平也高，处于“冒险环境”；

区域Ⅱ机会水平高，威胁水平低，处于“理想环境”；

区域Ⅲ机会水平低，威胁水平低，处于“成熟环境”；

区域Ⅳ机会水平低，威胁水平高，处于“困难环境”。

2. 企业对策

对企业所面临的市场机会和环境威胁，市场营销管理者应该采取什么反应或可采用什么对策呢？依照上述分析，根据企业所在机会威胁水平分析图中的位置，可分别采取不同的对策。

1）冒险环境

这类企业的营销环境处于高机会、高威胁的状态。高机会表明企业营销环境对企业营销活动具有极强的吸引力，但高威胁又表明企业环境因素对企业营销活动构成了强大的威胁。因此，企业必须在调查研究的基础上，采取限制、减轻或者转移威胁因素的办法，使企业向理想企业转化。

2）理想环境

这类企业的市场营销环境处于高机会、低威胁的状况。企业应当抓住“机会”，充分发挥企业优势，密切注意威胁因素的变动情况。

3）成熟环境

这一环境里的企业的市场营销环境处于低机会、低威胁的状态。成熟并不表明企业经营环境处于良好状态，低机会限制了企业的发展，企业应当居安思危，努力发掘对企业有利的市场营销环境因素，提高企业营销机会。

4）困难环境

困难环境里的企业处于低机会、高威胁的状态。此时，企业营销活动出现危机，应当因势利导，发挥主观能动性，尽快调整市场目标，开拓新的市场，实施新的营销策略，经营对企业有利、威胁小的产品，发现新的市场机会。

4.4.2　SWOT 分析法

SWOT 分析法又称态势分析法，它是由旧金山大学于 20 世纪 60 年代提出来的，是一种能够较客观而准确地分析和研究一个单位现实情况的方法。SWOT 分别代表：Strengths（优势）、Weaknesses（劣势）、Opportunities（机遇）、Threats（威胁）。

1. 优势 / 劣势分析

竞争优势 / 劣势主要依据以下几方面：

（1）技术技能优势。独特的生产技术，低成本生产方法，领先的革新能力，雄厚的技术实力等，如果一家婚庆公司有独特的策划能力，就具备了技术优势。

（2）有形资产优势。充足的资金，先进的设备，有些婚庆公司拥有自己的婚礼堂和酒店，这些都是有形资产优势。

（3）无形资产优势。优秀的品牌形象，良好的商业信用，积极进取的公司文化等。

（4）人力资源优势。

（5）组织体系优势。

2. 构造 SWOT 矩阵

将调查得出的各种因素根据轻重缓急或影响程度等排序方式，构造 SWOT 矩阵。在此过程中，将那些对公司发展有直接的、重要的、大量的、迫切的、久远的影响因素优先排列出来，如表 4-2 所示。

表4-2 SWOT分析矩阵

内部分析 / 外部分析	优势S 1. 2.	劣势W 1. 2.
机会O 1. 2.	SO战略： 发挥优势 利用机会	WO战略： 克服劣势 利用机会
威胁T 1. 2.	ST战略： 利用优势 回避威胁	WT战略： 减少劣势 回避威胁

小　结

1. 婚庆市场营销的环境分析：

（1）宏观环境分析，要素包括：人口统计、技术、自然、政治、文化、经济。

（2）微观环境分析，要素包括：公司其他部门、顾客、竞争者、供应商、公众、营销中介、替代品等。

2. 市场营销环境分析，就是通过对影响企业营销的各种内外因素予以确定评价，使企业的领导者能审时度势，适时地采取对策措施，趋利避害，做出适应环境的决策。

3. 环境分析方法主要有市场机会分析矩阵（强调机会）、环境威胁分析矩阵（强调威胁）以及机会/威胁分析矩阵（机会与威胁相结合）三种。

4. 市场营销环境分析是对宏观分析与微观分析的综合，并提供企业对策。

关键概念

市场宏观环境 市场微观环境 营销环境分析 企业营销对策

习　题

一、简答题

1. 企业宏观环境包含哪些方面？
2. 企业微观环境包含哪些方面？
3. 市场营销环境分析的方法有哪些？
4. 企业对于环境分析结果有哪些可采用的对策？

二、实训题

【实训项目】

婚礼文化与传媒艺术学院成立婚庆公司的环境分析与对策。

【实训目的】

了解学院所在地的宏观环境与微观环境，并能够利用所学知识分析企业所面对市场营销环境，给出营销对策。

【实训内容】

教师提供数据与方法支持，学生进行数据调研，并利用理论知识逐步分析该环境因素，做出机会 / 威胁判断，最后给出对策方案。

【实训步骤】

1. 教师提出基本要求。
2. 学生进行调研。
3. 学生分组完成后教师随机抽查学生获得的结果，并要求在班级汇报。
4. 学生提出问题。
5. 教师进行点评、总结。

【完成任务】

1. 完整描述该婚礼方案的理论部分和调研部分，并形成决策报告。
2. 在课堂上汇报。
3. 将分析报告提交给教师。

第5章 消费者行为分析

学习目标

通过本章的学习，你应该能够：

- 了解消费者购买行为模式；
- 熟悉影响消费者购买行为的主要因素；
- 掌握消费者购买决策过程。

导入案例

青年到底需要什么样的婚礼

“现在对婚礼大家的第一个反应是什么？红包。”

“现在婚礼越来越像个面子问题，豪车接亲，豪华酒店吃饭，有个大排场。”

“我结婚最大的感觉是累，我们两口子累，父母更累。”

在共青团贵州省委举行的一场关于婚礼新风尚的微博沙龙中，“青年到底需要什么样的婚礼”成了来自政府机关、企业、高校、农村等领域400多名青年热烈讨论的话题。

不少婚礼办得有些浪费，甚至奢侈

“劳斯莱斯、宾利接新娘，豪华酒店摆宴席等等各种排场，有必要吗？当时那个车确实坐得很舒服，但逛了一圈回来就结束了，那车也不是你的。”全国人大代表、国家一级演员雷艳说。

贵阳仪之邦礼仪培训公司总经理、贵阳孔学堂儒学集体婚礼策划人朱珠认为，这就是为了“面子”的问题，排场大不大好像成了有没有“面子”的关键，很多人内心的潜台词是“一辈子就这一次，奢侈一点也无所谓”。

大屏幕上显示的例子让现场的人感到惊讶。在某市的一场婚礼中，一个豪华迎亲车队占据公路3条车道，打头的是价值数千万元的豪华跑车，跟随的24台车每辆都价值数千万元，价值数百万元的车在车队四周服务。

贵州省文明办专职副主任朱文东认为，这是一个有些夸张的个案，但还是能从身边年轻人的婚礼中找到奢侈的影子，请豪华车队、摆豪华宴席的风气比较普遍，“过去骑个自行车就把婚结了，现在条件好了，浪费攀比的风气就越来越重”。

“结婚这一天，除了你能记得住，其他还有谁能记得住？”贵州著名演员钟中说，大家都把婚礼办成这样，把结婚变成给别人看的东西，最后谁也记不住，婚礼目的根本没达到。钟中举例说，自己的一个同事结婚光装修厨房就花了五六万元，而夫妻二人早餐、午餐都在单位吃，晚饭在父母家吃。豪华的厨房里，煤气灶一年也没燃过一次火苗，“这不是浪费吗？”

在共青团贵州省委书记马宁宇看来，让青年不堪重负的，还有送礼的红包。“在座有些刚参加工作的年轻人，可能一个月工资还不够送红包的。”他说，现在结婚不送红包好像很难过得去，而过去红包可能 30 元、50 元就差不多了，现在 100 元拿不出手，200 元也不一定过关。年轻人还得考虑自己买房，还要学习，长此以往不堪重负。

“素结婚，过油日子”

钟中提出一个理念：素结婚，过油日子。钟中说，“素”是简约办婚礼，“油”是把有限的财力用在提升两人的生活质量上。

朱珠认同这个观点，她认为简约的婚礼并不代表平淡无味，而是回归婚礼本身的意义，把婚礼当成人生的洗礼，在每一个环节用心感悟对婚姻家庭的责任，“我觉得年轻人应该更多去追求在婚礼当中精神层面的感悟”。

马宁宇同样认同“素结婚”的观点，他认为幸福与钱无关，婚礼是感恩和责任的洗礼，年轻人的婚礼应该是时尚的，对自己来说是特别的，要继承优秀的传统文化，给自己一个心灵的洗礼，给自己一个感动的过程，给家人一辈子能记住的场景，这就足够了，不要让自己和别人太累，也不要让别人感到不舒服。

钟中经常被邀请主持朋友的婚礼，他也明显感觉到不少青年在婚礼上的表现并不尽如人意，“婚礼上就像是两个木偶在那里，让跪就跪，让喝酒就喝酒，问他为什么，他根本不知道”。

贵州省青联副秘书长、贵州环亚文化传媒有限公司董事长陈菊丽认为，除了青年，家长也要转变思想。她发现，青年结婚家长更忙，“有的请 50 桌，你数数有多少是家长的朋友，有多少是孩子的同事朋友？”陈菊丽的公司曾经办过一个花费超过 100 万元的婚礼，最后新婚夫妇的朋友只来了一桌，父母是为了把自己曾经向同事朋友送出去的礼金收回来。

期待婚庆市场和青年一起转型

对于婚庆企业来说，增加越多的婚礼设置利润越高。从业多年的陈菊丽直言，一场 10 万元的婚庆，利润超过 50%，简约的婚礼必然会导致婚庆企业利润的下降。

一位婚庆从业者在沙龙现场发言认为，在目前的大环境下，转型已经不可避免，可以立即着手的改变是推出一系列个性时尚的婚礼产品，更多地去适应、挖掘、引导年轻人的需求。

在马宁宇看来，婚庆的市场就在于青年的需求，浪费甚至奢侈并不是发自青年内心的需求，而简约时尚的婚礼才是青年人的心声，未来这样的声音会更强大、更理直气壮地发出来。市场要做的是为青年提供更多节俭的、有文化内涵的选择。

钟中的转型建议是延长婚庆的时间链条：“要解决婚庆服务的售前、售后服务。”

他建议要把客户信息建立成数据库，从婚前培训对结婚真谛的认识，到婚后培训怎么更好地经营婚姻、怎么解决婚姻家庭中的问题。

朱珠的企业已经开发出一些夫妻培训的课程，让夫妻更加明白在婚姻生活中如何更好地相互支撑。

“我希望我的服务能延续到结婚后，让夫妻幸福地走完一生。”朱珠说。

（资料来源：中国青年报（2014-01-13）http://zqb.cyol.com/html/2014-01/13/nw.D110000 zgqnb_20140113_1-01.htm）

理论知识

研究消费者，就是要研究消费者市场及其需求、消费者的行为、影响消费者购买行为的主要因素及其购买决策过程，这一切对于开展有效的市场营销活动至关重要。

5.1 消费者市场概述

消费者市场又称最终消费者市场、消费品市场或生活资料市场，是指个人或家庭为满足生活需求而购买或租用商品的市场。消费者市场是市场体系的基础，是起决定作用的市场。消费者市场是现代市场营销理论研究的主要对象。成功的市场营销者是那些能够有效地发展对消费者有价值的产品，并运用富有吸引力和说服力的方法将产品有效地呈现给消费者的企业和个人。前提是首先了解消费者市场及其需求。

5.1.1 市场特点与消费者购买对象

消费者市场的特点，一般是指和生产者市场相比较而言，它面对的是普通终端消费者。

1. 消费者市场特点

消费者市场的特点有：

（1）购买人数多，供应范围广。消费者市场是最终使用者市场。人们生存就要消费，所以消费者市场通常以全部人口为服务对象。

（2）交易数量小，交易次数多。消费者是为个人或家庭最终消费而购买，通常一次购买数量较小，属于小型购买，企业经常以零售为主。注意婚庆服务市场的差异，婚庆消费市场的特点就有所不同，是交易数量小，交易次数也少。

（3）消费差异大，消费变化大。不同类型的消费者消费需求各不相同，不同年龄、性别、职业收入、民族和宗教信仰的消费者，其消费习惯互有差异，因此消费需求也各不相同。

（4）需求弹性大，购买流动快。由于消费者市场需求是直接需求，来源于人们的各种生活需要，在当前我国人民收入水平还不高的情况下，购买商品时价格显得较为重要。消费者对多数商品，特别是选购品的价格十分敏感，需求弹性大。

另一方面，需求弹性大，也说明消费品的替代性很高，反之亦然。

（5）非专家购买，可诱导性强。由于信息不对称，消费者一般很难掌握生产商的信息以及产品的隐藏信息，因此很多时候会听从第三方意见。这一点在婚庆市场表现得特别明显。

2. 消费者购买对象

消费者的购买对象是满足个人和家庭生活需要的产品和服务，即消费品。

（1）依据人们购买、消费的习惯分类，可将消费者的购买对象分为便利品、选购品、特殊品和非寻求品。

① 便利品。便利品是指那些广大消费者经常购买、即用即买、购买时花最小精力去比较的产品。

② 选购品。选购品是指消费者在选购过程中，对产品的适用性、质量、价格和式样等基本方面要做有针对性比较的产品。

③ 特殊品。特殊品是指具有独特特征（如品质、风格、造型、工艺等方面的独特性）或消费者具有特殊品牌偏好的产品，消费者愿意对这些产品做特殊的购买努力。婚礼服务在很多时候都是特殊品。

④ 非寻求品。非寻求品是指消费者目前尚不知道，或者知道而不打算主动购买的产品。

（2）依据产品的有形与否分类，可将消费者的购买对象分为有形产品和服务。

① 有形产品。有形产品是指使用价值必须借助有形物品才能发挥其效用，且该有形部分必须进入流通和消费过程的产品。

② 服务。服务又称无形产品，是指一方向另一方提供一种无形的并且不导致任何所有权产生的活动或利益。服务具有无形、生产和消费不可分离、可变和易消逝的特点。婚庆产品即是服务产品，也是无形产品。

（3）依据产品的耐用性分类，可将消费者的购买对象分为耐用品和非耐用品。

① 耐用品。耐用品一般是指使用年限较长、价值较高且有多种用途的有形产品。

② 非耐用品。非耐用品一般是指有一种或几种消费用途的低值易耗品。

5.1.2 消费者需求分析

消费者需求主要是指一种心理活动，这种心理活动会强烈地推动消费者去实现自己的目的，满足自己的需求。它是推动消费者进行各种消费行为的最普遍的内在原因，是消费行为前的一种心理倾向。需求是购买过程的动因和起点，离开了人们的需求，一切商品就失去了它存在的意义。然而在实际过程中，消费者需求的表现十分复杂，它既受到消费者自身特点的影响，又受到各种外界因素的影响，因此在对现代消费需求的分析之前有必要对消费者需求的特点进行了解。

1. 消费者需求的特性

消费者需求主要表现出以下五个特性：

1）多样性

由于各个消费者的收入水平、文化程度、职业、性格、年龄、民族和生活习惯不同，自然会有多种多样的爱好和兴趣，因而消费者对于商品和服务的需求也就是千差万别。而这种差异就表现为消费需求的多样性。

2）发展性

随着社会的发展，消费者的心理需求也将不断被激化和推进，一种需要得到满足，另一种需求又会产生，当老一代的需求满足了，新一代又会产生更高的需求，如此反复的永无止境地向前发展。

3）时代特征

虽然每个消费者的需求各不相同，而又千变万化，但在一定时期、一定的社会范围内，由于受到当时社会因素及环境的影响，人们往往会对某一种或某些商品表现出普遍的爱好，具有那个时代的特征。

4）伸缩性

这是消费者需要受到多种因素影响，需要得到满足或实现，也可能被抑制或减弱，而呈现出的特征。它因商品或服务的品种、水平的不同而呈现差异。一般来说，对耐用消费品需要的伸缩性较大，对日用品消费需要的伸缩较小。

5）可诱导性

消费者心理需求的产生、发展和变化，同现实生活环境有密切关系。生产技术的发展，商品的发展变化，消费观念的更新，社会时尚的变化，工作环境的变化，文化艺术的熏陶，包装、广告的诱导等，都可能使消费者的需要发生变化。可诱导性的特点与上述消费者市场的可诱导性完全是对应的一件事情。

由此可以看出消费者的需求是十分复杂的，它既受到消费者自身特点的影响，又受到各种外界因素的影响。在现代，时代变迁和社会环境的变化从方方面面影响着现代消费者的需求，使消费需要的内容、形式、层次不断改变和进化，并呈现出一系列新的消费趋向。

小资料

95 后婚礼更加突出个性化需求

中国青年报报道："对于婚礼，80 后有个性化需求的只有 38%，95 后对个性化需求则达到 89%。即 100 个 95 后新人中，约有 89 人说我的婚礼要和别人的不一样。"

甚至有一个 95 后新娘子坚持穿黑色婚纱举办婚礼，并在新娘社交媒体圈引起关注，成为不少人的偶像。朋友问她为什么会选择黑婚纱，她觉得这是一件很酷的事。

随着 80 后新人用户慢慢退出市场舞台，现在 90 后尤其是 95 后新人群体粉墨登场，他们都是"弄潮儿"，对婚礼的需求越来越具有个性化，只要他们喜欢，怎么都可以。他们对于所喜好的东西也舍得投入金钱。这给婚礼市场运营者们带来了挑战。

（资料来源：快资讯（2018-07-11）http://sh.qihoo.com/pc/9a70caa8ad4ec7615?sign=360_e39369d1&refer_scene=so_1）

2. 消费者需求的情感化趋势

关于人类需要的研究，最为著名的是美国心理学家马斯洛的人类需求层次理论。他认为人的需求是分为不同层次的，根据其重要性，可分为生理需要、安全需要、社交需要、自尊需要、自我实现需要五种，它们相互联系，逐渐排列成一个由低到高逐渐上升的层次。

之后，美国耶鲁大学的教授阿尔代夫在马斯洛需求层次理论的基础上又进一步把人类的需要归为三类：即生存的需要（生理和安全的需要）、关系的需要（社交加尊敬的需要）、个人成长的需要（自尊加自我实现的需要）。从这两套基本一致的理论中，可以看到人的需要是一个从低级的物质需要逐渐递增到高级的精神需要的过程。只有在低级需要基本满足之后，才会出现高一级的需要，只有所有的需要相继得到满足之后才会出现最高层次的自我实现的需要，如图 5-1 所示。

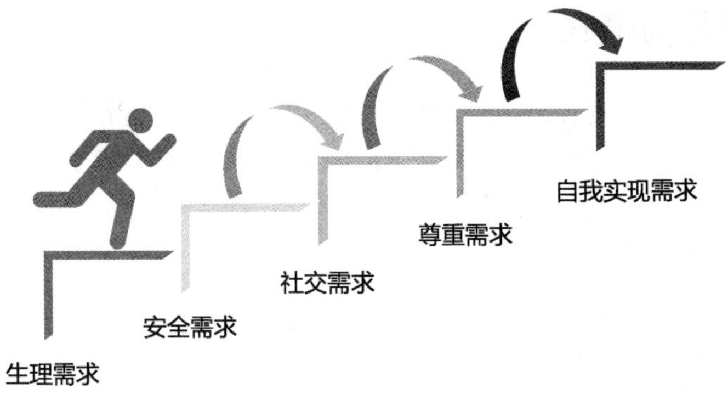

图 5-1　马斯洛需求层次

从人类历史的生产力发展脉络看，消费者的需求发展大致也可以分为三个阶段：

第一是量的消费时代，由于社会生产力、社会经济条件和物质资源的限制，在进入商品经济的初期，人们没有能力支付额外的开销，消费者对于消费品的需求只是停留在生活必需品上。这个消费时期，只要商品能够满足他们最基本的生存需要就足够了，甚至可以忽略商品质的优劣。

第二是质的消费时代，在这个时期由于人们收入水平的提高，自我意识的提升，对应的消费需求也发生了变化，消费不仅要满足生存需要，同时也要满足生活和自我肯定的需要。人们开始更加注意消费的品质，而不是仅仅关注在物质层面。商品开始向高品质、多样化、差异化等方向发展。

第三是感性消费时代。当人类进入信息社会后，人们的生活节奏日益加快，消费者购买商品的目的更多地表现为满足情感上的渴求，更加注重精神愉悦和个性实现。由此可以看到消费者需求的转变与人类需要的本质是相适应的，同样是从物质需要转变到情感需要的，而情感需要在现代消费方式中得到了具体的呈现。

案例 5-1

哈萨克斯坦人钟爱豪华婚礼

在阿拉木图举办一场普通的、花费中等的婚礼需要约 300 万坚戈，这相当于 1.4 万美元。哈萨克人的婚礼价目表在互联网上很容易就能找到。心理学家认为，哈萨克人钟爱豪华婚礼是想做给周围的人看。

26 岁的扎纳尔想要结婚生子，但要实现这一愿望钱却不够。她与未来的丈夫已经认识了 5 年，但总也无法成婚。因为她的男朋友暂时还没有能力在阿拉木图举办豪华婚礼。因此，他们暂时也不打算要孩子。扎纳尔说：“我希望我们能有一个完美的婚礼，除了亲戚外还可以邀请朋友和同事参加。而且婚礼要办出高水准，不能在朋友面前丢脸。我自己参加过许多场同事的婚礼，见识了他们童话般的婚礼场面。如果我的男朋友办不了这样的婚礼我就不出嫁。我也知道，时间在一天天地过去，我的年龄也一天比一天大，但我不想不举办婚礼就出嫁。”

（资料来源：亚欧网（2015-04-09）http://www.yaou.cn/news/201504/09/15195.html）

5.1.3 消费者行为模式

消费者购买行为是指消费者为获取、购买、使用、评估和处置预期能满足其需要的产品和服务所采取的各种行为。关于如何分析消费者的购买行为，市场营销学家归纳出以下主要的几种模式。

1. 购买的 6W+1H 模式

此模式主要由以下要素组成，如图 5-2 所示。

（1）消费者市场由谁构成？（Who）

（2）消费者购买什么？（What）

（3）消费者为什么购买？（Why）

（4）消费者市场的购买活动有谁参与？（Who）

（5）消费者什么时间购买？（When）

（6）消费者在何地购买？（Where）

（7）消费者怎样购买？（How）

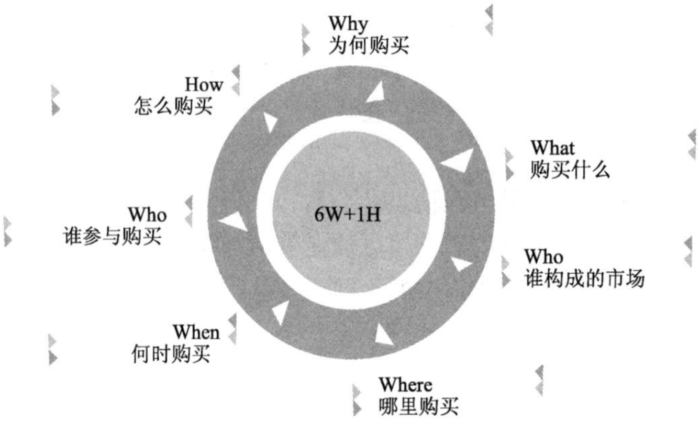

图 5-2 6W+1H 模式

2. 购买的 7O 模式

此模式包括以下要素，如图 5-3 所示。

（1）购买者（Occupants）：谁构成了该市场？

（2）购买对象（Objects）：他们购买什么？

（3）购买目的（Objectives）：他们为何购买？

（4）购买组织（Organizations）：谁参与购买？

（5）购买地点（Outlets）：在什么地点购买？

（6）购买时机（Occasions）：什么时候购买？

（7）购买行为（Operations）：他们如何购买？

营销人员通常可通过大量的观察和了解，搞清楚前六个问题，这些问题是消费者行为公开的一面，是消费者购买行为的外部显露部分。而最后一个问题，却是错综复杂和难以捉摸的，这对于营销人员来说，就像面对照相器材——暗箱一样，明明知道里面不停运转，却从外面看不到内部的活动。

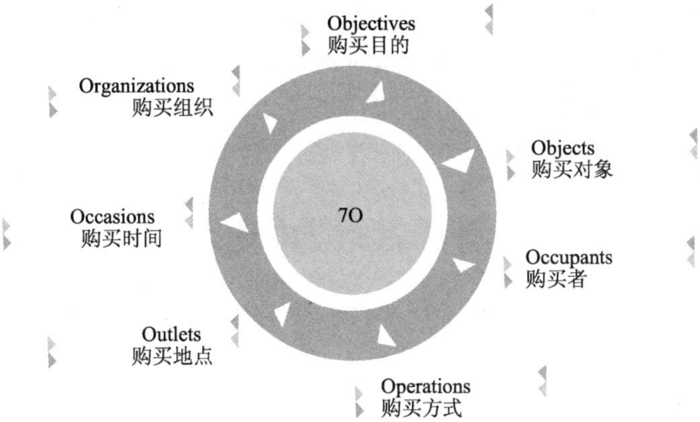

图 5-3　7O 模式

3. 购买行为的“刺激—反应”模式

美国行为心理学的创始人华生 (John B.Watson) 建立的“刺激—反应”原理（S-R Theory），指出人类的复杂行为可以被分解为两部分：刺激、反应。人的行为是受到刺激的反应。刺激来自两方面：身体内部的刺激和体外环境的刺激，而反应总是随着刺激而呈现的，如图 5-4 所示。

图 5-4　条件反射实验

为研究消费者购买行为，专家们建立了一个“刺激—反应模式”来说明营销环境刺激与消费者反应之间的关系（见图 5-5）。

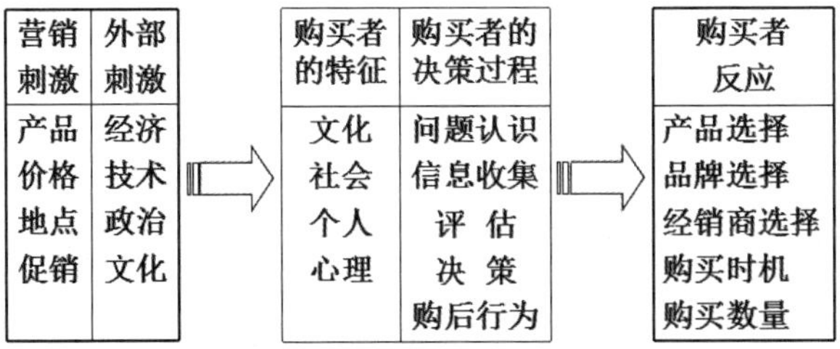

图 5-5　“刺激—反应”模式

从这一模式中可以看到，具有一定潜在需求的消费者首先是受到企业营销活动的刺激和各种外部环境因素的影响而产生购买意向的，并且不同特征的消费者对于外界的各种刺激和影响又会基于其特定的内在因素和决策方式做出不同的反应，从而形成不同的购买意向和购买行为，这其中的内在因素和决策方式就是人们所称的“消费者黑箱”，它包括了购买的影响因素以及购买的决策过程。这就是消费者购买行为的一般规律。

5.2 消费者行为的影响因素

消费者的需要、欲望、消费习惯和购买行为是在许多因素的影响下形成的。消费者的购买行为深受社会、文化、个人和心理因素的影响，如图 5-6 所示，且每种因素对消费者购买行为的影响程度都有所不同。下面分别阐述这四方面因素的具体内容及其对消费者购买行为的影响。

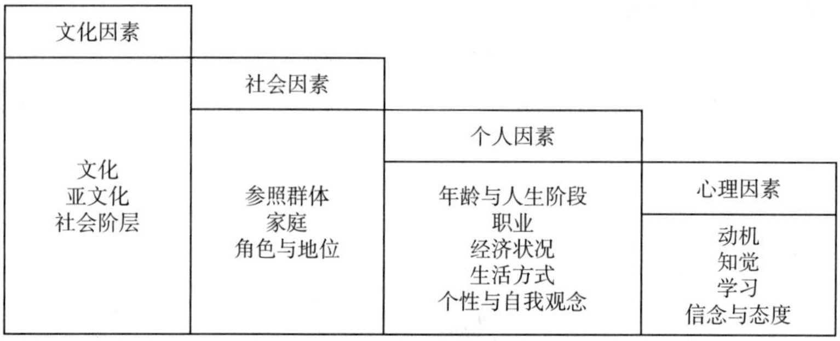

图 5-6 影响消费行为的因素

5.2.1 文化因素

文化因素对消费者的行为具有最广泛和深远的影响，是造成不同区域、不同阶层消费者需求差异的重要因素。文化因素对于婚庆服务这样的文化行业来说，其影响尤其巨大，甚至可以说是第一大因素。

1. 文化的特征

主要有以下几点：

（1）具有明显的区域属性。

（2）具有很强的传统属性。

（3）具有间接影响的作用。

2. 文化因素的内容

文化因素主要包括文化与亚文化、社会阶层等方面的内容。

（1）文化与亚文化。在每一种文化中，往往还存在着许多在一定范围内具有文化同一性的群体，他们被称为亚文化群，如国籍亚文化、种族亚文化、地域亚文化等。

（2）社会阶层。社会阶层是社会学家根据职业、收入来源、教育水平、价值观和居住区域对人们进行的一种社会分类，是按层次排列的、具有同质性和持久性的社会群体。同一阶层的人具有相类似的价值观、兴趣爱好和行为方式。

5.2.2　社会因素

消费者的购买行为也经常受到一系列社会因素的影响。影响消费者购买行为的社会因素主要包括消费者的相关群体、家庭、角色和地位等。

1. 相关群体

（1）相关群体的概念。相关群体又称参照群体，是指能够直接或间接影响消费者的消费态度、价值观念和购买行为的个人或集体。一个人的消费习惯、生活方式、对产品品牌的选择，都在不同程度上受相关群体的影响。相关群体对消费者购买行为的影响，主要表现在：一是示范性，二是仿效性，三是一致性。

（2）相关群体的分类。相关群体可以按照不同的变量来分类：一按照与消费者接触的密切程度分，相关群体可分为主要群体和次要群体；二按照是否存在较为正式的组织分，相关群体可分为正式群体和非正式群体。

2. 家庭

家庭是社会组织的一个基本单位，是社会中最重要的消费品购买单位，大部分的消费行为是以家庭为单位进行的。家庭对消费者购买行为的影响主要体现在三方面：

（1）家庭权威中心。

（2）家庭规模。

（3）家庭生命周期。

在东方国家，家庭对于婚姻的影响力是众所周知的，婚庆公司的营销人员甚至经常发现新人的父母乃至别的亲戚会陪同过来选择婚礼的样式。如果父母比较有社会地位或文化水平，他们同社交圈的人也在婚礼的现场，当新人婚礼的风格出现低俗、闹场的局面，父母的面子可受不了的。

3. 角色和地位

一个人在一生中会参加许多群体，比如家庭、企业以及各类社会组织，每个人在各群体中的位置可用角色和地位来确定。角色是一个人所期望做的活动内容。首先，每一种角色都有与之对应的角色产品需求。其次，角色的转换引起消费者行为上的改变，往往会引起对新产品的需求。最后，角色冲突和角色紧张会引起对缓和这些冲突与紧张产品的需求。

比如，有人会认为自己买的车档次和价格最好不要超过单位的领导，这就是由于其角色和地位影响了他的消费偏好。

5.2.3　个人因素

消费者购买决策也受个人特性的影响，特别是受其年龄与性别、职业与教育、生活方式、个性以及自我观念的影响。

1. 年龄与性别

年龄与性别是消费者最为基本的个人因素，具有较大的共性特征。在 30 岁时结婚与在 50 岁时结婚，对婚礼的选择客观上必然存在生理和心理上的差别。因此，所需的商品与服务也不尽相同，对同一商品或服务的评价、选择的角度及价值观念等也会存在很大差异。

2. 职业与教育

职业与教育实际上是社会阶层因素在个人身上的集中反映。从事一定的职业以及受过不同程度教育的人会产生明显的消费行为差异，这主要是由于一种角色观念的作用。

3. 经济状况

经济状况对于消费的影响是不言而喻的。

4. 生活方式

生活方式反映了人们对怎样花费时间和金钱的态度及其所做的消费抉择的形式。从经济学的角度看，一个人的生活方式表明他所选择的分配收入的方式以及对闲暇时间的安排。

5. 个性与自我观念

每个人都有与众不同的个性，即一个人所特有的心理特征，通常用性格术语来描绘，如外向或内向，乐观或悲观，自信或自卑，活泼或文静，适应或保守，等等。与个性有关的另一种因素是自我观念，或称自我形象，即一个人在心目中认为自己是什么样的人，或认为在别人心中是什么样的人。

案例 5-2

姚明：我的婚礼拒绝喧哗

细雨中，姚明家所在的小区非常安静，偶尔有些住户走过，对于姚明回家的消息全然不知。一整天，姚明闭门止足，休养生息，看似悠然自在。不过姚明在夏季仍有三项重任。虽然没有进行手术，姚明依然会悉心休养他肩部的伤势；虽然没有随国家队合训，他必须独自保持状态；当然最重要的还是为自己的恋爱找到归属，整整 7 年的“姚叶恋”，将在今夏成为完美的婚姻。

尽管此次回沪操办婚事的消息被传得沸沸扬扬，但上周六晚上，姚明今年第一次在故乡接受采访时，他依然对有关婚礼的问题异常敏感，他用挥手和离开划下一条鸿沟，鸿沟的那边属于他和他的家庭，媒体似乎插翅难越。

关于姚明结婚的消息不仅国内热炒，连休斯敦也很关注，火箭总经理莫雷是第一个公开秘密的人，《纪事报》的费根也为姚明的婚事专门撰文，并特别提到叶莉，“自从姚明来到休斯敦后，叶莉也一同来到美国，现在正在休斯敦大学学习。上赛季，她曾多次到丰田中心，观看火箭的主场比赛……”

就在姚明回国的一周前，叶莉先行抵达上海筹备婚事，上周六亲自到机场接姚明，甚至等候了两个小时。不过姚明和叶莉在处理此事上都非常低调，营造一个安静的环境。

热心的球迷们为姚明想出了形形色色的结婚方式，有的建议姚明在金茂大厦，叶莉在东方明珠，通过直升机和跳伞举行飞行婚礼；有的建议在球场举行婚礼……尽管球迷万分热情，但姚明选择了一种安静的方式。

（资料来源：新浪体育（2007-07-02），http://sports.sina.com.cn/s/2007-07-02/08271203467s.shtml）

5.2.4 心理因素

消费者的购买行为还受到动机、知觉、学习以及信念和态度等主要心理因素的影响。

1. 动机

动机是上升到足够强度的需要，它能及时引导人们去探求满足需要的目标。动机的产生必须具备两个条件：一是具有一定强度的需要，比如你已经到了晚婚年龄；二是具有满足需要的目标和诱因，比如此时看到同龄人一个个都结婚了。

消费者的动机一般分为三种类型：感情动机、理智动机与惠顾动机。

2. 知觉

按照心理学的说法，当客观事物作用于人的感觉器官时，人脑中就会产生反应。这种反应如果只属于事物的个别属性，称为感觉；如果是对事物各种属性的各个部分及其相互关系的综合反应，则称为知觉。营销专业人员的人物之一，就是有意去唤醒消费者的知觉。

3. 学习

学习是指人们经过实践和经历而获得的，能够对行为产生相对永久性改变的过程。学习论者认为，消费者的学习是通过驱动力、刺激物、提示物、反应和强化的相互影响而产生的。消费者的学习模式如图 5-7 所示。

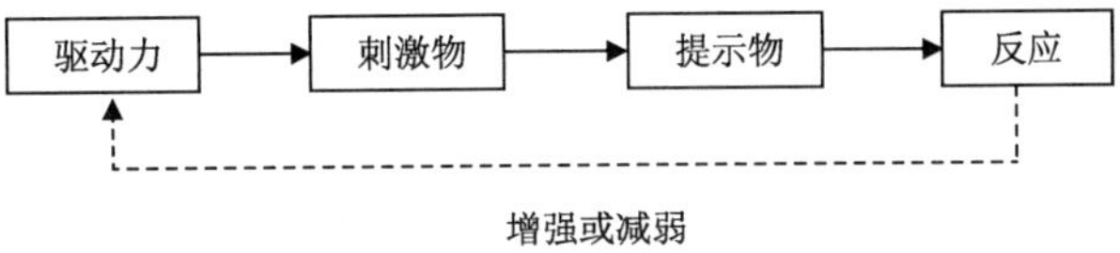

图 5-7 学习模式

4. 信念和态度

（1）信念。信念是指人们对事物所持有的自己认为是可以确信的看法。这个看法的根源是消费者对某事物带给自己或自己所代表的群体的利益。比如，有不少人坚定地认为婚礼应该一切从简。

（2）态度。态度是指个人对某些事物或观念长期持有的好与坏的认识评价、情感感受和行动倾向。态度导致人们对某一事物产生或好或坏，或亲或疏的感情。

消费者的购买行为是文化、社会、个人和心理因素之间相互影响和作用的结果。其中很多因素是企业及其市场营销活动无法改变的，但这些因素在识别诸如哪些消费者对产品有兴趣等方面颇有用处。其他因素则受到企业及其市场营销活动的影响，企业借助有效产品、价格、地点和促销管理，可以诱发消费者的强烈反应。

5.3 消费者购买决策过程

传统上，对消费者行为的研究，重点一直放在产品、服务的获取上，关于产品的消费与处置方面的研究则相对地被忽视。随着对消费者行为研究的深化，人们越来越深刻地意识到，消费者行为是一个整体，是一个过程，获取或者购买只是这一过程的一个阶段。因此，研究消费者行为，既应调查、了解消费者在获取产品、服务之前的评价与选择活动，也应重视在产品获取后对产品的使用、处置等活动。只有这样，对消费者行为的理解才会趋于完整。

5.3.1 消费者购买决策的参与者

消费者消费虽然是以一个家庭为单位，但参与购买决策的通常并非一个家庭的全体成员，许多时候是一个家庭的某个成员或某几个成员，而且由几个家庭成员组成的购买决策层，其各自扮演的角色亦是有区别的。人们在一项购买决策过程中可能充当以下角色：

（1）发起者，是第一个建议或想到要购买某种产品或服务的人。

（2）影响者，是对最后决策有直接或间接影响的人。

（3）决策者，是对是否购买、怎样购买有权进行最终决策的人。

（4）购买者，是执行具体购买任务的人。

（5）使用者，是实际消费或使用产品或服务的人。

了解每一购买者在购买决策中扮演的角色，并针对其角色地位与特性，采取有针对性的营销策略，就能较好地实现营销目标。

比如购买一台空调，提出这一要求的是孩子；是否购买由夫妻共同决定；而丈夫对空调的品牌做出决定，这样空调公司就可以对丈夫作更多有关品牌方面的宣传，以引起丈夫对本企业生产的空调的注意和兴趣。至于妻子在空调的造型、色调方面有较大的决定权，公司则可设计一些在造型、色调等方面受妻子喜爱的产品。只有这样了解了购买决策过程中的参与者的作用及其特点，公司才能够制定出有效的生产计划和营销计划。

案例 5-3

售货员做对了什么？

老年服装店里来了大约四五位消费者，从他们亲密无间的关系上可以推测出这是一家子，并可能是专为老爷子来买衣服的。老爷子手拉一位十来岁的男孩子，面色红润、气定神闲、怡然自得，走在前面，后面是一对中年夫妇。

中年妇女转了一圈，很快就选中了一件较高档的上装，要老爷子试穿，可老爷子不愿意，理由是价格太高、款式太新。中年男子说反正是我们出钱，你管价钱高不高呢。可老爷子并不领情，脸色也有点难看。

营业员见状，看着老爷子和小男孩说，老爷子你可真是好福气，儿孙如此孝顺，你就别难为他们了。小男孩也摇着老人的手说好的好的，就买这件好了。老爷子说小孩子懂什么好坏。但脸上已露出了笑容。营业员见此情景，很快衣服包扎好，交给了中年妇女，一家人高高兴兴地走出了店门。

5.3.2 消费者购买行为的类型

根据购买活动中消费者的介入程度和商品品牌间的差异程度，可将消费者的购买行为分为以下四种类型：复杂的购买行为、减少不协调的购买行为、寻求多样化的购买行为和习惯性的购买行为。

1. 复杂的购买行为

当消费者初次选购价格昂贵、购买次数较少的、冒风险的和高度自我表现的商品时，则属于高度介入购买。由于对这些产品的性能缺乏了解，为慎重起见，他们往往需要广泛地收集有关信息，并经过认真地学习，产生对这一产品的信念，形成对品牌的态度，并慎重地做出购买决策。这种购买行为属于时间和金钱成本都比较高的。

案例 5-4

婚 礼 累 人

华商报（2011-04-26）消息，孙燕姿将于 5 月 8 日完成终身大事，前日下午她在机场准备离台时大方坦承“现在很开心、幸福”。

孙燕姿表示早在一两年前就想过结婚，如今终于实现愿望，只是结婚礼节烦琐，她忍不住抱怨说：“很多事情要筹备，有点麻烦，很累人。”

对这种类型的购买行为，企业应设法帮助消费者了解与该产品有关的知识，并设法让他们知道和确信本产品在比较重要的性能方面的特征及优势，使他们树立对本产品的信任感。这期间企业要特别注意针对购买决定者做介绍本产品特性的多种形式的广告。

2. 减少不协调感的购买行为

当消费者高度介入某项产品的购买，但又看不出各品牌有何差异时，对所购产品往往产生失调感。因为消费者购买一些品牌差异不大的商品时，虽然他们对购买行为持谨慎的态度，但他们的注意力更多的是集中在品牌价格是否优惠、购买时间和地点是否便利，而不是花很多精力去收集不同品牌间的信息并进行比较，而且从产生购买动机到决定购买之间的时间较短。因而这种购买行为容易产生购后的不协调感：即消费者购买某一产品后，或因产品自身的某些方面不称心，或得到了其他产品更好的信息，从而产生不该购买这一产品的后悔心理或心理不平衡。

为了改变这样的心理，追求心理的平衡，消费者广泛地收集各种对已购产品的有利信息，以证明自己购买决定的正确性。为此，婚礼营销人员应通过各种后续服务，比如售后回访、赠送礼物、提供超出预期的婚礼录像等，帮助消费者消除不平衡心理，坚定其对所购产品的信心。

3. 寻求多样化的购买行为

如果一个消费者购买的商品品牌间差异虽大，但可供选择的品牌很多时，他们并不花太多的时间选择品牌，而且也不专注于某一产品，而是经常变换品种。比如购买饼干，他们上次买的是巧克力夹心，而这次想购买奶油夹心。这种品种的更换并非对上次购买饼干的不满意，而是想换换口味。

4. 习惯性的购买行为

消费者有时购买某一商品，并不是因为特别偏爱某一品牌，而是出于习惯。比如酱油或者料酒之类的商品，这是价格低廉、品牌间差异不大的商品，消费者购买它时，大多不会过分关心品牌，而是靠多次购买和多次使用而形成的习惯去选定某一品牌。

最后两种购买行为与婚庆服务产品关系不是很大，因为婚礼服务基本都是一次性购买的，产品的生产过程就是消费者的使用过程，主要是加深对前两种行为的理解，如表 5-1 所示。

表5-1　消费者购买行为类型

品牌差异	介入程度	
	高度介入	低度介入
大	复杂的购买行为	寻求多样化的购买行为
小	化解不协调的购买行为	习惯性购买行为

5.3.3 消费者购买决策过程的阶段

消费者的购买决策是一个动态发展的过程，西方营销学者将消费者购买决策过程分为五个阶段：确认需要、收集信息、评价方案、购买决策、购后行为，如图 5-8 所示。

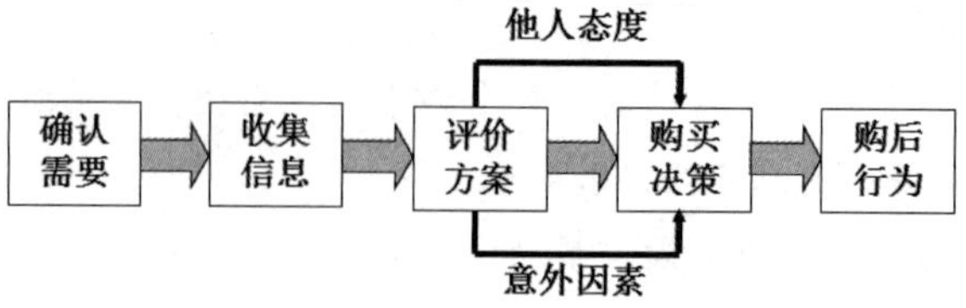

图 5-8 购买决策过程的阶段

这是一种典型的购买决策过程，这种购买决策过程适用于分析复杂的购买行为，因为复杂的购买行为是最完整、最有代表性的购买类型，其他几种购买类型是越过其中某些阶段后形成的，是复杂购买行为的简化形式。以下分别就这五个阶段进行分析。

1. 确认需要

确认需要是消费者购买决策过程的起点。当消费者在现实生活中感觉到或意识到实际与其企求之间有一定差距、并产生了要解决这一问题的要求时，购买的决策便开始了。消费者的这种需求的产生，既可以是人体内机能的感受所引发的，如因饥饿而引发购买食品、因口渴而引发购买饮料，又可以是由外部条件刺激所诱生的，如看见电视中的手机广告而打算自己换个新的，看到某国王妃的婚礼就想着自己将来也要找个时尚的婚庆公司替自己筹办等。当然，有时候消费者的某种需求可能是内、外原因同时作用的结果。

市场营销人员应注意识别引起消费者某种需要和兴趣的环境，并充分注意到两方面的问题：一是注意了解那些与本企业的产品实际上或潜在的有关联的驱动力；二是消费者对某种产品或服务的需求强度，会随着时间的推移而变动，并且被一些诱因所触发。在此基础上，企业还要善于主动安排诱因，促使消费者对企业产品产生强烈的需求，最好立即采取购买行动。

2. 收集信息

当消费者产生了购买动机之后，便会开始进行与购买动机相关联的活动。如果他所欲购买的物品就在附近，他便会实施购买活动，从而满足需求。但是当所需购买的物品不易购到，或者说需求不能马上得到满足时，他便会把这种需求存入记忆中，并注意收集与需求相关和密切联系的信息，以便进行决策。就像前面说的，看到王妃的盛大婚礼，而自己并不马上结婚，同时婚礼不是买个水果那么简单，需要很多环节的筹备，因此就是先收集信息，以备将来之用。

消费者信息的来源主要有四方面：

（1）个人来源。从家庭、亲友、邻居、同事等个人交往中获得信息。

（2）商业来源。这是消费者获取信息的主要来源，其中包括广告、推销谈单人员的介绍、产品说明书、网络信息、各种婚博会的展示等提供的信息。这一信息源是企业可以主动控制的。

（3）公共来源。消费者从电视、广播、报刊、杂志、互联网络等大众传播媒体所获得的信息。

（4）经验来源。消费者从亲自接触、使用商品的过程中得到的信息。

上述四种信息来源中，商业信息最为重要，从消费者角度看，商业信息不仅具有通知的作用，而且一般来说具有针对性、可靠性，个人和经验来源只能起验证作用；而对企业来说，商业信息是可以控制的。消费者可以通过商业信息的渠道了解本企业的产品，进而购买本企业的产品。

3. 评价方案

当消费者从不同的渠道获取到有关信息后，便对可供选择的品牌进行分析和比较，并对各种品牌的产品做出评价，最后决定购买。消费者对收集到的信息中的各种产品的评价主要从以下几方面进行：

（1）分析产品属性。产品属性即产品能够满足消费者需要的特性。消费者一般将某一种产品看成是一系列属性的集合，对一些熟知的产品，他们关心的属性一般是：

手机：外观、速度、软件、价格。

计算机：信息存储量、图像显示能力、软件适用性、上网功能。

婚礼：价格、他人认可度、横向比较、个性化特征。

汽车：安全性、油耗、空间。

服装：性价比、式样、耐用性、时尚性。

这些都是消费者感兴趣的产品属性，但消费者不一定对产品的所有属性都视为同等重要。市场营销人员应分析本企业产品应具备哪些属性，以及不同类型的消费者分别对哪些属性感兴趣，以便进行市场细分，对不同需求的消费者提供具有不同属性的产品，既满足顾客的需求，又最大限度地减少因生产不必要的属性所造成的资金、劳动力和时间的耗费。

（2）建立属性等级。即消费者对产品有关属性所赋予的不同的重要性权数。消费者被问及如何属性。在非特色属性中，有些可能被消费者遗忘，而一旦被提及，消费者就会认识到它的重要性。市场营销人员应更多地关心属性权重，而不是属性特色。

（3）确定品牌信念。消费者会根据各品牌的属性及各属性的参数，建立起对各个品牌的不同信念，比如确认哪种品牌在哪一属性上占优势，哪一属性相对较差。

（4）形成“理想产品”。消费者的需求只有通过购买才能得以满足，而他们所期望的从产品中得到的满足，是随产品每一种属性的不同而变化的，这种满足程度与产品属性的关系，可用效用函数描述。第 2 章已经学习过效用的概念，而效用函数即描述消费者所期望的产品满意度随产品属性的不同而有所变化的函数关系。它与品牌信念的联系是，品牌信念指消费者对某品牌的某一属性已达何种程度的评价，而效用函数则表明消费者要求该属性达到何种程度他才会接受。每个消费者对不同产品属性的满足程度不同，形成不同的效用函数。比如，某消费者要购买一部手机的满意度，会随着功能的齐全、图像的清晰、操作的方便等而得以实现，但也会因价格的上升而使满意度减少。把效用的各最高点连接起来，便成为消费者最理想的该手机效用函数。

（5）做出最后评价。消费者从众多可供选择的品牌中，通过一定的评价方法，对各种品牌进行评价，从而形成对它们的态度和对某种品牌的偏好。在这一评价过程中，大多数的消费者总是将实际产品与自己的“理想产品”进行比较。也就是说，偏好和购买意图并不总是导致实际购买，尽管二者对购买行为有直接影响。

4. 购买决策

在对 100 名声称年内要购买 A 牌家用电器的消费者进行追踪研究以后发现，只有 44 名实际购买了该种类的产品，而真正购买 A 牌家用电器的消费者只有 30 名。因此，只让消费者对某一品牌产生好感和购买意向是不够的，真正将购买意向转为购买行动，其间还会受到两方面的影响。

（1）他人的态度。消费者的购买意图，会因他人的态度而增强或减弱。他人态度对消费意图影响力的强度，取决于他人态度的强弱及他与消费者的关系。一般说来，他人的态度越强、他与消费者的关系越密切，其影响就越大。尤其在婚姻家庭关系中，如果丈夫想买某一款车，而妻子坚决反对，丈夫就极有可能改变或放弃购买意图。

（2）意外的情况。消费者购买意向的形成，总是与预期收入、预期价格和期望从产品中得到的好处等因素密切相关的。但是当他欲采取购买行动时，发生了一些意外的情况，诸如因失业而减少收入，因产品涨价而无力购买，或者有其他更需要购买的东西，这一切都将会使他改变或放弃原有的购买意图。

5. 购后行为

产品在被购买之后，就进入了售后阶段，此时，市场营销人员的工作并没有结束。

消费者购买商品后，通过自己的使用和他人的评价，会对自己购买的商品产生某种程度的正面或负面体验。购买者对其购买活动的满意感（S）是其产品期望（E）和该产品可觉察性能（P）的函数，即 $S=f(E,P)$。若 $E=P$，则消费者会满意；若 $E>P$，则消费者不满意；若 $E<P$，则消费者会非常满意。消费者根据自己从卖主、朋友以及其他来源所获得的信息来形成产品期望。如果卖主夸大其产品的优点，消费者将会感受到不能证实的期望。这种不能证实的期望会导致消费者的不满意感。E 与 P 之间的差距越大，消费者的不满意感也就越强烈。当他们感到十分不满意时，肯定不会再买这种产品，甚至有可能退货、劝阻他人购买这种产品。所以，卖主应使其产品真正体现出其可觉察性能，以便使购买者感到满意。事实上，那些有保留地宣传其产品优点的企业，反倒使消费者产生了高于期望的满意感，并树立起良好的产品形象和企业形象。这一点在近十年来的苹果手机上体现得非常明显。

市场营销人员应采取有效措施尽量减少购买者买后不满意的程度，并通过加强售后服务、保持与顾客联系、提供使他们从积极方面认识产品的特性等方式，以增加消费者的满意感。

研究和了解消费者的需要及其购买过程，是婚庆市场营销成功的基础。市场营销人员通过了解购买者如何经历引起需要、寻找信息、评价行为、决定购买和买后行为的全过程，就可以获得许多有助于满足消费者需要的有用线索；通过了解购买过程的各种参与者及其对购买行为的影响，就可以为其目标市场设计有效的市场营销计划，如图 5-9 所示。

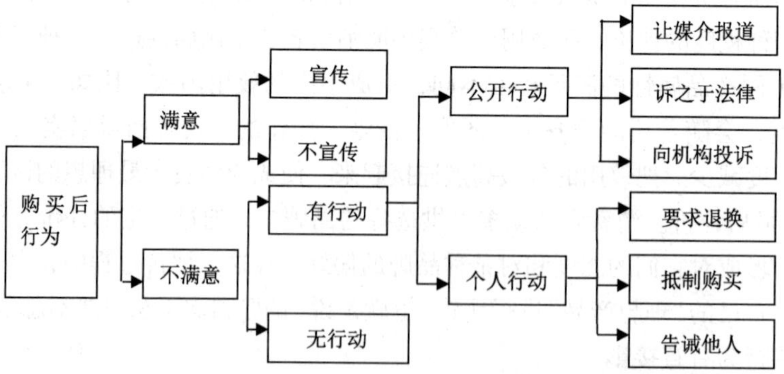

图 5-9　购买后的感觉和行为

上述购买决策过程的五个阶段说明，购买过程早在实际购买之前就已开始，其结束不是在实现购买之时，而是在实际购买之后仍会持续一段时间。因此，企业的营销活动应注重消费者购买决策的整个过程，而不是仅仅局限于购买决定。购买决策过程的五个阶段是一种基本行为模式，并不是所有的购买行为都需要经过五个完整的阶段。

5.4　组织市场购买行为分析

由于婚庆市场上几乎没有什么组织购买行为，因此把组织市场购买行为分析放在消费者行为分析的同一章，用较少篇幅介绍其基本知识，以使购买行为的主体完整。

按照顾客不同的购买动机，可以将市场分为消费者市场、产业市场、中间商市场和政府采购市场，其中后三种市场组成组织市场。组织市场购买行为指各类正规组织机构确定其对产品和服务的需要，并在可供选择的品牌与供应商之间进行识别、评价和挑选的决策过程。

消费者市场的特点是：顾客规模庞大、人数众多、偏好各异、需求多变、购买的随意性较强，且交易频繁、交易方式多样、交易的产品和服务种类繁多。而组织市场的特点是：其购买者数量没有消费者市场上的购买者多，但一次购买量较大，且购买决策更加复杂、理性和专业，通常购买决策由许多相关部门和人员参加。而且组织市场的需求相对而言缺乏弹性，需求的波动较大。组织市场需求本质上是从消费者对消费品的需求中派生出来的，通用汽车公司买钢铁，是因为消费者买汽车；婚庆公司采购鲜花，是因为有人要结婚举办婚礼。

组织市场里面几种不同类型的购买行为有很多差异，下面分别简单地对产业市场购买、中间商购买和政府购买行为进行分析。

5.4.1　产业市场购买者

1. 产业购买决策的五种参与者

在某个产业流程中，所有参与购买决策过程的人员构成采购组织的决策单位，市场营销学称为采购中心。采购中心的五种成员如下：

（1）使用者。具体使用产业用品的人员。往往是最初提出购买某种产业用品意见的人，在计划购买产品的品种、规格中起着重要作用。

（2）影响者。在企业外部和内部直接或间接影响购买决策的人员，如科研人员、技术顾问等。

（3）采购者。在企业中有组织采购工作的正式职权的人员。

（4）决定者。在企业中有批准购买产品权力的人。

（5）信息控制者。在企业外部和内部能控制市场信息流到决定者、使用者的人员。

2. 产业购买的三种行为类型

（1）直接重购。即企业的采购部门或采购中心根据过去和许多供应商打交道的经验，从供应商名单中选择供货企业，并直接重新订购过去采购过的同类产业用品。购买行为是惯例化的。

（2）修正重购。即企业的采购部门为了更好地完成采购工作任务，适当改变要采购的某些产业用品的规格、价格等条件或供应商。这种行为类型较复杂，参与购买决策过程的人数较多。

（3）全新采购。即企业第一次采购某种产业用品。成本费用越高、风险越大，需要参与购买决策过程的人数和需要掌握的市场信息就越多。这种行为类型最复杂。供货企业要派出精锐的推销人员小组，向顾客提供市场信息，帮助顾客解决疑难问题。

3. 影响产业购买决策的四个因素

（1）环境因素。企业外部环境，如国家的经济前景、市场需求、技术发展变化、市场竞争、政治法律等。

（2）组织因素。企业本身的因素，如目标、政策、程序、组织结构、系统等。

（3）人际因素。参与者在企业中的地位、职权、说服力、相互关系等。

（4）个人因素。年龄、受教育程度、个性。

4. 产业购买决策过程的八个阶段

在直接重购情况下，购买过程的阶段最少；在修正重购情况下，购买过程的阶段较多；在全新采购情况下，购买过程的阶段最多，共如下八个阶段：

（1）认识需要。

（2）确定需要。

（3）说明需要。

（4）物色供应商。

（5）征求建议。

（6）选择供货商。

（7）选择订货程序。

（8）检查合同履行情况。

5.4.2 中间商购买

1. 中间商购买的三种行为类型

（1）购买全新品种。中间商第一次购买某种从未采购过的新品种。可根据预购产品市场前景的好坏、买主需求强度、产品获利的可能性等多方面因素决定是否购买。

（2）选择最佳卖主。中间商对将要购买的品种已经确定，但须考虑选择最佳供应商，确定从哪家卖主进货。

（3）寻求更佳条件。中间商并不想更换供应商，但试图从原有供应商那里获得更为有利的供货条件。

2. 中间商的三种购买决策

中间商的三种购买决策包括：配货决策、供应商组合决策和供货条件决策。

（1）配货决策指拟经营的品种结构，即中间商的产品组合。

（2）供应商组合决策指决定拟与之从事交换活动的各有关供应商。

（3）供货条件决策指决定具体采购时所要求的价格、交货期、相关服务及其他交易条件。

3. 中间商配货决策的四种类型

有以下四种类型：

（1）独家配货。即中间商决定只经营某一家制造商的产品。

（2）专深配货。即中间商决定经营许多家制造商生产的同类产品的各种型号规格。

（3）广泛配货。即中间商决定经营种类繁多、范围广泛但尚未超出行业界限的产品。

（4）杂乱配货。即中间商决定经营范围广泛且没有关联的多种产品。

5.4.3 政府购买行为

政府采购，是指使用财政性资金采购物资或服务的国家机关、事业单位或者其他社会组织。

政府采购机构，是指政府设立的负责本级财政性资金的集中采购和招标组织工作的专门机构。

招标代理机构，是指依法取得招标代理资格，从事招标代理业务的社会中介组织。

供应人，是指与采购人可能或者已经签订采购合同的供应商或者承包商。

1. 政府采购的三个基本原则

（1）公开、公平、公正、效益。

（2）勤俭节约。

（3）计划。

2. 政府采购的六种方式

六种方式是：招标、竞争性谈判、邀请报价、采购卡、单一来源采购或者其他方。公开招标至少有三家符合投标资格的供应人参加投标。

案例 5-5

企业出马团购“婚礼”

今天，走进千岛湖开元度假村的客人要做好心理准备，没准一位身着洁白婚纱的俏丽新娘正等在前台为您办理一张入住卡，或是一位穿西装打领结的帅哥新郎为您端上一杯香浓的咖啡。这可不是噱头，他们是真的结婚，只是把婚纱照安排在自己的工作岗位上拍摄。

酒店出马团购婚礼

原来，该酒店最近一段时间结婚的员工特别多，统计了一下竟然有 14 对。选择什么形式步入婚姻的殿堂是每一对新人都会仔细斟酌的事，既然自己工作的酒店风景那么优美，干脆就放在自己的工作岗位上吧。于是，酒店出面，帮员工团购婚纱摄影，在情人节这一天让新人们在工作岗位上留下一张张颇有意义的婚纱照。

据该度假村的负责人透露，结婚是每个人的大事，企业出面与婚纱摄影公司洽谈，能争取到不少有利条件，这次 14 对拍集体婚纱照的员工享受到的价格要比市场价低大约 30%，同时还有婚纱摄影公司的专业人员来讲解婚纱摄影、结婚细节、化妆礼仪等相关知识，这也为员工省去很多操心事。对酒店而言，此举不仅暖了员工的心，也帮助员工全心全力投入工作，可谓双赢。

客人支持岗位拍照

个性化的婚纱照片各种各样，在这次集体婚礼中，最独特的是员工可以选择在自己的工作岗位上拍摄婚纱照，如总台、餐厅、客房等地，客人对此非常支持。

（资料来源：搜狐新闻（2006-02-14）http://news.sohu.com/20060214/n241821035.shtml）

小　结

1. 消费者市场又称最终消费者市场、消费品市场或生活资料市场，是指个人或家庭为满足生活需求而购买或租用商品的市场。

2. 根据其重要性，消费者需求可分为生理需要、安全需要、社交需要、自尊需要、自我实现需要五种，它们相互联系，逐渐排列成一个由低到高逐渐上升的层次。

3. 消费者购买行为是指消费者为获取、购买、使用、评估和处置预期能满足其需要的产品和服务所采取的各种行为。

4. 消费者的需要、欲望、消费习惯和购买行为是在许多因素的影响下形成的。消费者的购买行为深受社会、文化、个人和心理因素的影响。

5. 消费者的购买行为分为以下四种类型：复杂的购买行为、寻求多样化的购买行为、化解不协调的购买行为和习惯性的购买行为。

6. 消费者购买决策过程分为五个阶段：确认需要、收集信息、评价方案、购买决策、购后行为。

关键概念

消费者市场 消费者需求层次 消费者行为模式 购买决策过程

习　题

一、简答题

1. 消费者市场有哪些特点？

2. 为什么消费者会产生购买后失调感？怎样减少和消除购买后失调感？

3. 试述习惯性购买行为的主要营销策略。

4. 试述消费者购买决策过程的信息收集阶段，企业需要做哪些方面的营销工作？

5. 集体婚礼算是一种组织市场购买行为吗？为什么？

二、实训题

【实训项目】

模拟婚庆服务消费者购买决策过程。

【实训目的】

了解婚庆服务购买人决策过程，并讨论确认需要、信息搜索、评估选择、购买决定和购后评估行为。

【实训内容】

教师列出某种类型的消费者类型，学生利用理论知识分析并模拟婚庆服务消费者购买决策过程。

【实训步骤】

1. 教师提出基本要求。

2. 学生进行模拟。

3. 学生分组完成后教师随机抽查，并要求在班级汇报。

4. 学生提出问题。

5. 教师进行点评、总结。

【完成任务】

1. 完整描述模拟的购买决策过程，并形成报告。

2. 在课堂上汇报。

3. 将分析报告提交给教师。

第6章 婚庆市场调研方法

学习目标

通过本章的学习，你应该能够：

- 领会调研活动对企业营销决策的作用，了解市场营销调研的内容、步骤和方法；
- 掌握市场需求测量的基本原理和方法；
- 了解市场预测的主要方法；
- 初步了解市场营销信息系统。

导入案例

《新娘》（Brides）最新关于美国婚礼的调研

Conde Nast 出版社下属杂志《新娘》（*Brides*）最新关于美国婚礼的研究（American Wedding Study）显示，在美国，平均每年有210万对新人举办婚礼，保守按照每场3.5万美元的花费来估算，美国人每年在婚礼相关商品和服务上的花费高达700亿美元！

研究的主要发现有：

• 现在婚礼越来越个性化，新婚夫妇的开支更多花在能展现个性的细节上，同时缩减无法体现个性的内容规模，比如减少宾客数量等；

• 新婚夫妇在婚礼的花费达到新高，占总花费的73%。这让一些新婚夫妇能自由选择自己想要的婚礼，而不用面对来自父母和传统社会的压力。同时，社交媒体网站也推动了这一趋势形成；

• 现在新婚夫妇更愿意通过结婚誓词或让朋友及家庭成员当司仪来打破传统。他们还会度蜜月和 mini-moon，有些新婚夫妇还会邀请家人和朋友一起度“好友月（buddymoon）”；

• 男伴娘出现的频率在增加，有14%的新娘选择让男性朋友当伴娘；

• 现在新婚夫妇也不拘泥于“先婚后孕”的传统，有33%的新婚夫妇在结婚时已经有了孩子；

• 流行的结婚月份也有变化，调查显示在9月和10月结婚的新人各有16%，而且现在5月和 6 月也成了最流行的结婚月份。

通过大数据解析美国婚礼市场，相关统计结果显示如下：

• 美国人平均婚礼成本为 26 522 美元；

• 婚宴的平均价格是 11 380 美元；

• 婚礼高价产品包括：订婚戒指（1 533 美元）、摄影（2 099 美元）、录像（1 533 美元）、婚宴音乐（1 508 美元）和结婚戒指（1 725 美元）；

• 婚礼蛋糕的平均花费为 417 美元；

• 婚纱平均花费为 1 517 美元，比 2015 年的 1 380 美元高 137 美元；

• 伴娘装平均花费为 133 美元；

• 89% 的新婚夫妇做了婚礼预算，但有 35% 的实际婚礼花费超过预算，相比 2014 年的 30% 有所提高；

• 58% 的新婚夫妇表示愿意为自己梦寐以求的婚礼增加预算；

• 尽管周六仍然是一周中最受欢迎的结婚时间（65%），但有一些新婚夫妇开始考虑在周五和周日结婚，分别占了 15% 和 13%。

• 社交媒体是新娘婚礼策划中联系品牌或产品卖家的主要方式；今年有 82% 的准新娘通过社交媒体联系婚礼或产品卖家，2014 年是 75%；

• 33% 的新娘通过 Instagram 与婚礼品牌或产品卖家联系；

• 在通知亲密朋友或是家人订婚消息之后，62% 的准新娘会把社交媒体婚姻状况改成“engaged（已订婚）”；

• 在收到订婚戒指之后，62% 的准新娘会在社交媒体上晒照片；

• 39% 的新人会在社交媒体上发布求婚照片或视频；

• 51% 的新婚夫妇会为婚礼或相关活动自定义创建社交媒体标签；

• 为了通知宾客整个婚礼策划流程，39% 的准新娘会发布照片，并更新各项事宜，从品尝蛋糕到逛各种相关店铺；

• 53% 的新人夫妇会借用社交媒体上婚礼服务提供商的想法，并应用到自己的婚礼上。

（资料来源：搜狐网（2017-03-28）https://www.sohu.com/a/130914316_698491）

理论知识

6.1 市场营销信息系统

市场营销信息系统（Marketing Information System，MIS）是指有计划、有规则地收集、分类、分析、评价与处理信息的程序和方法，有效地提供有用信息，供企业营销决策者制定营销规划和营销策略，由人员、设备和软件所构成的一种相互作用的有组织的系统。根据市场营销信息系统收集、处理和利用各种资料的范围，其基本框架一般由四个子系统构成。

6.1.1 信息的含义

信息，指音讯、消息、通信系统传输和处理的对象，泛指人类社会传播的一切内容。人通过获得、识别自然界和社会的不同信息来区别不同事物，得以认识和改造世界。在一切通信和控制系统中，信息是一种普遍联系的形式。1948 年，数学家香农在题为“通信的数学理论”的论文中指出：“信息是用来消除随机不定性的东西。”

6.1.2 信息的功能与特征

1. 信息的功能

信息的功能比较好理解，这里不做过多解释。

（1）中介功能。

（2）联结功能。

（3）放大功能。

2. 信息的特征

（1）时效性。所表明的是一定时间内发生的事。

（2）分散性和大量性。信息发生地点不固定、量大面广，有时需多条信息合在一起才能凑成完整意思。

（3）可压缩性。按照特定需要进行汇总和概括。

（4）可存储性。可以体内和体外存储。

（5）系统性。信息之间是有联系的。

6.1.3 一个理想的市场营销信息系统

好的营销信息系统能向各级管理人员提供所必需的信息，能使各级管理人员方便地选择所需要的信息，能满足管理人员对所需信息的时限要求，能提供各种形式的信息，还能向管理人员提供易于理解的最新信息。这就要求必须具备四种重要的功能，即图 6-1 所示的四个子系统。

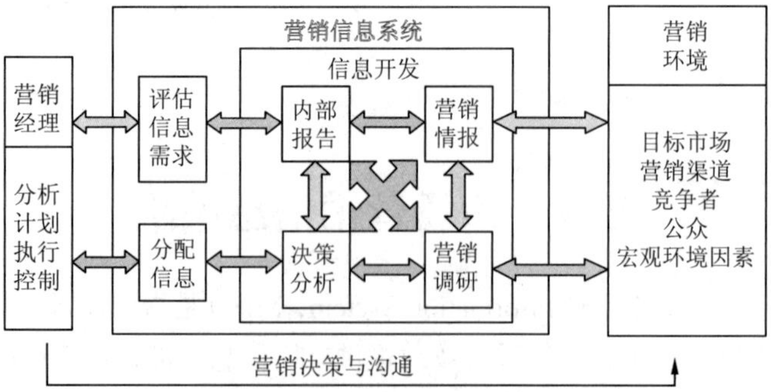

图 6-1 市场营销信息系统

1. 内部报告系统

这个子系统的作用是反映企业内部目前营销活动状况的信息源。

（1）提供销售信息，进行销售管理。

（2）提供存货信息，进行存货管理。

（3）提供客户信息，进行客户管理。

2. 营销情报系统

此子系统提供有关企业外部宏观营销环境的发展变化的最新动态信息。

（1）外部信息的收集，如行业状况、竞争对手研究、消费者研究、营销网络信息收集等。

（2）外部信息的积累、处理与传递。

3. 市场调研系统

针对企业某一时期所出现的问题，或制定决策、计划的需要而对某些特定问题组织调查，提供所需信息资料的系统。

4. 营销分析系统（决策支持系统）

这个子系统是通过对以上三个子系统所提供的信息资料进行科学分析，为决策者提供量化分析结论，并进而提出多种决策建议，供决策者参考、选择的系统。

市场调研信息系统的建立需要花费大量人力物力，它需要设专人或部门负责，对信息资料进行系统化分类、登记整理，并作动态跟踪记录，还需要企业内部全体人员对市场调研信息的价值认同和重视，并充分地运用到营销策略的制定和决策当中，否则就会事倍功半，甚至形同虚设。

婚庆行业因为婚俗传统演进速度的原因，目前还未出现大型的营销信息管理系统。但是由于网络社交软件的应用，利用微博、微信等平台建立公众号，进行产品和服务宣传的情况已经非常普遍，这种方式技术简单，运用便利，很受婚庆行业的欢迎。不过这些平台一般不会达到前面分析的拥有完整信息系统的程度，主要还是一般的销售推广，对于信息收集、分析、决策支持的作用是很弱的。尽管如此，这是营销系统的一部分，应予以充分利用。

6.2 市场营销调研

营销信息系统的第一个子系统就是收集信息，也就是市场调研。市场营销调研（Marketing Research）就是运用科学的方法，有目的、有计划、系统地收集、整理和分析研究有关市场营销方面的信息。

市场营销调研必须有周密的计划和安排，使调研工作有条理地开展下去。对所有信息资料，调研人员必须以公正和中立的态度进行记录、整理和分析处理，应尽量减少偏见和错误。此外，调研所得的信息以及根据信息分析后所得出的结论，只能作为市场营销管理人员制定决策的参考依据，而不能代替他们去做出决策。

6.2.1 营销调查的类型

如果按调查范围分，有普查、重点调查、典型调查、抽样调查、固定样本调查。如果按调研的目的进行分类，调研可以分为：

1. 探测性调查

利用现成资料，或者是向专家、产品设计者、技术人员和用户、顾客做调查，或者也可以参考以往类似案例，从中找出一些有关因素，从而希望能够探测到市场中未被广泛知晓的有用信息。

2. 描述性调查

描述某个有关群体的特征，估计某个群体中某种行为方式的发生比率，测量有关产品的知识、偏好与满意度，确定不同营销变量之间的关系等。

3. 因果性调查

因果关系调研的目的是找出关联现象或变量之间的因果关系。描述性调研可以说明某些现象或变量之间相互关联，但要说明某个变量是否引起或决定着其他变量的变化，就用到因果关系调研。因果关系调研的目的就是寻找足够的证据来验证这一假设。

6.2.2 营销调查的内容

市场调查的内容也就是市场调研的对象，是关于企业外部和内部环境、企业经营行为的一系列问题。

1. 企业环境调查

企业的营销环境包括微观环境和宏观环境，他们通过直接的和间接的方式结合给企业的营销活动带来影响和制约。微观环境包括企业内部、营销渠道、企业、顾客、竞争者和社会公众等；宏观环境包括人口、经济、自然、技术、政治法律以及社会文化环境等。

2. 消费者调查

消费者调查是对消费者的消费行为进行的调查，是针对消费者的使用习惯和态度的调查，又称U&A研究，主要包括消费者的需求量调查、消费结构调查和消费行为研究。广泛应用于家电、食品、饮料、化妆品、洗涤品、日用品等快消品行业。

3. 产品调查

产品调查涉及范围较广，一般包括产品生产能力、实体、包装、产品生命周期、产品价格等方面的调查。

4. 市场营销活动调查

市场营销活动调查主要包括对竞争对手的调查、分销渠道调查、服务调查和促销活动及其效果调查。

案例 6-1

杭州市婚礼堂经营服务现状与发展趋势调研

为完成学院暑期实践调研项目《我国婚庆服务业与“一站式”婚礼堂经营服务现状与发展趋势调研》，本调研小组的三位成员章林、万俊杰、徐媛媛于2017年8月12日—16日先后到杭州华盛婚礼会馆西湖店、杭州圣维拉国际宴会中心（即将开业）、浙江观天下婚庆有限公司（浙江观天下婚庆产业园）、金华玺和婚嫁有限公司四家一站式婚礼会馆（产业园），对浙江省杭州市和金华市的婚庆服务业与“一站式”婚礼堂经营服务现状与发展趋势进行了调研。此次调研的目的是为了了解婚庆服务业与“一站式”婚礼堂这种婚礼服务新业态在我国的发展现状，面临的问题，未来的发展趋势及其对我国婚礼服务行业的影响等，旨在通过研究发现机遇、存在的问题并提出相应的对策，以促进婚庆专业的课程设置体系、人才培养模式更加贴近婚庆行业需求，以便我们进行相应的教学改革。

本调研小组在浙江省的调研工作主要分为两个层次，首先是对浙江省婚庆行业协会的相关负责人进行访谈，从总体上把握与了解浙江省婚庆服务业的现状与发展趋势；其次是选择杭州市的杭州华盛婚礼会馆西湖店、杭州圣维拉国际宴会中心、浙江观天下婚庆有限公司、金华玺和婚嫁有限公司四家婚礼会馆（婚庆公司）进行个案研究，具体掌握“一站式”婚礼堂在浙江的经营服务现状与发展趋势，深入分析和探索浙江省婚庆行业在发展中遇到的问题和解决对策。

本次调查采取的是现场访谈及问卷调查相结合的方式。针对婚庆协会负责人、婚庆公司（婚礼会馆）负责人采取访谈方式，针对婚庆公司（婚礼会馆）工作人员采取的是在四家公司当场发问卷现场填写、当场收回问卷的方式。针对杭州华盛婚礼会馆西湖店、杭州圣维拉国际宴会中心（即将开业）、浙江观天下婚庆有限公司、金华玺和婚嫁有限公司共发出调查问卷 15 份，收回 15 份，回收率 100%，有效问卷 15 份，有效率 100%。部分调查如表 6-1 和表 6-2 所示。

表6-1 部分调查表格

浙江的四家公司	公司的鲜明特色	主要的营销手段
杭州华盛婚礼会馆西湖店	高端婚礼会馆，首先从视觉上吸引客户，婚庆氛围浓郁，高品质婚宴	现场营销与网络营销相结合、口碑相传
杭州圣维拉国际宴会中心	高端婚礼会馆，首先从视觉上吸引客户，高品质婚宴，优质的管家服务	现场营销与网络营销相结合
浙江观天下婚庆有限公司	拥有婚礼文化产业园，为客户提供选择，充分利用媒体	现场营销与网络营销相结合、媒体
金华玺和婚嫁有限公司	20年婚庆工作经验，从实惠的角度为客户定制婚礼，策划、影像、司仪团队资源充沛	现场营销与网络营销相结合、媒体

表6-2 部分调查表格

浙江的四家公司	最需要的专业人才	应具备的基本素质	未来三年公司需录用的员工数量
杭州华盛婚礼会馆西湖店	策划与销售	销售、策划、设计	不确定
杭州圣维拉国际宴会中心	花艺、宴会设计、客服	手绘、电脑3D效果图、策划、花艺	100人
浙江观天下婚庆有限公司	专业的婚庆行业人才	专业扎实，责任心强，能吃苦	100人
金华玺和婚嫁有限公司	策划与销售	坚定、踏实	100人

（资料来源：北京社会管理职业学院）

6.2.3 营销调查的步骤

作为简化的方法，市场营销调研可以分为以下五个主要步骤，如图 6-2 所示。

图 6-2 营销调研五步骤

1. 确定调研目的

市场调研的目的是通过各种方法搜集必要的资料，并加以分析和整理，得出一定的结论，为企业决策者提供决策依据。调研第一步必须认真确定调研目的，究竟要调研什么内容，调研的目的是什么？确定市场调研的目的并不是十分容易的，必须清楚认识到这次调研是探索性调研、描述性调研还是因果性调研，才能有针对性地设计调研方案。

2. 确定搜集资料的来源和方法

企业可以利用和主动寻找许多资料来源。资料可分为第一手资料，即企业为调查某问题而收集的原始资料；第二手资料，即已存在且为调查某问题而收集的资料。第二手资料有：

（1）内部资料，如公司的资产负债表、损益表、销售报告、存货记录等。

（2）政府文件，如统计年鉴、行业资料统计等。

（3）期刊和资料，如专业杂志、消费者杂志的调查资料。

（4）专业信息公司资料，如美国的 A.C. 尼尔逊公司、国内的零点调查公司都出售各种专项资料。一般来说，第一手资料获取成本高，但资料适用性强，第二手资料则相反。

3. 收集资料

科学技术尤其是电子技术突飞猛进的发展，许多传统的信息收集方法已为先进、迅速、准确、及时的电子方法所代替。

4. 分析资料

企业运用市场营销分析系统中的统计方法和模型方法对收集的信息加以编辑、计算、加工、整理。去伪存真，删繁就简，最后用文字、图表、公式将资料中潜在的各种关系，变化趋势表达出来。

5. 提出调查结论，撰写调研报告

针对市场调研的问题，运用分析资料，提出客观的调查结论。企业营销人员通常会用调研报告的形式将市场调研结果呈送决策者。对于商业性市场调研公司来说，调研报告也是提供给客户的有关工作的主要成果。

6.2.4 营销调查的方法

作为市场营销活动的重要环节，市场调研给消费者提供一个表达自己意见的机会，使他们能够把自己对产品或服务的意见、想法及时反馈给企业或供应商。企业为了获得上述信息，需要设计恰当的方案，采用科学的方法。

1. 观察法

（1）直接观察法。这是最简单直观的方法，一名销售或谈单人员直接置身于某一场婚礼现场，观察婚礼的设计效果、流程的合理性、人员的配置、场地布置等关键经营要素，这个方法也是成本比较低的。

（2）痕迹观察法。这是指消费后的痕迹调研，在某些情况下会有奇妙的效果。

案例 6-2

垃圾调查法

一家生产饮品的企业，在准备将产品打入亚利桑那州之前，委托亚利桑那大学威廉教授对该市的饮料市场进行调查。一年后，教授拿来一堆标明原产品分类、重量、数量、包装的垃圾，为该公司做了如下分析：

中等阶层所喝的高档啤酒比收入高的阶层多；

中等阶层人士比其他阶层浪费的食物更多，因为家庭成员生活节奏都比较快，食物剩余很多。按垃圾的分类重量计算，所丢弃的食物中，有 15 % 是还可以吃的好食品；

通过对垃圾内容的分析，得知减肥清凉饮料与压榨的橘子汁属高层收入人士的倾向消费品。

（资料来源：《企业管理》2003 年第 06 期）

（3）行为记录法。这种方法是利用观察到的人的活动，利用逻辑推理获得背后看不见的信息。该方法还可以利用仪器设备来记录。

案例 6-3

西城大妈发现疑点 两偷书贼被抓现行

有两个人身穿宽松衣服进入西单图书大厦，专挑高价图书下手，用自制工具消磁，使用高弹力橡胶带将书捆绑在身上偷走。警方根据西城大妈举报，抓获两名偷书贼。

2016 年 3 月初，西城警方接到西城大妈举报，有两个形迹可疑的人住进辖区内某招待所。他们经常穿着宽松的衣服，脚步沉重地走进招待所，不一会儿又一身轻松地走出来，如此反复出入。西城分局西长安街派出所的专职打击小分队便衣走访招待所，对入住的人员逐一排查。同时，通过监控比对和网络核查很快锁定了有盗窃前科的两名犯罪嫌疑人，二人疑似正在对西单图书大厦的书籍实施盗窃。

侦查员分为两组在西单图书大厦及招待所外围进行蹲守。经过十余小时的连续工作，侦查员掌握了两名嫌疑人盗窃证据，于当日 20 时将二人抓获，现场起获图书 20 余本。办案民警在二人所住招待所的房间内起获了图书 200 余本，价值 1.6 万余元。

（资料来源：凤凰资讯（2016-03-30），http://news.ifeng.com/a/20160330/48258713_0.shtml）

2. 询问法

询问法和观察法一样，其实都是实地调查方法的一种类型。询问法是用询问的方法收集市场信息资料，它是调查和分析消费者的购买行为和意向的最常用的方法，其优点是能够在较短的时间内获得比较及时、可靠的调查资料。

（1）面谈法。拟定调查事项，派出访问人员直接向被调查对象当面询问以获得所需资料的一种最常见的调查方式。这种方式具有回答率高、能深入了解情况、可以直接观察被调查者的反应等优点。

（2）电话询问法。通过电话和被调查者进行交谈以收集资料的方法。这种方法进行调查的主要优点是：收集资料快、成本低、电话簿有利于分类。其主要缺点是：只限于简单的问题，难以深入交谈；被调查人的年龄、收入、身份、家庭情况等不便询问；无法利用视频图像，这与访问法相比有隔靴搔痒之感；由于临时占用受访者的时间，容易引起反感。

（3）问卷调查法。问卷法是目前广泛使用的一种方法。问卷法的主要优点在于标准化和成本低，它是以设计好的问卷工具进行调查，所以内容容易规范化并可计量。同时问卷可以通过各种方式发放，如邮寄、网络导入等，受访者可以在不受干扰的情况下较为准确地反映信息。

由于问卷的设计非常重要，将在后面的章节专门介绍。

3. 文献法

在市场调查中，文献调查方式有着特殊的重要作用，常被作为搜集资料的首选方式，或者说，所有的市场调查都始于收集现有文献资料，只有当现存资料不能提供足够的依据时，才考虑实地调查。比如市场行情、国民经济发展情况等信息，很难从消费者那里得到，文献调查法能很好帮助企业获取这方面的信息。

4. 实验法

实验调查法是指在推行具体营销策略或经营方法时，先进行实验试点，以收集资料取得经验的方法。实验法的优点是方法科学、数据可靠，缺点是实验过程长、成本较高。实验法包括实验室实验、现场实验和模拟实验等。

6.2.5 调研问卷的设计

问卷的历史可追溯到经验社会调查广泛开展的 19 世纪。例如马克思曾精心制作过一份工人调查表，以全面了解工人的劳动、生活和思想状况。20 世纪以来，结构式的问卷越来越多地被用于定量研究，它与抽样调查方式相结合，已成为各种社会问题研究的主要方式之一。

1. 调查问卷的结构

问卷可分为两种主要的类型：一种称为自填式问卷，另一种称为访问式问卷或访问调查表。不管哪种使用方式，一份问卷通常包括：

（1）封面信。说明该项调查的目的，进行该项调查的人或组织的身份，被调查者的选取方式和其填答问卷的作用，对问答保密处理的保证等。

（2）填表说明，即对回答者填写问卷的方式、方法及注意事项等所做的解释和说明。

（3）调查的问题，这是问卷的主体。这一部分应包括调查的主要内容，以及一些答题的说明。一般把问卷的主体又分为两部分：一是被调查者的背景资料，即关于个人的性别、年龄、婚姻状况、收入等问题；另一部分就是调查的基本问题。一般将这两部分分开，很多问卷出于降低敏感性的考虑把背景资料的问题放在基本内容的后面，这是可以的。

问题的内容通常包括三方面：有关行为方面的；有关态度或看法方面的；有关回答者基本情况方面的。问题的形式主要有开放式和封闭式两种。开放式问题，就是不为回答者提供具体答案，由回答者自由回答。封闭式问题，就是在提出问题的同时还给出若干个答案，要求回答者根据自己的情况进行选择填答。

（4）其他资料。如问卷名称、编号、问卷发放和回收日期，调查员、审核员姓名，被调查者住址，问题的预编码等。

（5）结语。表示感谢等，很多时候也可省略。

2. 调研问卷的设计原则

1）合理性

合理性指的是问卷必须紧密与调查主题相关，违背了这一点，再漂亮或精美的问卷都是无益的。如果问一个儿童对于婚礼的看法，这就缺乏起码的合理性。

2）一般性

即问题的设置是否具有普遍意义。这是问卷设计的一个基本要求，比如下面的问题。

问题：你通常选择哪一种广告媒体？

答案：a. 网络；b. 电视；c. 报刊杂志；d. 广播；e. 其他。

答案换一种形式：

a. 网络；b. 车票；c. 电视；d. 墙幕广告；e. 气球；f. 大巴士；g. 广告衫；h. 报纸……

如果设计的统计指标没有那么细，那么很有可能收回的问卷对于调研是无益的。

3）逻辑性

逻辑性的主要问题是前后不能矛盾，要有整体意识，从而使问卷成为一个相对完善的系统。例如：

一、你通常每日读几份报纸？

a. 不读报；b. 1 份；c. 2 份；d. 3 份以上。

二、你通常用多长时间读报？

a. 10 分钟以内；b. 半小时左右；c. 1 小时；d. 1 小时以上。

这两个问题设置紧密相关，因而能够获得比较完整的信息，这一点在系统性上是可以的。但是，该问题有一个缺陷，就是问题一的答案如果选了 a，那么填表者该如何面对问题二呢？

4）明确性

所谓明确性，事实上是问题设置的规范性。这一原则是指命题是否准确，提问是否清晰明确、便于回答，被访问者是否能够对问题做出明确的回答。

如上文问题中“10 分钟”“半小时”“1 小时”的设计是十分明确的。统计分析后可以得到结论：用时极短的概率为多少；用时一般的概率为多少；用时较长的概率为多少。反之，答案若设置为“10 分～ 60 分”或“1 小时以内”，则不仅不明确且难以说明问题，也会令被访问者很难作答。

另外，问卷中常有“是”或“否”一类的是非式命题。例如：

问题：您的婚姻状况？

答案：a. 已婚；b. 未婚。

显而易见，此题还有其他答案（离婚 / 丧偶 / 分居）。如按照以上方式设置则不可避免地会发生选择上的困难和有效信息的流失，而其症结就在于问卷违背了“明确性”原则，没有穷尽问题的可能性。

5）非诱导性

不成功的调查者经常会在调查中使用诱导性的问题。非诱导性指的是问题要设置在中性位置、不参与提示或主观臆断。例如：

问题：你认为这款婚戒对你的吸引力在哪里？

答案：a. 切割；b. 纯度；c. 重量；d. 颜色。

以上设置是客观的。如果答案设计成：a. 完美的切割；b. 极高的纯度；c. 诱人的重量；d. 炫目的颜色。这样一种设计明显具有了诱导和提示性，从而使信息失真。

6）便于整理

成功的问卷设计除了考虑到紧密结合调查主题与方便信息收集外，还要考虑到问卷分析的便利性和调查结果的说服力。因此，在设计问卷的时候，就要格式清晰，注意相关性和系统性。

案例 6-4

婚庆公司调研问卷的简单示例

××婚庆公司调研问卷

你好！感谢你百忙中抽时间来帮我们做调查。每个人都希望自己的婚礼可以特别、新颖，给人印象深刻，我们做了以下问卷来了解消费者对婚庆公司有什么不同的要求，力求为每位新人打造一个专属他们的浪漫婚礼。

已婚 5 年以上人士请勿作答。

一、你的性别：

A. 男　　B. 女

二、你的年龄：

A.20 以下　　B.20 ～ 25　　C. 26 ～ 30　　D.30 以上

三、你是否是独生子女？

A. 是　　B. 否

四、请问你的文化水平？

A. 初中以下　　B. 高中　　C. 大专　　D. 本科

E. 硕士　　F. 博士

五、你会选择在哪个年龄阶段结婚？

A.20 ～ 25　　B. 26 ～ 30　　C.31 ～ 35　　D. 35 岁以后

六、请问你的婚礼是请婚庆公司承办还是自主策划？

A. 请婚庆公司承办　　B. 自主策划

七、你认为你的婚礼的理想资金支出段是？

A.1 万元以下　　B.1~3 万元　　C.3~5 万元　　D.5 万元以上

八、你结婚而不选择婚庆方面服务的原因是什么？

A. 要花费很大的支出　　B. 婚礼由父母操办的

C. 想自己亲手筹备　　D. 不熟识这个行业

九、让你选择考虑婚庆公司服务的原因或出发点是什么？

A. 新颖的行业，尝试一下　　B. 节省自己的时间　　C. 有不同的婚礼方案供选择

十、请问你理想中的婚礼是什么？

A. 传统中式婚礼　　B. 西式婚礼　　C. 民族风情婚礼

D. 个性化婚礼（潜水、攀岩等）

十一、你认为婚庆公司的一条龙服务应该包含哪些项目？（多选）

A. 礼服与化妆　　B. 场景布置　　C. 舞台设计师　　D. 专业司仪

E. 新娘秘书　　F. 专业摄影摄像与制作　　G. 花车租用与装饰

H. 请柬、礼盒、胸花等用品　　I. 新娘捧花

十二、你最注重或是最愿意花钱的是哪个部分？

A. 婚车　B. 鲜花　C. 化妆、服装　D. 婚礼策划

E. 会场布置　F. 司仪、主持　G. 乐队、表演团　H. 摄像、摄影

I. 礼品赠送　J. 请柬设计制作和印刷

十三、请问你对婚纱摄影取景的要求是什么？

A. 室内布景　B. 户外　C. 特定景区　D. 海外取景

十四、请问你愿意在哪里举办婚礼？

A. 酒店　B. 礼堂　C. 草坪　D. 个性化地点

十五、你觉得婚庆公司最吸引你的地方是什么？

A. 方便周全　B. 专业服务　C. 服务态度

问卷编号：

问卷日期：

审核员：

6.2.6 调研抽样的方法

抽样调查是一种非全面调查，它是从全部调查研究对象中，抽选一部分单位进行调查，并据以对全部调查研究对象做出估计和推断的一种调查方法。显然，抽样调查虽然是非全面调查，但它的目的却在于取得反映总体情况的信息资料，因而，也可起到全面调查的作用。

根据抽选样本的方法，抽样调查可以分为概率（随机）抽样和非概率（非随机）抽样两类。概率抽样是按照概率论和数理统计的原理从调查研究的总体中，根据随机原则来抽选样本，并从数量上对总体的某些特征做出估计推断，对推断出可能出现的误差可以从概率意义上加以控制。而非随机抽样则是按照调查者主观确定的标准，从总体中抽取若干被调查单位，收集数据和信息。

1. 抽样方法的重要概念

1）总体

总体是指所要研究对象的全体。它是根据一定研究目的而规定的所要调查对象的全体所组成的集合，组成总体的各研究对象称之为总体单位。

2）个体

个体是指总体中的每一个考察对象。

3）样本

样本是总体的一部分，它是由从总体中按一定程序抽选出来的那部分总体单位所组成的集合。

4）样本的容量

样本中个体的数量称为样本的容量。

5）抽样框

抽样框是指用以代表总体，并从中抽选样本的一个框架，其具体表现形式主要包括总体全部单位的名册、地图等。抽样框在抽样调查中处于基础地位，是抽样调查必不可少的部分，其对于推断总体具有相当大的影响。

6）抽样比

抽样比是指在抽选样本时，所抽取的样本单位数与总体单位数之比。对于抽样调查来说，样本的代表性如何，抽样调查最终推算的估计值真实性如何，首先取决于抽样框的质量。

7）置信度

置信度又称可靠度，或置信水平、置信系数，即在抽样对总体参数做出估计时，由于样本的随机性，其结论总是不确定的。因此，采用一种概率的陈述方法，也就是数理统计中的区间估计法，即估计值与总体参数在一定允许的误差范围以内，其相应的概率有多大，这个相应的概率称为置信度。

8）抽样误差

在抽样调查中，通常以样本做出估计值对总体的某个特征进行估计，当二者不一致时，就会产生误差。因为由样本做出的估计值是随着抽选的样本不同而变化，即使观察完全正确，它和总体指标之间也往往存在差异，这种差异纯粹是抽样引起的，故称之为抽样误差。

9）均方差

在抽样调查估计总体的某个指标时，需要采用一定的抽样方式和选择合适的估计量，当抽样方式与估计量确定后，所有可能样本的估计值与总体指标之间离差平方的均值即为均方差。

2. 随机抽样方法

选取几种最重要的，日常应用便利的方法：

1）简单随机抽样法

这是一种最简单的一步抽样法，它是从总体中选择出抽样单位，从总体中抽取的每个可能样本均有同等被抽中的概率。：

2）等距抽样

等距抽样又称系统抽样或机械抽样，它是首先将总体中各单位按一定顺序排列，根据样本容量要求确定抽选间隔，然后随机确定起点，每隔一定的间隔抽取一个单位的一种抽样方式。根据总体单位排列方法，等距抽样的单位排列可分为三类：按有关标志排队、按无关标志排队以及介于按有关标志排队和按无关标志排队之间的按自然状态排列。按照具体实施等距抽样的做法，等距抽样可分为：直线等距抽样、对称等距抽样和循环等距抽样三种。

3）分群随机抽样

对总体按访问的方便性进行分群，要求各群之间在差异程度上尽可能相似，且每一群都尽量与总体的差异程度相似，按简单随机抽样抽出若干群，再对被抽取的群进行普查。分群抽样的主要优点在于调查方便。

4）分层随机抽样

当总体内各调查单位标志值差异显著时，可以按差异大小将总体单位分为若干层，使同一层内差异变小，而不同层之间差异仍较大，然后在每层内进行简单随机抽样，这称为分层随机抽样。在总抽样数量固定情况下，分层随机抽样的抽样误差要小于简单随机抽样。

3. 非随机抽样方法

按照调查者主观确定的标准从总体中抽取若干被调查单位，收集数据和信息。

1）方便抽样

调查者根据方便与可能主观随意抽取被调查单位的抽样方法。简便快捷，但代表性较差。

2）判断抽样

调查者根据主观判断选择适合调查目的的被调查单位。简便快捷，抽样误差与调查者的经验和判断力有很大的关系。

3）配额抽样

首先按调查者事先选定的分类控制特性对总体进行分类，这一点很像分层随机抽样，并规定各类中的抽样数量，但具体抽样操作是按判断抽样法进行的。调查者根据主观判断随意抽取被调查单位的抽样方法。

案例 6-5

采用某种抽样方法的现实案例

某工厂从老年、中年、青年职工中按 2∶5∶3 的比例选取职工代表。

检查站的警察每隔 5 辆车拦停一辆进行检查。

北京福利彩票开奖，方法是采用摇奖机摇奖。

某通信公司规定电话号码最后四位数是“6636”的人获三等奖。

6.3 婚庆市场预测

预测是对未来不确定事件的预报和推测，市场预测是关于市场未来状况的预报和推测。市场预测活动是在市场营销调研基础上，分析研究各种数据、资料和信息，运用科学方法技术，探讨供求趋势，预报和推测未来一定时期内供求关系变化的前景，从而为企业的营销决策提供科学依据。

6.3.1 市场预测的意义和内容

1. 市场预测的意义

市场预测的意义有：

（1）市场预测是管理决策职能的重要组成部分。

（2）可以预见市场未来发展趋势，为企业确定生产经营方向提供有参考意义的依据。

（3）可以预见消费者对商品具体需求变化的趋向及竞争对手供货变化的趋向，有利于企业改进产品设计、增强产品适销对路的能力。

2. 市场预测的内容

市场预测的内容包括：

（1）需求预测：需求总量预测；地区需求预测；需求影响因素变化预测。

（2）商品价格预测：价格总水平及走势和变化幅度预测；价格变化对生产经营及消费的影响预测。

（3）市场供应预测：某种商品的生产能力及其发展变化预测；政策变化对供应的影响预测。

（4）竞争预测：竞争对手数量、实力变化预测；主要竞争对手的产品、营销组合、经营战略的变化预测。

6.3.2 市场预测的方法

市场预测的方法主要分为定性预测方法和定量预测方法两大类，其侧重点有所不同，前者简单易行，特别适用于那些难以获取全面的资料进行统计分析的问题。定量预测是利用比较完备的历史资料，运用数学模型和计量方法来预测未来的市场需求。

1. 定性预测方法

根据经验来预测市场未来的变化，其特点是简便易行、经验色彩浓厚，但易受预测者心理和情绪的影响，预测精度难以控制。

1）相关推断法

根据市场经济变量之间的相关性，由某个市场经济变量的未来变化趋势对另一个市场经济变量的变化趋势进行预测。比如每当GDP增长率超过多少时，高端的婚庆服务产品销量就会增长，这是很好的推断指标。

2）对比类推法

利用预测目标与类似事物在不同时间、地点、环境下具有相似的发展变化过程的特点，通过对比分析推断其发展趋势。比如知道了美国每年结婚人口的比例增长幅度，由于全球经济一体化的影响，我国的增长幅度也应该会比较接近。

3）经验判断法

不要觉得经验判断是不科学的，很多时候富有经验的营销人员的判断往往比数据分析更加可靠，把营销经理和一线营销人员集中起来头脑风暴，或许会有惊喜。该方法的优点是省时省力、简便易行，充分考虑了销售人员熟悉市场、接触顾客的重要因素；缺点是受主观因素影响和当时市场形势影响过大，同时受销售人员个人对市场认识乐观和悲观倾向比较明显。

4）德尔菲法

德尔菲法（Delphi Method）是在20世纪40年代由O. 赫尔姆和N. 达尔克首创，经过T. J. 戈登和兰德公司进一步发展而成的。德尔菲这一名称起源于古希腊有关太阳神阿波罗的神话，传说中阿波罗具有预见未来的能力。因此，这种预测方法被命名为德尔菲法，一般又称专家意见法。1946年，兰德公司首次用这种方法用来进行预测，后来该方法被迅速广泛采用。

德尔菲法并不复杂，可以邀请一组婚庆行业专家，彼此互不见面，从第一轮开始把每一轮的意见汇总整理后提供给各位专家参考，然后进行下一轮，以此反复，一般三到四轮之后专家们的预测意见会趋向一致。

专家意见法的优点有：预测过程迅速、成本较低；在预测过程中，各种不同的观点都可以表达并加以调和；如果缺乏基本的数据，可运用这种方法加以弥补。专家意见法的主要缺点是：专家意见未必能反映客观现实；责任较为分散，估计值的权术相同；一般仅适用于总额的预测，而用于区域、顾客群、产品大类等的预测时，可靠性较差。

2. 定量预测方法

定量预测基本上分为两类，一类是时间序列模式，另一类是因果关系模式。下面介绍各模式中最简单的几种。

1）时间序列模式

（1）简单平均法：以一定观察期内时间序列观察值的简单算术平均作为下期预测值。适应时间序列无趋势的情况。

（2）加权平均法：以一定时期内时间序列观察值的加权算术平均数作为下期预测值。X_i 为第 i 个观察值；W_i 为第 i 个观察值的权重，一般越靠近当前，权重越大，越远离当前，权重越小，这样做的目的是使靠近当前的观察值在预测结果中的比重加大。适应于有一定趋势的时间序列。公式如下：

$$\overline{X}=\sum_{i=1}^{n}W_iX_i$$

例：某公交线路 3 到 7 月份客流量如下表，试以加权平均法预测 8 月份客流量。

月份	3	4	5	6	7
客流量（万人次）	15	13	16	17	14
权重	0.05	0.15	0.20	0.25	0.35

很好计算，即 8 月份的预测值为 15.05 万人次。同学们自己试试看。

（3）移动平均法：移动平均法的预测值实质上是以前观测值的加权和。

例：如果原有材料单价 a 元，数量 b，一次购入原材料实际单价 a_1 元，数量 b_1，那么当发出原材料时，发出成本的单价则为 $(a\times b+a_1\times b_1)/(b_1+b)$ 元。

2）因果关系模式

回归预测分析：一种因果关系预测法，通过历史数据的对应关系来分析事物间的因果关系和相互影响的程度。如果通过调研发现某两件事情之间似乎有一些对应关系，那么，通过取值、做散点图、建立数学模型，把表示原因的变量（即自变量）与表示结果的变量（即要预测的变量）以函数模型表示。如果散点图为直线，则 $Y=\beta_0+\beta_1X_1$，这是完全相关的情况。

关于回归预测分析，由于内容非常多，这里不做太多介绍。大家可以专门学习应用的软件来分析，如 STATA、SPSS 等。

总结上述市场预测的知识，需要注意的是，任何时候不能做刻板的预测，应该根据实际情况灵活运用各种方法，不一定越复杂的方法得出的结论就越精确。

案例 6-6

某机构对中国婚庆市场发展预测的修正

2014 年，全国办理结婚登记 1 306.7 万对，其中，内地居民登记结婚 1 302.0 万对，涉及港澳台居民登记结婚 4.7 万对。2015 年，全国办理结婚登记 1 224.7 万对，同比下降 6.3%。2016 年 1—6 月，全国办理结婚登记 604.3 万对，同比下降 2.6%。综合以上因素，该机构预计，2017 年我国结婚登记人数将达到 1 184 万对，未来五年（2017—2021）年均复合增长率约为 1.91%，2021 年结婚登记人数将达到 1 278 万对。

实际情况，2017 年全国结婚登记 1 059.1 万对，其中涉外及港澳台 4.0 万对。结婚登记较 2016 年的 1 142.8 万对减少了 83.7 万对，与其预测相去甚远。

2018 年初，该机构重新预测，认为 2018 年我国结婚登记人数将达到 996 万对，未来五年（2018—2022）年均复合增长率约为-4.50%，2022 年将达到 828 万对。

小　　结

1. 市场营销调研和营销信息系统对现代企业的成功具有关键意义，这个系统把营销人员和顾客的信息联结起来，并帮助决策。一个设计很好的系统，从开始到结束都与用户紧密相连，其目的是向营销人员提供从质和量上讲都正确的信息。

2. 调研过程从评估信息需要开始，先是通过会见经理们和调查，决定哪些信息是必要和可行的。然后，研究人员通过市场营销信息系统，处理数据并帮助经理们有效地运用这些信息。

3. 市场营销研究过程有四个步骤，信息的收集要针对公司面对的问题。

第一步，经理和研究人员需要确定问题并设计研究目标，这些研究可能是探索性研究、比较性研究或因果研究；

第二步，他们为收集间接数据和直接数据制定一个研究计划，直接数据的收集更复杂一些，要选定研究方法、联系方法，设计抽样计划和确定研究手段；

第三步，执行研究计划，包括收集、处理、分析信息；

第四步，要解释和报告研究结果，这些研究结果要适时地送给有关管理人员，帮助他们有的放矢，制定决策。

4. 市场预测的方法主要分为定性预测方法和定量预测方法两大类。

关键概念

信息　市场调查　市场营销信息系统　问卷调查　抽样方法　市场预测

习　　题

一、简答题

1. 一个理想的市场营销信息系统一般应具备什么条件？

2. 设计调查问卷时应遵循哪些主要的原则？

3. 销售人员经验判断法的优缺点有哪些？

4. 德尔菲预测法的优缺点有哪些？

二、实训题

【实训项目 1】

调查问卷设计实训。

【实训目的】

了解调查问卷作用和对企业营销决策的意义，掌握问卷的格式，熟悉设计时的重要原则，能够自行设计出科学有效的问卷。

【实训内容】

教师列出问卷目的和要求，学生利用理论知识分析问题，并分组进行设计。

【实训步骤】

1. 教师提出基本要求。

2. 学生进行设计。

3. 学生分组完成后教师随机抽查，并要求在班级汇报。

4. 学生提出问题。

5. 教师进行点评、总结。

【实训项目 2】

模拟抽样方法。

【实训目的】

通过模拟掌握市场调研时的抽样方法。

【实训内容】

教师抽样要求，学生利用理论知识分析问题，并分组进行抽样设计。

【实训步骤】

1. 教师提出基本要求。

2. 学生进行设计。

3. 学生分组完成后教师随机抽查，并要求在班级汇报。

4. 学生提出问题。

5. 教师进行点评、总结。

【完成任务】

1. 设计完整的抽样问卷，选择小范围测试，并形成报告。

2. 在课堂上汇报。

3. 将设计的方案交给教师。

第7章 婚庆目标市场营销

学习目标

通过本章的学习，你应该能够：

- 领会并解释市场细分，明确细分市场的基础；
- 列出并区分进行有效市场细分的条件：可测量性、可接近性、实质性和可操作性；
- 举例说明优势定位的概念；
- 讨论选择和执行市场定位的策略，并以产品、服务、形象差异为基础比较几种定位。

导入案例

婚庆旅游公司的市场细分

A公司是经营婚庆旅游产品的企业，由于自身资源实力有限，不可能向市场提供能够满足一切需求的产品和服务，为了集中资源优势进行有效竞争，拟选择最有价值的目标细分市场。A公司对市场的细分如下：

新婚蜜月游

这一细分市场的变量中青年人人群数量大，占人口总数的比例高，是新婚蜜月游的重要组成部分。青年人活泼好动追求新奇的特征使得他们在结婚时出游的可能性最大。另外，数据显示青年人的消费观念、消费结构的改变一直较为领先。青年人巨大的人口数量和消费偏好决定了婚庆旅游市场的巨大潜力。

金婚游、银婚游、纪念游

随着经济的快速发展，人们收入水平不断提高以及随之而来的思想意识、价值观念的转变，中老年人的生活态度和生活方式也随之改变，传统的“重积蓄、轻消费”“重子女、轻自己”的价值观念逐渐弱化，中老年人的消费需求逐渐向高品质和多元化方向发展。一般来说，中老年人拥有更多的闲暇时间和金钱，他们希望并且有能力在晚年生活中享受幸福和欢乐，重弹爱情的赞歌，重享青春的温馨。此外，越来越多的子女也希望自己单身的父亲或母亲再次选择伴侣一起度过晚年生活，享受天伦之乐。

根据公司面对的细分市场，分析公司内部的各种条件，结合外部宏微观环境分析，A 公司营销部门进行了策略调整，认为公司应该收缩战线，将大部分资源用于中老年人市场，而新婚蜜月游市场作为一般的维持性项目继续经营。这一策略调整的理由是：中老年市场处于上升期，且竞争相对较弱，虽然产品单价不能太高，利润有限，但是成长性较好；而新婚蜜月旅行行业竞争激烈，对于小规模公司来说，竞争压力过大。

理论知识

目标市场营销（Target Marketing）是指企业识别各个不同的购买者群体，选择其中一个或几个作为目标市场，运用适当的市场营销组合，集中力量为目标市场服务，满足目标市场的需要。目标市场营销（STP 营销）由三个步骤组成：

（1）市场细分（Segmentation）。

（2）目标市场选择（Target）。

（3）市场定位（Positioning）。

这三个步骤是一个逻辑严密的连续的过程，如图 7-1 所示。

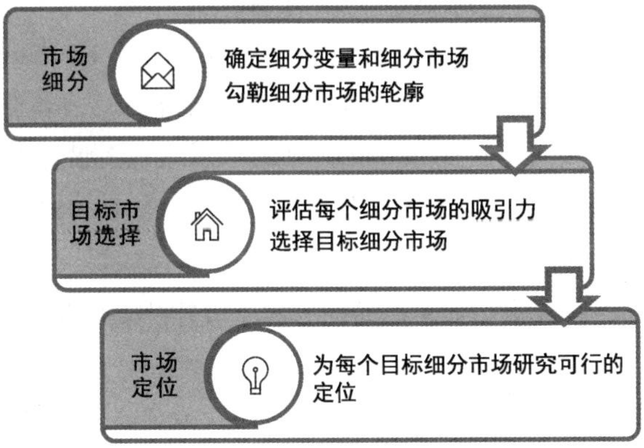

图 7-1　STP 营销的三个步骤

7.1 市场细分

所谓市场细分就是企业根据消费者需求、欲望及购买行为的差异性，将某种产品的整个市场划分为若干个相类似的消费者群（子市场）的过程。这个概念是 1956 年由美国营销学家温德尔·斯密（Wendell Smith）提出的。

经过市场细分的子市场之间消费者具有较为明显的差异性，而在同一子市场之内的消费者则具有相对的类似性。因此，市场细分是一个同中求异、异中求同的过程。

7.1.1 市场细分的原因与意义

1. 市场细分的理由

为什么要进行市场细分呢？把所有的钱都挣到手不好吗？

（1）消费者需求的差异性。

（2）生产者竞争的日趋激烈。

（3）企业资源的有限性。

上述三个原因是逻辑演进的，要正确理解。因为市场需求的差异性，产品必须具备差异性。根据第 2 章所学的知识可知产品越单一，规模越大，则边际成本就越低，才能对应激烈的市场竞争，比如价格战。但是企业的资源总是有限的，难以应对消费者越来越细分的全部消费需求，所以市场细分是无奈的选择。

2. 市场细分的作用

市场细分的功用，基本上就是为了应对资源的有限性。

（1）有利于选择目标市场和制定营销策略。

（2）有利于发掘市场机会，开拓新市场。

（3）有利于集中人力、物力投入目标市场。

（4）有利于企业提高经济效益。

案例 7-1

市场细分一定会有效吗？

福特汽车公司曾经在 20 世纪 50 年代打算专门为身高不超过 1.2 米的人群生产特制汽车，如特殊的产品设计、与大众化汽车生产不同的生产线及工装设备，这当然会造成成本的大量增加，但也确实能更好地满足特殊消费者的需求。但是结果很不理想，福特公司通过市场调研与细分研究后，发现这一汽车细分市场的需求极其有限，人口较少，盈利前景暗淡，于是最终放弃了这一构想。

那么，类似的道理，想一想我们能不能开发一款专门针对残疾人的婚礼仪式呢？

7.1.2 市场细分的标准与变量

市场细分并非只有一种方法，一个市场营销人员必须考虑各种市场细分的因素：一个或一组，然后找出最好的考察市场结构的方法。表 7-1 列出了能用于细分消费者市场的主要因素，主要是考察地理、人口、心理和行为以及利益追求等因素。

表7-1 市场细分的标准与变量

细分标准	细分变量
地理因素	地理位置、城镇大小、地形、地貌、气候、交通状况、人口密集度等
人口统计因素	年龄、性别、职业、收入、民族、宗教、教育、家庭人口、家庭生命周期等
心理因素	生活方式、性格、购买动机、态度等
行为因素	购买时间、购买数量、购买频率、购买习惯(品牌忠诚度)、对服务、价格、渠道、广告的敏感程度等

1. 按地理因素细分（Geographical Segmentation）

按地理因素细分，就是按消费者所在的地理位置、地理环境等变数来细分市场，处在不同地理环境下的消费者，对于同一类产品往往会有不同的需要与偏好。例如对汽车的选购，城市居民喜欢式样新颖的环保型车，甚至电动车，而农村的居民注重坚固耐用的多功能车等。因此，对消费品市场进行地理细分是非常必要的。

1）地理位置

可以按照行政区划来进行细分，也可以按照地理区域来进行细分。在不同地区，消费者的需求显然存在较大差异，划分依据要灵活采用。

2）城镇大小

可划分为大城市、中等城市、小城市和乡镇。处在不同规模城镇的消费者，在消费结构方面存在较大差异。

3）地形和气候

如果要举行室外的婚礼、目的地婚礼等，地形和气候就是必须要反复考虑的因素。

2. 按人口统计因素细分（Demographic Segmentation）

按人口统计因素细分，就是按年龄、性别、职业、收入、家庭人口、家庭生命周期、民族、宗教、国籍等变数，将市场划分为不同的群体。由于人口变数比其他变数更容易测量，且适用范围比较广，因而人口变数一直是细分消费者市场的重要依据。

1）年龄

不同年龄段的消费者，由于生理、性格、爱好、经济状况的不同，对消费品的需求往往存在很大的差异。因此，可按年龄将市场划分为许多各具特色的消费者群，如儿童市场、青年市场、中年市场、老年市场等。从事服装、食品、保健品、药品、健身器材、书刊等商品生产经营业务的企业，经常采用年龄变数来细分市场。本章开篇的“导入案例”就是以年龄为标准，将婚庆旅游市场细分为新婚蜜月旅行与中老年人的金婚旅行、纪念日旅行等产品市场。

2）性别

按性别可将市场划分为男性市场和女性市场。不少商品在用途上有明显的性别特征。美容美发、化妆品、珠宝首饰、服装等许多行业，长期以来按性别来细分市场。

3）收入

收入的变化将直接影响消费者的需求欲望和支出模式。根据平均收入水平的高低，可将消费者划分为高收入、次高收入、中等收入、次低收入、低收入五个群体。汽车、旅游、房地产等行业一般按收入变数细分市场。

4）民族

世界上大部分国家都拥有多种民族，我国更是一个多民族的大家庭，除汉族外，还有 55 个少数民族。这些民族都各有自己的传统习俗、生活方式，从而呈现出各种不同的商品需求。只有按民族这一细分变数将市场进一步细分，才能满足各族人民的不同需求，并进一步扩大企业的产品市场。民族划分标准是婚庆行业的重要标准，需要特别重视。

小资料

民族婚礼文化节

2018 年 9 月 15 日晚，中国·首届民族婚礼文化节在临河区国泰王府商业街开幕。

本届民族婚礼文化节历时 5 天，由市委宣传部、中国通俗文艺研究会、中国少数民族文化艺术促进会主办，主题为“展现民族文化魅力，彰显传统婚俗礼仪，促进婚庆产业发展”。

其间，将展现汉族、藏族、回族、彝族、朝鲜族、满族、白族、土家族、蒙古族的民族婚礼特色仪式；举办婚庆用品展、中蒙俄商品展、全国名优特商品展、巴彦淖尔市7个旗县区绿色有机食品展、非物质文化遗产展、国际美食展以及民族婚礼服饰节选展示、民族婚礼礼器节选展示、民族婚礼歌舞节选展示等。

（资料来源：内蒙古新闻网，http://inews.nmgnews.com.cn/system/2018/09/17/012568746.shtml）

5）职业

不同职业的消费者，由于知识水平、工作条件和生活方式等不同，其消费需求存在很大的差异。

6）教育状况

受教育程度不同的消费者，在志趣、生活方式、文化素养、价值观念等方面都会有所不同，因而会影响他们的购买种类、购买行为、购买习惯。

7）家庭人口

可分为单身家庭（1人）、单亲家庭（2人）、小家庭（2~3人）、大家庭（4~6人，或6人以上）。家庭人口数量不同，在住宅大小、家具、家用电器乃至日常消费品的包装大小等方面都会出现需求差异。

3. 按心理因素细分（Psychographic Segmentation）

按心理因素细分，就是将消费者按其生活方式、性格、购买动机、态度等变数细分成不同的群体。

1）生活方式

越来越多的企业，如服装、化妆品、家具、娱乐等行业，重视按人们的生活方式来细分市场。想一想，每年假期多和假期少，对婚礼和婚庆旅游等服务会有什么影响？

2）性格

消费者的性格对产品的喜爱有很大的关系。性格外向、容易感情冲动的消费者往往好表现自己，因而他们喜欢购买能表现自己个性的产品；性格内向的消费者则喜欢大众化，往往购买比较质朴平常的产品；富于创造性和冒险心理的消费者，则对新奇、刺激性强的商品特别感兴趣。

3）利益追求

消费者对所购产品追求的利益主要有实用、面子、求新、性价比、习俗等，这些都可作为细分的变量。例如，有人购买汽车为了通勤便利，有人是为了心理安慰，有人则为了体现自身的经济实力等。因此，企业可对市场按利益追求变数进行细分，确定目标市场。

4. 按行为因素细分（Behavioural Segmentation）

就是按照消费者购买或使用某种商品的时间、购买数量、购买频率、对品牌的忠诚度等变数来细分市场。

1）购买时间

许多产品的消费具有时间性，烟花爆竹的消费主要在春节期间，月饼的消费主要在中秋节以前，旅游点在旅游旺季生意最兴隆。因此，企业可以根据消费者产生需要、购买或使用产品的时间进行市场细分，前面的导入案例里，新婚蜜月旅行总是在假日比较多，而老年人的金婚，纪念时间不好确定。

2）购买数量

分为大量用户、中量用户和少量用户。大量用户人数不一定多，但消费量大，许多企业以此为目标，反其道而行之也可取得成功。婚庆服务的大量采购情况很少见，但也并不是没有。

3）购买频率

据此可分为经常购买、一般购买、不常购买（潜在购买者）。例如，小学生经常购买铅笔，高年级学生按正常方式购买，而工人、农民则不常买。婚庆服务产品，大多数消费者的购买频率都只有一次。

4）购买习惯

据此可将消费者划分为坚定品牌忠诚者、多品牌忠诚者、转移的忠诚者、无品牌忠诚者等。例如，有的消费者忠诚于某些产品，如苹果手机、耐克球鞋等；有的消费者忠诚于某些服务，如某航空公司、某某酒店或饭店等，或忠诚于某一个机构、某一项事业等。许多婚庆行业的资深从业者认为，由于服务产品的特殊性，婚庆公司的品牌忠诚度非常低。

7.1.3　市场细分的原则

企业进行市场细分的目的是通过对顾客需求差异予以定位，来取得较大的经济效益。众所周知，产品的差异化必然导致生产成本和推销费用的相应增长，所以，企业必须在市场细分所得收益与市场细分行为导致增加成本之间做一权衡。由此，可得出有效的细分市场必须具备以下特征：

1. 可衡量性

指各个细分市场的购买力和规模能被衡量的程度。如果细分变数很难衡量，就无法界定市场。

2. 可赢利性

指企业新选定的细分市场容量足以使企业获利。

3. 可进入性

指所选定的细分市场必须与企业自身状况相匹配，企业有优势占领这一市场。可进入性具体表现在信息进入、产品进入和竞争进入。考虑市场的可进入性，实际上是研究其营销活动的可行性。

4. 差异性

指细分市场在观念上能被区别，并对不同的营销组合因素和方案有不同的反应。

5. 稳定性

指细分后的市场有相对应的时间稳定。细分后的市场能否在一定时间内保持相对稳定，直接关系到企业生产营销的稳定性。特别是投资较大、投资周期长、转产慢的企业，如果没有稳定的细分市场，容易造成经营困难。

案例 7-2

苹果 iPad 的市场细分

当苹果 iPad 推向市场时，业界很多专家对该产品都表示怀疑，因为这个产品明显有很多缺陷，比如没有 USB 接口、没有物理键盘、没有摄像头、在编辑长文档的时候相当痛苦、还不能执行多任务等。

于是，媒体记者带着专家们的质疑采访乔布斯，向他提出了这些问题。乔布斯的回答非常干脆："iPad是为信息消费者而不是为信息制造者开发的！"

很显然，苹果将顾客划分信息消费者和信息制造者两个细分市场，通俗地讲，就是指用于娱乐休闲还是用于办公。iPad的目标客户就是信息消费者，他们的主要需求是上网、社交、娱乐、玩游戏、分享照片等。事实证明iPad对目标客户的核心需求提供了非常好的使用体验，找准了细分市场中差异化最明显的特征，从而使其成为革命性的一个产品。

7.1.4 市场细分的步骤

市场细分作为一个比较、分类、选择的过程，需要按照一定的程序来进行，通常有以下几步：

1. 正确选择市场范围

企业根据自身的经营条件和经营能力确定进入市场的范围，如进入什么行业，生产什么产品，提供什么服务。

2. 列出潜在顾客的需求

根据细分标准，比较全面地列出潜在顾客的基本需求，作为以后深入研究的基本资料和依据。比如需要列出婚庆市场所有可能的客户群体，描述他们的需求。

3. 初步划分市场

企业将所列出的各种需求通过抽样调查进一步搜集有关市场信息与顾客背景资料，然后初步划分出一些差异最大的细分市场，至少从中选出三个细分市场。

4. 筛选

根据有效市场细分的原则，对所有细分市场进行分析研究，剔除不合要求或者多余的细分市场。

5. 命名细分市场

为便于操作，可结合各细分市场顾客的特点，用形象化、直观化的方法为细分市场命名，如婚礼细分市场可分为传统型、烛光型、草坪型、教堂型、水上型、花卉型等。

6. 复核

进一步对细分后选择的子市场进行调查研究，充分认识各细分市场的特点，本企业所开发的细分市场的规模、潜在需求，还需要对哪些特点进一步分析研究等。

表7-2是一个牙膏细分市场成型的简单模型。

表7-2 牙膏的市场细分

标准	人口统计	地理	心理	行为	代表品牌
变量	大家庭； 成熟男性； 女性； 年轻人； 儿童	地方特色饮食偏辣； 地方饮食偏酸； 偏甜	低价、防止蛀牙、洁齿、好口味； 忧虑、保守； 喜好社交； 自我享乐主义	大量购买； 节日应酬时买； 每月定期购买； 认准品牌购买	品牌A 品牌B 品牌C

按照基本步骤列出要素后，可以初步划分某个细分市场。比如，从大家庭这个因素开始，加上某区域日常饮食较辣的地区，加上消费者心理上希望产品价廉物美，而且需要大量购买，最后可以大致勾勒出某个颇具性价比的品牌来。用同样的方法描述多个子市场，然后再进行筛选。

7.2　目标市场选择与进入

在市场细分的基础上，企业根据自身优势，从细分市场中选择一个或若干个子市场作为自己的目标市场，并针对目标市场的特点展开营销活动，以期在满足顾客需求的同时，获取更大的利润。

7.2.1　目标市场选择策略

经过评估后，可能得出许多可供进军的细分市场，这时企业就要进一步选择，即决定向哪个市场或多少个市场进军，也就是做出市场覆盖宽度的决策。一般有五种市场覆盖模式：

1. 市场集中化

即企业只生产一种产品，专门满足某个特定的市场，如图 7-2 所示。企业的生产活动和营销活动都集中在市场 M_1 上的产品 P_2，集中精力经营这个市场。一般实力薄弱的小企业往往会选择这种策略。

2. 产品专业化

企业提供一种产品，面向各类市场，如图 7-3 所示。这种策略一般适用于消费和使用面广的产品，企业可能会提供一种产品满足市场上各类消费者的需要。

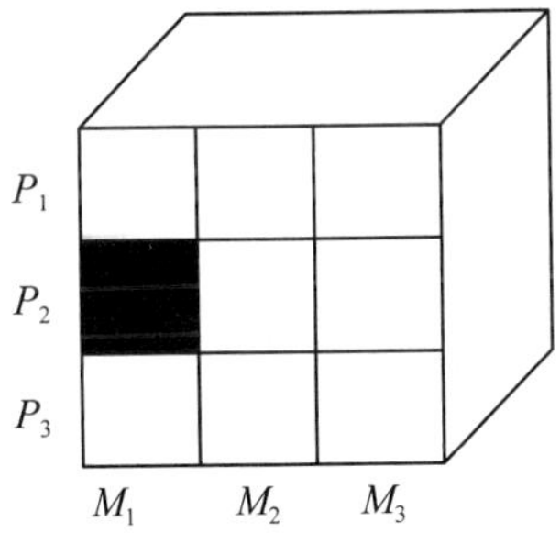

图 7-2　集中单一市场的覆盖模式

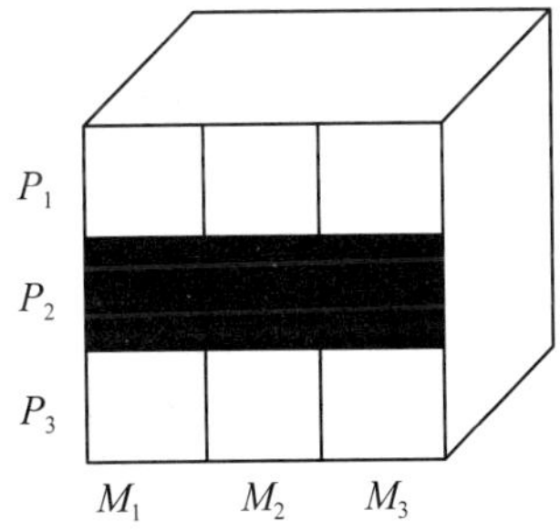

图 7-3　产品专业化的覆盖模式

3. 市场专业化

企业针对一个特定的市场，关注和致力于满足这个市场内各种需求，如图 7-4 所示。这时，企业会针对这个特定的市场提供各类产品，比如只为老年人设计婚庆产品，但是可以满足各种要求。

4. 有选择的专业化

企业根据对市场的分析，发现几个具有吸引力的目标市场，企业也有能力满足，这些细分市场可能没有必然联系，企业为这些市场提供的产品也可能没有一定的联系，如图 7-5 所示。企业根据各个不同市场的特点，分别设计和制造产品、差异性地实施营销策略，采用这种策略一般对企业规模、实力、管理协调能力和整体经营素质要求较高。

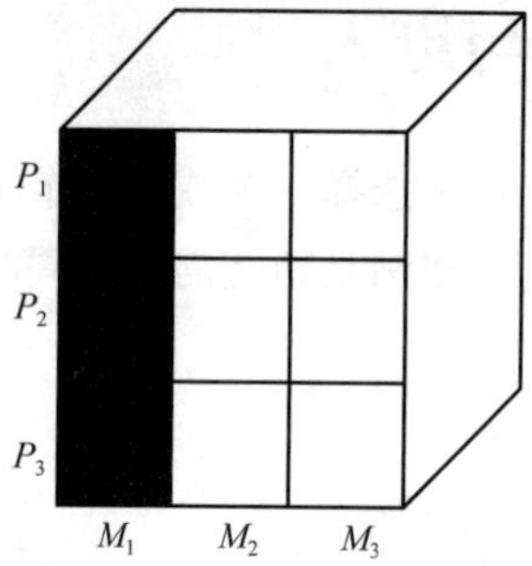

图 7-4　市场专业化的覆盖模式

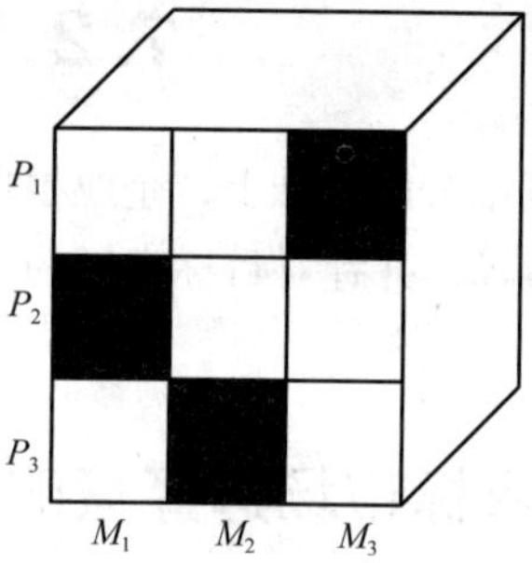

图 7-5　有选择专业化的覆盖模式

5. **全面覆盖**

一般是大型企业或者市场领先企业采用的策略，这种策略可能致力于为市场上每个不同类型的消费者提供各类产品。

企业的市场覆盖模式不是一成不变的，一般要根据市场和环节的变化动态调整，它既受到市场特性、市场环境的影响，也受到企业能力和条件的制约，同时还与企业经营战略、经营打算有关。

7.2.2　目标市场进入策略

当已经选择一个或几个具有吸引力、有利于发挥企业优势的细分市场作为本企业的目标市场时，下一步要综合考虑产品特性、竞争状况和自身实力，针对不同的目标市场选择营销策略，也就是进入选定市场的方式。

1. **无差异市场营销策略**

指企业无论选定几个市场，都只推出一种产品，或只用一套市场营销策略。当企业判断各个细分市场之间很少差异时可考虑采用这种大量市场营销策略。

无差异性营销的优点是产品单一，有利于标准化与大规模生产，从而降低研究开发、设计、促销等成本费用，能以低成本取得市场竞争优势。缺点是忽视了各细分市场需求的差异性，很难想象所有人的婚礼都穿一套婚纱的情景。尤其是一旦竞争者采取差异化或集中化的营销策略，企业必须放弃无差异营销，否则，顾客会大量流失。

无差异策略适用于当人们对价格很敏感时。

2. **差异化市场营销策略**

指企业根据各个细分市场的特点，相应扩大某些产品的花色、式样和品种，或制定不同的营销计划和办法，以充分适应不同消费者的不同需求，吸引各种不同的购买者，从而扩大各种产品的销售量。

差异化营销的优点是企业在产品设计、推销宣传等营销策略方面能针对不同的子市场，有的放矢，从而有利于提高产品的竞争力，提高市场占有率；此外还有利于建立企业及品牌的知名度。缺点是多品种生产，势必增加生产及营销成本，增加管理的难度。因此，该策略多为实力雄厚的大企业所采用。

3. **集中化市场营销策略**

这是指企业将一切市场营销努力集中于一个或少数几个有利的细分市场。

集中性营销的优点是目标市场集中，企业资源集中，能快速开发适销对路的产品，树立和强化企业和产品形象，也有利于降低生产成本，节省营销费用，增加企业盈利。缺点是目标市场狭小，经营风险较大。一旦市场需求突然发生变化，或出现更强的竞争对手，企业就可能陷入困境。该策略适用于实力弱，资源少的小型企业。

案例 7-3

某婚庆公司的营销策略选择

某公司面对的环境和企业自身状况如表 7-3 所示，那么，在三种不同的情况下，企业该采用什么样的营销进入策略呢？

表7-3　某公司面对的环境及自身状况

环境及自身状况	策略1	策略2	策略3
产品特性	同质	异质	异质
各市场需求	差异小	差异大	差异大
市场竞争者	少	多	多
企业实力	强	弱	强

7.3　市场定位

2001 年，美国市场营销学会（AMA）评选有史以来对美国影响最大的营销观念，结果不是劳斯・瑞夫斯的 USP（独特的销售主张）、大卫・奥格威的品牌形象，不是菲利普・科特勒所构架的营销管理及顾客让渡价值理论，也不是迈克尔・波特的竞争优势理论，而是“定位”理论。

市场定位是由美国营销学家艾・里斯和杰克・特劳特在 1972 年提出的，是指企业根据竞争者现有产品在市场上所处的位置，针对顾客对该类产品某些特征或属性的重视程度，为此企业产品塑造与众不同的、给人印象鲜明的形象，并将这种形象生动地传递给顾客，从而使该产品在市场上确定适当的位置。另外，市场定位策略还是一种竞争策略，它显示了一种产品或一家企业与类似的产品或企业之间的竞争关系。

用通俗的话来说，定位就是我这家婚庆公司将提供什么样的产品和服务，我的公司多大规模，希望把婚礼产品卖给谁，准备采用什么方法和同行竞争。

市场定位的一般步骤是根据市场定位的内容，考虑影响定位的环境因素，采用前述的差异化手段，确定竞争策略。市场定位的内容主要是以下四方面：

1. 产品定位

产品定位（见图 7-6）的理念可归纳为以下三项：

（1）产品在目标市场上的地位如何，是高质量的形象吗？

（2）产品在营销中的利润如何，可以怎样定价？

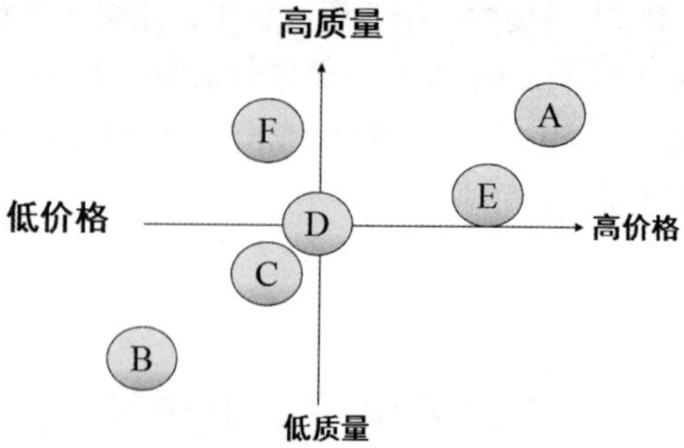

图 7-6　产品价格与质量定位

（3）产品在竞争策略中的优势，如性价比如何？

当然，产品定位可以从各个方面进行，并不一定只围绕性价比进行。部分产品定位实例如下：

Wal-Mart（沃尔玛）——天天低价。

McDonald's（麦当劳）——卫生方便的快餐。

7-Up（七喜）——我们不是可乐。

DELL（戴尔）——可个人定制的品牌电脑。

2. 企业定位

企业定位是指企业通过其产品及其品牌，基于顾客需求，将其企业独特的个性、文化和良好形象，塑造于消费者心目中，并占据一定位置。具体地说，即提前规定好企业形象、塑造品牌、规模、员工能力、可信度等各个方面内容。

3. 消费者定位

消费者定位是指对产品潜在的消费群体进行定位，也就是可以从市场细分的标准里直接提取所需的子市场。消费者定位本质上是依据消费者的心理与购买动机，寻求其不同的需求并不断给予满足。表面上看，消费者定位是描述企业的目标顾客群，以及竞争策略下的潜在消费者。

4. 企业竞争定位

竞争定位是指突出本企业产品与竞争者同档产品的不同特点，通过评估选择，确定对本企业最有利的竞争优势并加以开发。

1）创新定位

寻找新的尚未被占领但有潜在市场需求的位置，填补市场上的空缺，生产市场上没有的、具备某种特色的产品。

2）迎头定位

迎头定位策略是指企业根据自身的实力，为占据较佳的市场位置，不惜与市场上占支配地位的、实力最强或较强的竞争对手发生正面竞争，而使自己的产品进入与对手相同的市场位置。比如百事可乐对可口可乐。

3）避强定位

避强定位是指企业力图避免与实力最强的或较强的其他企业直接发生竞争，而将自己的产品定位于另一市场区域内，使自己的产品在某些特征或属性方面与最强或较强的对手有比较显著的区别。

4）重新定位

企业在选定了市场定位目标后，如定位不准确或虽然开始定位得当，但市场情况发生变化时，就应考虑重新定位。重新定位是以退为进的策略，目的是为了实施更有效的定位。

小　结

1. 目标市场营销策略的第一步是市场细分，这个步骤把市场分为几个有明显区别的购买者群体，他们可能适合某些产品或营销策略。

2. 市场可以根据不同的因素来细分，市场营销人员经常试用几种方法，为的是看哪种方法机会最多。对于消费者产品来说，常用的细分因素是地理、人口、心理和行为。

3. 有效的市场细分工作必须要能够找到可测量的、可接近的、可盈利的、有差异性和具有一定稳定性的子市场。

4. 首先衡量子市场的规模、发展潜力、结构方面的吸引力和决定子市场是否与企业的资源和目标相一致。然后，企业需要选择五种市场覆盖策略中的一种。

5. 销售者可以忽视子市场的存在，而使用无差异营销策略；也可以使用差异营销策略去发展不同产品适应各个子市场；还可以用集中式营销策略瞄准一个和几个适当的子市场。策略的选择主要是看企业的资源、产品种类、产品生命周期的阶段和市场竞争策略。

关键概念

市场细分　选择目标市场　市场定位　无差异性营销　差异性营销　集中式营销

习　题

一、简答题

1. 市场细分应遵循的基本原则是什么?

2. 简述选择目标市场的三种策略。

3. 简述市场定位及其方式。

4. 想想你营销课班上的同学，你能用别名把他们分成不同的小组吗？解释一下你细分时使用的主要因素。

二、实训题

【实训项目】

婚庆市场细分步骤实训。

【实训目的】

了解市场细分的原理、要素和方法，能够自己动手对一般的某个行业无形服务类市场进行市场细分。

【实训内容】

教师列出需要细分的市场，规定细分的范围和规模，学生利用理论知识分析问题，并分组进行市场细分实训。

【实训步骤】

1. 教师提出基本要求。
2. 学生进行准备。
3. 学生分组完成市场细分方案，并要求在班级汇报。
4. 学生提出问题。
5. 教师进行点评、总结。

【完成任务】

1. 获得某个市场的相关数据，细分该市场，并形成报告。
2. 在课堂上用 PPT 汇报。
3. 将设计的方案交给教师。

第8章 婚庆产品策略

学习目标

通过本章的学习，你应该能够：

• 理解定义产品的概念，包括核心产品、形式产品和附加产品；

• 理解产品市场生命周期及四个阶段；

• 解释产品系列及产品组合决策，描述产品系列的延伸与补充，产品系列的更新，产品系列的重点和产品系列的宽度与深度；

• 比较产品系列延伸策略、品牌延伸策略、多品牌策略和新品牌策略的差异。

导入案例

某连锁酒店的服务产品层次

酒店产品是一种整合性质的服务产品，包括有形（酒店客房、设备设施等）和无形（酒店服务）两部分，是对酒店服务人、物、空间要素的整合。酒店产品策略就是要求连锁酒店从产品的整体概念出发来推广产品。根据菲利普·科特勒营销管理的产品理念，该酒店将产品划分为五个层次，即核心产品、形式产品、期望产品、延伸产品以及潜在产品。

核心产品

酒店服务的核心产品是客人住店所需要的基本利益，是顾客真正所购买的服务和利益，即住宿或餐饮的需要得到满足，即“食宿”需求。值得注意的是，酒店产品是以满足顾客的需要为中心的，因此酒店的核心利益和价值是由顾客决定的，而非酒店自身决定的，酒店要成功吸引顾客，必须认清顾客所追求的核心利益，并对应提供核心产品。

形式产品

酒店的形式产品是酒店提供产品的基本形式，是酒店核心利益所依托的有形部分，如该酒店所提供给客人的客房、客房内的各种物品、餐厅会议室、娱乐休闲设施等。形式产品是酒店产品的实体性基础。

期望产品

酒店的期望产品是在酒店形式产品基础上提供的属性和条件。如客人期望酒店服务人员热情又有礼貌、环境安静优雅、客房干净整洁等。期望产品是酒店产品必不可少的组成部分，直接影响客人对酒店的评价，对产品策略意义重大。

延伸产品

酒店附加产品是酒店在核心利益之外所追加的服务和利益，是酒店为了更好地满足客人特殊需要而增加的服务项目，如酒店提供的房内送餐服务、商务中心服务、洗衣服务等。附加产品可凸显酒店特色，从而把本酒店与其他连锁酒店区分开来。

潜在产品

潜在产品是酒店可能会实现的新的住宿形式，显示了酒店的发展前景。

酒店产品策略要求酒店从这五个层次来提高酒店产品效用，满足消费者的利益。

（资料来源：http://jiudian.jiameng.com/news/43481_1.htm）

理论知识

8.1 什么是产品

通常把产品（Product）定义为能够在市场上得到的，并能够满足人们欲望和需要的任何东西，它们在市场上会引起人们的注意，人们要使用和消费它们。产品不仅是指那些看得见的产品，广义的产品包括实物、服务、人员、场所、组织、设计或所有这些的组合。服务（Service）是广义概念下的产品，它包含以销售为目的而提供的活动场所、利益或满足，如理发、税务服务、家庭装修等。婚礼也是一种服务产品，与有形产品有所不同，但是归根结底也是一种可供出售的商品，具备广义上的产品特征。

8.1.1 婚庆市场上的产品

在婚庆市场上，产品的种类比较复杂，从广义上看，可以分为服务产品与实物产品两部分。本书主要是以婚庆服务产品为研究对象。服务产品和实物产品相比，具有以下几个特性：

（1）无形性。

（2）不可分离性。

（3）可变性。

（4）不可存储性。

1. 婚庆市场上的服务产品样式

现在主要讨论的是以综合性婚庆企业为出发点的功能相对完备的婚礼产品，每一个产品中包含了策划、场地布置、宴席服务、灯光、影像、化妆等零部件。但是，上述的每一个部件又很有可能是模块化的，可以单独作为一个服务产品出售。另外，当小型的婚庆公司将其功能作为供应方集成到某个婚庆网络平台，或者当每个模块的独立生产者将其作品和服务集成到网络平台时，平台本身此时既是渠道，同时又成为一个大的服务产品。

换句话说，婚庆市场上的产品（服务产品或服务包），大致可以分为以下几类：

（1）模块化设计生产并“组装”好的现成产品（套餐）。

（2）订单式生产的包括所有或者大部分模块的个性化婚礼产品。

（3）完备婚礼产品中所包含的各个模块单独成为产品。

（4）完备婚礼或者模块集成到某个网络平台使该平台成为一个互联网婚庆产品。

案例 8-1

大象婚礼套餐

名称：国家公园大象婚礼套餐（西式）。

价格：2 950 美元。

泰象婚礼是我们最隆重和最值得纪念的仪式之一，这是世界上唯一一个在泰国最美丽的热带雨林深处举行的婚礼，以其动植物群、野生生物和世界上最大的花而闻名。你们的婚礼将由我们的工作人员陪伴，美容师将来到你们的酒店上门服务。化妆完成后，我们将用专车把你带到方国华国家公园野生动物保护区。

然后我们会上山去大象营地，在那里，你将骑大象到婚礼地点，在装饰华丽的大象背上穿过森林，你们可以看到许多种类的蝴蝶、猴子、鸟类和其他动物。

到达婚礼地点后，我们的婚礼司仪和工作人员已经做好充分准备。婚礼在森林深处的河流中——一个非常令人惊奇的美丽地点举行。

婚礼 001 套餐包括：

- 婚礼司仪介绍婚礼的所有步骤；
- 美发和化妆；
- 新郎的鲜花扣眼；
- 新娘的鲜花花束；
- 为新人准备两个鲜花花环；
- 摄影师无限拍摄 +50 张照片打印（6×8 英寸）与优雅的专辑 +1 个 U 盘；
- 从酒店到婚礼场地的往返交通；
- 有香味的冷毛巾和饮用水；
- 美丽的场地花装饰设置在大象背部和瀑布边；
- 婚礼司仪；
- 一头大象护送仪式与花卉装饰；
- 安排结婚誓言及戒指交换仪式；
- 蜡烛点燃仪式；
- 我公司的结婚证书（非正式）；
- 仪式结束后的花瓣飘洒；
- 一瓶庆祝香槟；
- 野餐午餐；
- 十个结婚气球；
- 升起“我们结婚啦”的旗语；

- 结婚礼物；
- 网上图片廊。

（资料来源：https://www.phuket-discovery.com/promotions/package-001.html）

2. 实物产品

婚庆市场上的实物产品主要指跟婚礼相关的物品，如婚纱、婚戒、喜糖、酒宴所需物品，以及非为婚庆专门配备但也是婚庆所需的建筑性材料，如声光电器材、鲜花、气球等。实物产品不是本书的研究对象。

8.1.2 产品的概念

1. 产品定义的内涵

“产品概念”是企业想要注入顾客脑中关于产品的一种主观意念，它是从消费者的角度，用消费者的语言来表达的产品构想，包含以下的含义：

（1）消费者洞察：从消费者的角度提出其内心所关注的有关问题。

（2）利益承诺：说明产品能为消费者提供哪些好处。

（3）支持点：解释产品的哪些特点是怎样解决消费者洞察中所提出的问题的。

（4）总结：用概括的语言（最好是一句话）将上述三点的精髓表达出来。

比如一个婚礼产品，宣传语是“婚礼的烦琐，有我；婚礼的幸福，有你们”，消费者关注的是如果婚礼能让他们感到轻松而幸福，这就是利益的关注点；或者像“导入案例”中的“国家公园的大象婚礼套餐”，直接点出了产品的兴趣点。具体到某一款样式的产品，可以适当增加概念的描述。

2. 产品概念的层次

20 世纪 90 年代以来，菲利普·科特勒等学者倾向于使用五个层次（见图 8-1）来表述产品整体概念，认为五个层次的表述方式能够更深刻、更准确地表述产品整体概念的含义。产品整体概念要求营销人员在规划市场供应物时，要考虑到能提供顾客价值的五个层次。产品整体概念的五个基本层次是：

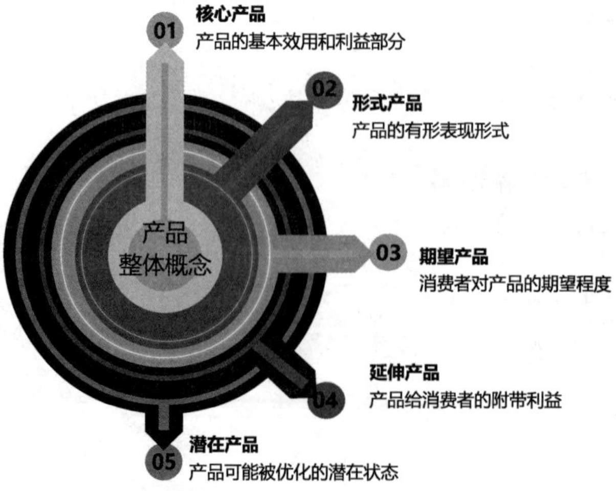

图 8-1 产品概念五个层次

（1）核心产品。核心产品是指向顾客提供的产品的基本效用或利益。从根本上说，每一种产品实质上都是为解决问题而提供的服务。因此，营销人员向顾客销售任何产品，都必须具有反应顾客核心需求的基本效用或利益。比如人们饮用可口可乐得到了解渴的效用、享受独特的口味和拥有活力的感觉，这就是可乐产品的核心产品。一场婚礼的核心产品是什么？有很多可能，比如幸福的感觉、甜蜜的时光、人生的见证、难忘的记忆。

（2）形式产品。形式产品是指核心产品借以实现的形式。由五个特征构成，即品质、式样、特征、商标及包装。即使是纯粹的服务，也具有相类似的形式上的特点。比如婚礼，从形式上看，主要有婚礼现场的布置，摄影师、摄像师、化妆师、主持人的安排，婚车租赁等其他事项的提供。

（3）期望产品。期望产品是指购买者在购买产品时期望得到的与产品密切相关的一整套属性和条件。对于婚礼，期望产品就是服务的形式的高质量实现，如现场布置美观、主持人优秀、影像拍摄完美等，以确保核心产品的实现。图 8-2 所示是美国 The Knot 婚庆平台的广告语，对于婚庆服务公司和相关人员来说，这就是自己心目中的婚庆平台的理想产品形态，完整的产品概念中必须有这样一个形态。

图 8-2　美国 The Knot 婚庆平台网站广告

（4）延伸产品。延伸产品是指顾客购买形式产品和期望产品时附带获得的各种利益的总和，包括产品说明书、保证、售后、维修、送货、技术培训等。从婚礼服务产品的角度看，延伸产品不是很常见，或者说延伸产品一般都是另外的收费项目，已经包含在产品的价格之内，比如宾客的接送服务、额外的小装饰、摄影制作的后期服务等。当然，把这些作为整体产品的延伸部分，成为免费项目，也是完全可以的。

（5）潜在产品。潜在产品是指现有产品包括所有附加产品在内的，可能发展成为未来最终产品的潜在状态的产品。潜在产品指出了现有产品可能的演变趋势和前景。比如各式各样的订单式婚礼，其中某一款有可能蕴含发展成为一站式婚礼样式的潜在可能性，这种发展的可能性已经包含在产品的概念当中。

8.1.3　服务产品

1. 产品的分类

产品可以从多个角度分类，这里仅就表面特性介绍大的分类。

1）服务

通常是无形的，是为满足顾客的需求，供方（提供产品的组织和个人）和顾客（接受产品的组织和个人）之间在接触时的活动以及供方内部活动所产生的结果，并且是在供方和顾客接触上至少需要完成一项活动的结果，如医疗、运输、咨询、金融贸易、旅游、教育等。服务的提供可涉及：为顾客提供的有形产品（如婚纱、喜糖等）；为顾客创造氛围（如婚礼庆典等）。

2）软件

由信息组成，是通过支持媒体表达的信息所构成的一种智力创作，通常是无形产品，如婚礼的设计思想、计算机程序、影像记录、婚礼所用的音乐软件、司仪的素质等。

3）硬件

硬件通常是有形产品，是不连续的具有特定形状的产品，如汽车、手机、LED 大屏幕、酒店建筑物等。

4）流程性材料

流程性材料通常是有形产品，是将原材料转化成某一特定状态的有形产品，其状态可能是流体、气体、粒状、带状，如汽油、酒水、纸巾、鲜花等。大致相当于前述产品分类时提到的婚庆市场上的实物产品。

一种产品可由两个或多个不同类别的产品构成，产品类别之间的区分取决于其主导成分。例如，客运航空公司主要为乘客提供空运服务，但在飞行中也提供点心、饮料等硬件，以及网络服务、影视服务等软件，还有航空燃油这种流程性的材料。同理，一个婚礼产品需要酒店、场地等硬件，也需要现代媒体技术这种软件，同时还需要大量流程性的消耗品，包括物力和人力。

2. 服务产品的特殊性和普遍性

服务产品应该包含有三层含义：核心服务、便利服务、支持服务。同时，服务产品会设计一个服务包来容纳这三层含义。服务包是服务组织提供给顾客的一系列产品、服务和经验的总和，又称顾客价值包。它界定了服务组织所提供的基本价值，为思考服务传递系统提供了一个框架。完整的服务包包含四个组成部分：

（1）支持性设施。在提供服务前必须到位的物质资源，如婚礼酒店或婚礼堂、婚礼场地布置、酒席等，相当于形式产品；再如婚庆影像服务，需要摄影摄像的器材等。

（2）辅助物品。顾客在服务经历中购买和消费的物质产品，或是顾客自备的物品，如戒指、婚纱、伴手礼等，既有形式产品的特征，也可能是延伸产品。

（3）显性服务。那些可以用感官察觉到的和构成服务基本或本质特性的利益。例如，补牙后疼痛感消失了，经过修理后的汽车可以平稳行驶。显性服务就是一个产品的核心产品，婚礼进行中新人和亲朋们感到非常愉快；在影像服务中，它就是精美的录像作品；在场地布置这样一个单一的服务产品中，它是美轮美奂的婚礼现场环境。

（4）隐性服务。顾客能模糊感到服务带来的精神上的收获，或服务的非本质特性。例如，婚礼后的美好回忆等。隐性服务包含了核心产品和潜在产品的某些特征。

综上所述，服务产品的服务包概念，其本质是从另一个角度看产品的概念所包含的层次，殊途同归。

8.2 产品的生命周期

产品生命周期（Product Life Cycle）是指产品从投入市场到更新换代和退出市场所经历的全

过程，是产品在市场运动中的经济寿命，也就是它在市场流通过程中，由于消费者的需求变化，以及影响市场的其他因素所造成的商品由盛转衰的周期。产品生命周期一般分为导入期、成长期、成熟期、衰退期，如图 8-3 所示。

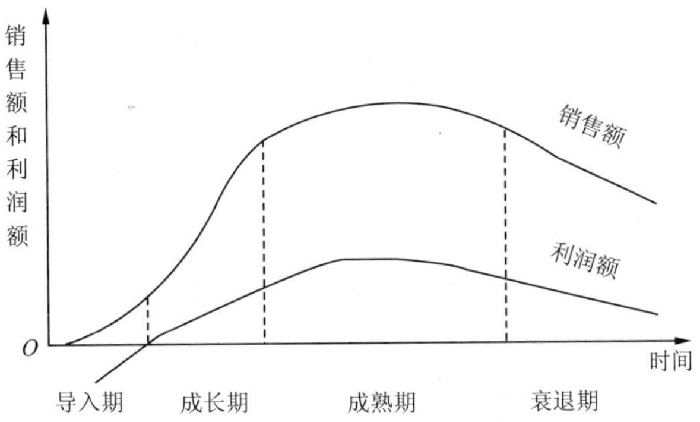

图 8-3　典型的产品生命周期曲线

8.2.1　产品生命周期的特点、依据及影响因素

产品生命周期简称 PLC，是把一个产品的销售历史比作人的生命周期，要经历出生、成长、成熟、老化、死亡等阶段。

1. 四个阶段及特点

1）导入期

新产品新上市，销售缓慢。由于引进产品的费用太高，初期通常利润偏低或为负数，但此时没有或只有极少的竞争者。

2）成长期

产品经过一段时间已有相当知名度，销售快速增长，利润也显著增加。但由于市场及利润成长较快，容易吸引更多的竞争者。

3）成熟期

此时市场成长趋势减缓或饱和，产品已被大多数潜在购买者所接受，利润在达到顶点后逐渐走下坡路。此时市场竞争激烈，公司为保持产品地位需投入大量的营销费用。

4）衰退期

这期间产品销售量显著衰退，利润也大幅度滑落。优胜劣汰，市场竞争者也越来越多。

2. 产品生命周期的划分依据

1）销售增长率分析

先计算产品的销售增长率，其计算公式为：

销售增长率 =（本年度的销售量－上年度的销售量）/ 上年度的销售量 ×100%

然后根据销售增长率的大小来判断属于哪个阶段，其标准为：小于 10% 且不稳定，为导入期；大于 10%，为成长期；小于 10%，为成熟期；小于 0%，为衰退期。

案例 8-2

某企业产品的生命周期

某企业甲产品四年来的销售量如下：

2014 年 1 000 件；2015 年 1 100 件；2016 年 1 240 件；2017 年 1 400 件。该产品 2014 年至 2017 年处在生命周期的哪一阶段？

销售增长率计算如下：

2015 年销售增长率 =（1100 — 1000）/1000 × 100% =10%；

2016 年销售增长率 =（1240 — 1100）/1100 × 100% =13%；

2017 年销售增长率 =（1400 — 1240）/1240 × 100% =13%。

由此可以判断，该产品 2014—2017 年处在市场生命周期的成长期。

2）产品普及率分析

可利用产品普及率指标来分析生命周期的不同阶段。对不同的产品可分别按下列两个口径计算普及率：

按人口平均普及率 = 某种产品社会拥有量 / 人口总数 ×100%；

按家庭平均普及率 = 某种产品社会拥有量 / 家庭户数 ×100%。

一般认为，当普及率为：0 ~ 5%时，为导入期；5% ~ 50%时，为成长期前期；50% ~ 80%时，为成长期后期；80% ~ 90%时，为成熟期；大于 90%时为衰退期。

需要注意的是，普及率越高，需求量越低。

3）同类产品类比分析

即用一种产品的生命周期的变化规律类比分析另一种同类产品的生命周期。例如，同样是一款改良的周制婚礼，类型相似，别的公司的生命周期大约 5 年，则可以据此估计本公司的同款产品的生命周期。

3. 影响产品生命周期的因素

产品生命周期的影响因素比较简单，大致如下：

（1）科学技术的进步。科技进步快，生命周期短；科技进步慢，生命周期长。

（2）产品的性质和用途。

（3）产品供求关系的变化。

（4）产品的价格和质量。

（5）政府的政策与干预。

8.2.2 产品生命周期的应对策略

典型的产品生命周期的四个阶段呈现出不同的市场特征，因此企业的营销策略也就以各阶段的特征为基点来制定和实施。产品生命周期的阶段性特征分析与波士顿矩阵（BCG Matrix）分析方法有许多相似之处。

波士顿矩阵由美国著名的管理学家、波士顿咨询公司创始人布鲁斯·亨德森于 1970 年首创，一般用来决定企业的某个战略业务单位（SBU）的经营方针。波士顿矩阵认为一般决定产品结构的基本因素有两个，即市场增长率与相对市场份额。通过以上两个因素相互作用，会出现四种不同性质的产品类型，形成不同的产品发展前景，如图 8-4 所示。

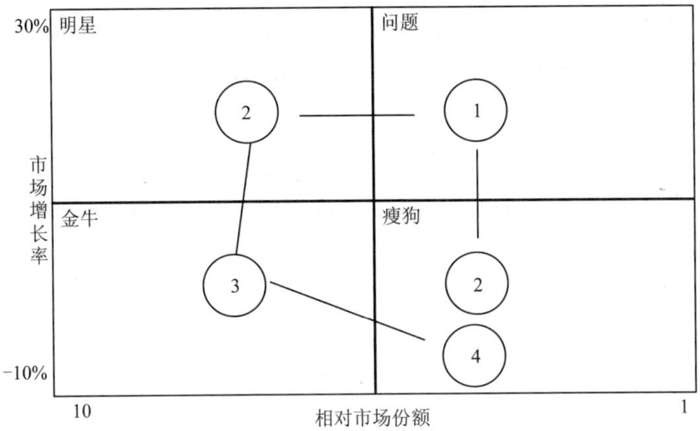

图 8-4　一项业务（SBU）或产品的生命轨迹

1）问题类产品

销售增长率高、市场占有率低的产品群，与产品生命周期的导入期比较类似。对问题产品应采取选择性投资策略，它有可能成为明星产品，也有可能直接滑向瘦狗类产品，从而退出市场。

2）明星类产品

销售增长率和市场占有率“双高”的产品，与产品的成长期较为类似。其发展战略以及管理与组织最好采用事业部形式，由对生产技术和销售两方面都很内行的经营者负责，努力促使其成为金牛类产品。

3）金牛类产品

销售增长率低、市场占有率高的产品，与产品的成熟期类似。对于这一销售增长率仍有所增长的产品，应进一步进行市场细分，维持现存市场增长率或延缓其下降速度。

4）瘦狗类产品

销售增长率和市场占有率“双低”的产品，又称衰退型产品，与产品的衰退期很类似。对这类产品应采用撤退战略，首先应减少批量，逐渐撤退，对那些销售增长率和市场占有率均极低的产品应立即淘汰。

1. 导入期策略

（1）高价高促销策略，即运用大量的宣传工具（如广播、电视、展销会等）进行大规模的销售推广活动，并以高价出售的策略占领市场。产品属于需求弹性小、促销弹性大的产品。

（2）高价低促销策略，即为了早日收回成本仍以高价问世，但是为了减少成本，限制推销活动。产品属于需求弹性小、促销弹性亦小的产品。婚礼产品是典型的高价低促销产品。

（3）低价高促销策略。这一策略的特点是低价并配合高度集中的促销活动，有重点地占领某一目标市场。适用于需求弹性大、促销弹性亦大的产品。

（4）低价低促销策略。这一策略的特点是以低价、低促销进入市场。需求弹性大、促销弹性小的产品。

2. 成长期策略

（1）不断开发新市场。因为产品处于蓬勃发展阶段，潜在需求较大，客观上为开发新市场提供了保证。

（2）改良产品品质，也就是通常所说的改进老产品。

（3）加强品牌信誉。具体做法是宣传厂名、品牌和商标，并着重介绍产品经过改进后的质量水平、式样等新优点。

（4）降低价格。给竞争对手增加了很大的压力，有利于击败竞争对手。

（5）开发新产品。应该着手研制下一代的更新产品，保证不断地向市场提供新产品。

3. 成熟期策略

成熟期的市场特点综合表述为“二大一长”，即此阶段生产量大、销售量大、持续的时间长。由于此阶段持续的时间较长，所以市场上处于成熟期的产品最多，这也是企业赖以生存的根本。成熟期产品的策略有：

（1）市场拓展。

（2）产品改进。

（3）营销组合手段的改革。

4. 衰退期策略

（1）继续策略。企业继续过去的营销策略，保持原有的细分市场、销售渠道、定价及促销方式，直到这种产品完全退出市场为止。

（2）集中策略。企业把各种资源集中到最有利的细分市场上，同时减少广告宣传规模和促销活动，维持一定的销售量。

（3）收缩策略。大幅度降低促销水平，尽量减少促销费用，以增加当前利润。

（4）放弃策略。

8.3 新产品开发

市场营销学中的新产品是从市场和企业两个角度界定的，指某个市场上第一次出现的产品或某个企业第一次生产销售的产品。新产品必须具备这些特点：新的原理、新的结构，如在普通伞基础上推出的自动伞；新的元件和材料，如用塑料代替木材，用假花代替真花；新的实用功能，如普通手表演变成登山表和潜水表、普通婚礼发展为目的地婚礼等。

8.3.1 新产品开发的类型

新产品主要分为以下四种类型：

（1）全新产品：前所未有（质变）。

（2）换代产品：性能显著提高（部分质变），如电视的变化。

（3）改进产品：质量、结构、品种、材料等方面（量变），如各种饮料。

（4）仿制产品：模仿或仿制已有产品（法律规定），如药品。

8.3.2　新产品开发策略

新产品开发策略主要有以下几种：

1）领先策略

领先策略是指企业要在其他企业的新产品还未开发成功或还未投放市场之前，抢先开发新产品，投放市场，使企业的某种产品处于领先地位，然后，千方百计地扩大战果，迅速扩大覆盖面。

2）跟随超越策略

即技术引进与自行研制相结合。这种策略是以跟随为先导、以超越为目标，善于利用外界条件达到事半功倍的最有效途径。跟随超越策略最大的好处是可以大大缩短新产品的研制周期，降低研制费用。只要不侵犯知识产权，婚礼样式和流程都可以借鉴其他企业的现成模式。

3）更新换代策略

指在老产品的基础上，采用新技术、新材料，开发具有更高技术经济性能的新产品。

4）系列延伸策略

一种新产品的问世往往会延伸出与该产品的使用密切联系的一系列配套需求。婚礼需求的扩大很可能导致婚庆企业开发相应的婚礼用品，如婚纱等。

案例 8-3

日本推出女性“单身婚礼”服务

随着女性在经济上日益独立，她们往往推迟与伴侣喜结连理的日子。但这并非意味着她们不想体验盛大的婚礼场景。现在，日本一家公司为许多单身职业女性或离婚女性推出“单身婚礼”服务，帮助她们体验婚礼感受。

总部位于日本南部城市京都（Kyoto）的旅行公司 Cera Travel，已经开始提供名为“单身婚礼”的新式服务。单身女性可以享受到婚礼日的所有乐趣与荣光，包括在豪华酒店度过蜜月之夜。在两天的活动中，客户可以获得量身定做的婚礼服，选择自己喜欢的花束，精心做造型和化妆，甚至可以选择一名男性陪同她们拍照。

这项服务始于 2014 年 6 月，目标主要针对单身职业女性。这些女性为了追求事业，往往不会遵循日本传统结婚模式。此外，“单身婚礼”的另一个客户群是离婚后想要再次体验婚礼感受的女性。

到 10 月底，已经有 10 名女性签约享受这项服务，费用约 1 700 英镑（约合人民币 16 749 元）。Cera Travel 公司发言人称：“那绝对是独特的体验，我们将为之感到自豪，所有细节都有婚礼专业人士打理。对于那些不想接受传统白色婚纱的女性，我们也提供艺伎服务，即新娘可以打扮成艺伎拍摄照片。”

43 岁女商人藤岛凪（Nagi Daisen）说：“我已经恋爱多年，但从未真正体验过婚礼。因此我决定自己举办婚礼，那非常有趣。我总是梦想穿上白色婚纱，现在我的梦想实现了，感觉棒极了！”

（资料来源：齐鲁晚报，http://www.qlwb.com.cn/2014/1029/237411.shtml）

8.4 产品组合策略

产品组合策略是企业为面向市场，对所生产经营的多种产品进行最佳组合的谋略。其目的是：使产品组合的宽度、深度及关联性处于最佳结构，以提高企业竞争能力和取得最好的经济效益。

8.4.1 产品组合的概念与意义

与产品组合相关的概念，主要指产品组合、产品线和产品项目。

1. 产品组合的概念

产品组合指企业制造或经营的全部商品的有机构成方式。产品组合是由不同的产品线构成，而产品线又是由不同的产品项目构成。产品线又称产品品类，指一组相似或相近的产品项目，或称密切相关的一组产品，它针对的是一个产品的整体市场。而产品项目指在同一产品线内各种不同种类的具体产品，它针对的是某个或某几个细分市场。

2. 产品组合的四个度

一个公司的产品组合的四个度是：宽度、长度、深度以及关联度。

（1）宽度是指一个企业拥有多少条不同的产品线。

（2）长度是指企业的产品组合中的产品项目总数。平均长度是产品总长度除以产品线数。

（3）深度是指产品线中的每一个产品项目有多少个品种。

（4）关联度是指各产品线在最终用途、生产条件、分销渠道或其他方面相互关联的程度。

表 8-1 所列表示苹果公司产品的宽度和长度。

表8-1 苹果公司产品的宽度与长度

	产品组合的宽度				
	Mac	iPod	iPhone	iPad	iWatch
产品组合的长度	MacBook Air	iPod shuffle	iPhone 5s	iPad Air	series 1
	MacBook Pro	iPod nano	iPhone 6	iPad 4	series 2
	Mac mini	iPod touch	iPhone 6s	iPad 3	series 3
	iMac	iPod classic	iPhone 7	iPad 2	series 4
	Mac Pro		iPhone 8	iPad	
			iPhone X	iPad mini	

从表中可以看出，该组合的平均长度是 5，宽度也一样。而产品的深度就是每个产品项目，比如 iPhone 6，它有各种不同内存版本等再细分的功能或特性。

3. 产品组合的意义

产品组合的意义具体表现为：

（1）扩大产品组合的宽度，可以充分发挥企业的特长，使企业尤其是大企业的资源、技术得到充分利用，提高经营效益。此外，实行多角化经营还可以减少风险。

（2）企业增加产品组合的长度和深度，可以迎合广大消费者的不同需要和爱好，以招徕、吸引更多的顾客。

（3）强化产品的关联性，则可以提高企业在某一地区、行业的声誉。

同时，一个好的产品组合，必然包括以下产品：

（1）目前虽不能获利但有良好发展前途、预期成为未来主要产品的新产品。

（2）目前已达到高利润率、高成长率和高占有率的主要产品。

（3）目前虽仍有较高利润率而销售成长率已趋降低的维持性产品。

（4）已决定淘汰、逐步收缩其投资以减少企业损失的衰退产品。

8.4.2　产品组合策略

产品组合的各种因素为定义公司的产品策略提供了方法。公司可以从三方面去发展公司的业务。

1. 拓宽产品组合

用这种方法，新的产品系列可以利用公司过去产品的声誉。

（1）增加和扩充产品线，拓展企业的经营范围。

（2）增加每个产品线上的产品项目。

（3）增加各种产品的款式，从而增加公司产品组合的深度。

2. 缩减现有产品系列

当市场繁荣时，较长、较宽的产品组合会为企业带来较多的盈利机会，但当市场不景气或原料、能源供应紧张时，缩减产品组合反而可能使总利润上升。

3. 延伸产品线

每一企业的产品都有其特定的市场定位。产品延伸决策指全部或部分地改变公司原有产品的市场定位，具体做法有向下延伸、向上延伸和双向延伸三种。

案例 8-4

美国超市推出婚礼服务

众所周知，不论是沃尔玛（Wal-Mart）还是好市多（Costco），这类大型的连锁超市都是依靠低廉的价格取胜。他们之所以能够在竞争激烈的市场上屹立不败，依靠的就是价格优势。但是，有没有想过，如果你自己举办一次婚礼，也依赖这些价格低廉的连锁超市呢？在这个经济不景气的时节，许多美国人都开始千方百计地节省开支，其中也包括婚礼。

折扣零售商早就已经对婚礼市场这块“大蛋糕”虎视眈眈。现在，这些零售商已经纷纷开始行动，从漂亮别致的婚纱，一直到婚礼上使用的鲜花，这些连锁超市都已经开始千方百计地“打入”了这个市场。

好市多连锁超市就已经开始对那些忙于筹备婚礼的新郎新娘们打出了“一站式服务”的旗号。在好市多，你能够买到的结婚用品应有尽有，从订婚戒指到婚纱，甚至前往塔西提岛（南太平洋小岛，以风景美丽著称）的蜜月旅行，都为客户们考虑周全。去年，沃尔玛已经开始同著名的“家政女王”玛莎•斯图尔特合作，开始谋划在婚礼市场“分一杯羹”。他们开始出售结婚请柬、婚礼相册以及其他一些小的结婚礼品。沃尔玛下属的山姆俱乐部（仓库式店铺），现在开始在其网站上出售一些结婚用品，并宣称将开始扩大这一服务领域。除此之外，其他一些连锁超市，比如 Publix、Acme 以及 Albertson's 都开始纷纷仿效，推出一些结婚服务，如出售结婚蛋糕等。

这些服务推出的背后，自然有它存在的理由。在当前的经济环境下，每个人都感受到了生活的压力，因此都希望节省开支，当然包括婚礼。很多准备结婚的新郎新娘，都在精打细算，为婚后的日子作准备。因此婚礼没有必要办得太铺张浪费。在这样的背景下，连锁超市的价格优势就开始体现了。

（资料来源：新浪网（2009-06-01），http://eladies.sina.com.cn/hunjia/2009/0601/0838872069.shtml）

8.5 产品的品牌策略

品牌策略是一系列能够产生品牌积累效应的企业管理与市场营销方法，包括 4P 与品牌识别在内的所有要素与方法，如品牌化决策、品牌名称决策、品牌战略决策、品牌再定位决策、品牌延伸策略、品牌更新等。品牌策略的核心在于品牌的维护与传播，如何把品牌做到消费者心里去，是品牌策略中最重要的一个内容。

8.5.1 品牌的基本概念

品牌（Brand）一词来源于古挪威文字“Bmdr”，中文意思是“烙印”。在当时，西方游牧部落在马背上打上烙印，用以区分不同部落之间的财产，上面写着一句话：“不许动，它是我的。”并附有各部落的标记。这就是最初的品牌标志和口号。

1. 品牌的要素

1）品牌名称

品牌中可以用语言称呼的部分，如 Nike、可口可乐、联想等。

2）品牌标记

品牌中可以辨别但不能用语言称呼的那部分，通常是一些符号、图案、颜色、字体等。

3）商标

整个品牌或品牌中的某一部分。注册商标是企业通过向国家有关管理机构提出申请，登记注册之后，便取得了使用整个品牌或品牌中某一部分的专用权。所以商标一般是一种法律名词。

4）品牌的内涵

品牌就其本质而言，代表着卖方对交付给买方的产品特征、利益和服务的一贯性承诺。品牌的内涵包括六方面：

（1）属性（Attributes）——质量可靠，服务上乘。

（2）利益（Benefits）——从消费者角度看属性。

（3）价值（Values）——品牌价值是一种超越产品实体以外的价值，是与品牌的知名度、认同度、美誉度、忠诚度等消费者对品牌的持有印象紧密相关的、能给企业和消费者带来其他效用的东西，是产品属性的升华，同时能区别和其他品牌的差异。

（4）文化（Culture）——品牌属于文化的范畴，是物质形态和精神形态的统一体，是现代社会的消费心理和文化价值取向的结合。

（5）个性（Personality）——消费者对品牌的喜爱源于对品牌个性的认同。

（6）使用者（User）——品牌暗示了购买或使用产品的消费者类型。

品牌最持久的含义是价值、文化和个性。它们构成了品牌的主要内涵，揭示了品牌间差异的实质。品牌的要素中，前三个是由企业决定的，而品牌的内涵却最终是由用户所决定和形成，企业只能利用营销手段引导用户形成企业所期待的品牌内涵。奔驰的品牌内涵如图 8-5 所示。

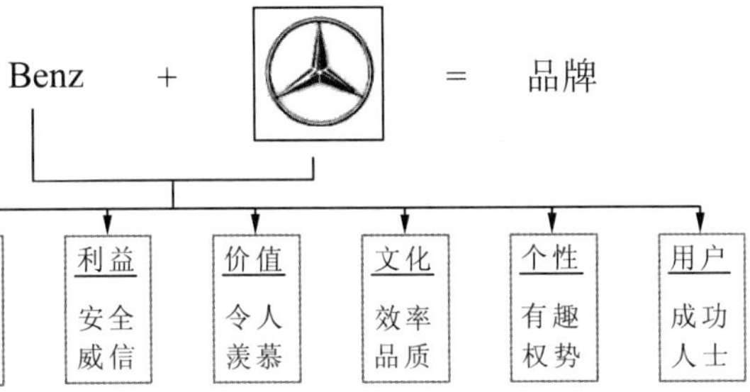

图 8-5　奔驰的品牌内涵

2. 品牌的作用

1）品牌对消费者的作用

品牌代表产品一定的质量和特色，便于消费者选购，提高购物效率。

品牌可保护消费者的利益，便于有关部门对产品质量进行监督，质量出了问题也便于追查责任。

2）品牌对生产者的作用

品牌便于生产者进行经营管理，如在做广告宣传和签订买卖合同时，都需要有品牌，以简化交易手续。

品牌的注册商标受法律保护，具有排他性。

品牌可建立稳定的顾客群，吸引那些具有品牌忠诚性的消费者，使企业的销售额保持稳定。

品牌有助于市场细分和定位。企业可按不同细分市场的要求，建立不同的品牌，以不同的品牌分别投入不同的细分市场。

良好的品牌有助于树立良好的企业形象。

3）品牌对社会的益处

品牌可促进产品质量不断提高。由于购买者按品牌购货，生产者不能不关心品牌的声誉，加强质量管理，从而使市场上的产品质量普遍提高。

品牌可加强社会的创新精神，鼓励生产者在竞争中不断创新，从而使市场上的产品丰富多彩，日新月异。

商标专用权可保护企业间的公平竞争，使商品流通有秩序地进行，促使整个社会经济健康发展。

3. 品牌与商标的区别

1）共同点

品牌与商标都是用以识别不同生产经营者的不同种类、不同品质产品的商业名称及其标志。

2）不同点

品牌是市场概念，实质上是品牌使用者对顾客在产品特征、服务和利益等方面的承诺；商标是法律概念，它是已获得专用权并受法律保护的品牌或品牌的一部分。商标是品牌策略的一部分。

8.5.2 品牌策略

品牌策略的过程如图 8-6 所示。

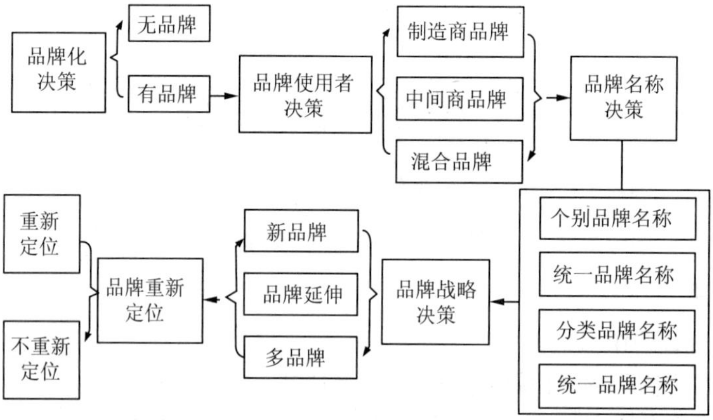

图 8-6 品牌策略的过程

1. 有无品牌策略

一般情况下，有品牌的产品更容易得到消费者的信任。而有时对一些有固定规格标准的矿石等原材料、煤等燃料以及地产地销产品，或一次性销售的产品，考虑成本的节省，也可以不使用品牌。

2. 品牌归属策略

（1）制造商品牌，即制造商决定使用自己的品牌。比如一家婚庆公司拥有一个品牌，并且在任何营销场合使用。

（2）中间商品牌，又称私人品牌。即制造商决定将其产品卖给中间商，中间商再用自己的品牌将货物卖出去。在婚庆行业，一家婚庆策划公司将组成产品的各项功能全部放在某个婚庆平台上，而平台只使用自身的品牌，此时平台就是中间商。

（3）企业可以决定有些产品用自己的品牌，有些产品用中间商品牌。

3. 家族品牌策略

（1）个别品牌名称，即企业决定其各种不同的产品分别使用不同的品牌名称。

（2）统一品牌名称，即企业决定其所有的产品都统一使用一个品牌名称。

（3）企业名称与个别品牌名称并用，即企业决定其各种不同的产品分别使用不同的品牌名，而且各种产品的品牌名称前面还冠以企业名称，如丰田皇冠、丰田雷克萨斯等。

4. 品牌更新策略

品牌更新策略又称再定位策略，指全部或部分调整或改变品牌原有市场定位的做法，使现有产品具有与竞争者产品不同的特点，诱发消费需求，以增强品牌竞争力。影响因素：再定位成本和再定位收入。

5. 品牌扩展策略

将现有成功的品牌用于新产品或修正过的产品上。其优点是：减少新产品的市场风险，强化品牌效应，增加品牌的价值，增强核心品牌的形象，提高整体品牌组合的投资效益。缺点是损害原有品牌形象，造成品牌认识模糊化，有悖消费心理，以及淡化品牌特性。

案例 8-5

美国两大线上婚庆服务平台 The Knot 和 WeddingWire 合并

美国上市公司、婚礼策划服务网站 The Knot 的运营公司 XO Group Inc. 近日宣布，该公司将被两家私募基金 Permira Funds 和 Spectrum Equity 以 9.33 亿美元的价格收购并私有化退市，继而与线上婚庆服务平台 WeddingWire Inc. 合并。

根据协议条款，XO Group 的股东将获得每股 35 美元的现金，比该公司过去 12 个月内平均收盘价溢价 44%，相比其在 2018 年 9 月 24 日的收盘价溢价 27%。XO Group 董事会已一致批准了这笔交易，预计将于明年上半年完成。合并后的公司将由 Permira Funds 和 Spectrum Equity 共同持有，后者也是线上婚庆服务平台 WeddingWire 的现有投资者。

合并后的公司将继续把 The Knot 和 WeddingWire 作为两个独立品牌运营，同时为全球的婚礼专业人士和合作伙伴提供更高水平的服务。据悉，合并后的新公司将拥有 1 700 多名员工，通过 The Knot、WeddingWire、Bodas.net、Matrimonio.com、WeddingWire.in 等几个婚礼服务品牌，为北美、欧洲、拉丁美洲和亚洲 15 个国家的订婚情侣和婚礼专业人士提供服务。

（资料来源：搜狐（2018-09-26），http://m.sohu.com/a/256366822_487885）

8.5.3 品牌设计

广义的品牌设计包括战略设计（如品牌理念、品牌核心价值、品牌个性等）、产品设计、形象设计、企业形象（CI）设计等；狭义的品牌设计则是品牌名称、标识、形象、包装等方面结合品牌的属性、利益、文化、表现进行的设计。

1. 品牌设计的原则

品牌设计的原则有：

（1）整体性原则。

（2）以消费者为中心的原则。

（3）实事求是的原则。

（4）新颖性原则。

（5）两个效益兼顾的原则。

2. 品牌无形要素的设计

1）品牌理念的设计

品牌理念是指得到社会认同的、体现企业自身个性特征、促使并保持企业正常运作及长足发展的、能反映整个企业明确的经营意识的价值体系。

2）品牌核心价值的设计

西方学者曾用“品牌精华”（Brand Essence）、“品牌咒语”（Brand Mantras）、“品牌密码”（Brand Code）等词汇来表示品牌核心价值（Brand Core Value），可见品牌核心价值的地位。凯勒（Keller）的品牌核心价值定义：品牌核心价值是一组抽象的能够描述品牌最基本、最重要特征的产品属性或利益的组合，是一个品牌承诺并兑现给消费者的最主要、最具差异性与持续性的理性价值、感性价值或象征性价值，它是一个品牌最中心、最独一无二、最不具时间性的要素。

如图 8-7 所示，品牌的核心价值一般从三个维度来衡量。

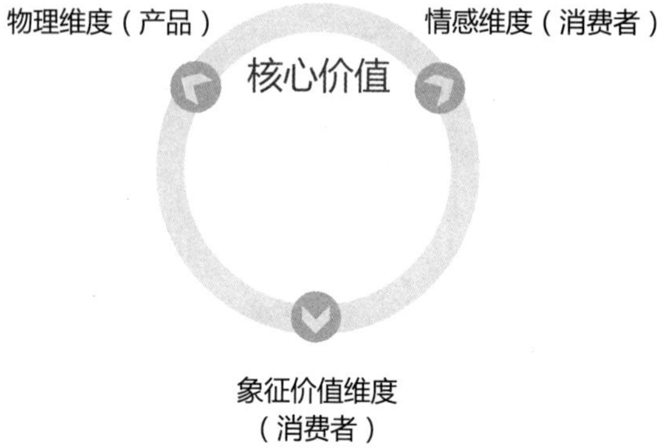

图 8-7　品牌的核心价值三维度

（1）物理维度：产品的物理效用和使用价值，如功效、性能、质量、便利等，在快速消费品行业相当常见，是绝大多数品牌在品牌塑造初期的立身之本和安身之所。飘柔让头发飘逸柔顺，海飞丝快速去除头屑，潘婷补充头发营养、更乌黑亮泽，沙宣专业头发护理。

（2）情感维度：感性的品牌核心价值，着眼于顾客在购买和使用的过程中产生某种感觉，强调品牌效果的感性满足，从内心打动消费者，使消费者对品牌形成一种情感依赖和寄托。比如 De beers：钻石恒久远，一颗永流传。

（3）象征价值维度：象征性的品牌核心价值是品牌成为顾客表达个人主张或宣泄的方式，不少人认为品牌个性就是品牌的核心价值。例如著名婚庆网络平台 The Knot，就是利用了象征的意义，表示一种“联结”，WeddingWire 同样如此。

3. 品牌有形要素的设计

1）为品牌命名

（1）标记性。企业在设计品牌时要注意以下几点：设计新颖，不落俗套；突出重点，主次分明；简捷明快，易于识别。

（2）适应性。包含几方面的含意：便于在多种场合、多种传播媒体使用，有利于企业开展促销活动；适应国内外对象的爱好，避免禁忌；适应国内外的商标法规，便于申请注册。

（3）艺术性。从艺术的角度对品牌设计的要求有：针对消费者心理，启发联想；思想内容健康，无不良意义；设计专有名称。

图 8-8 所示的婚礼策划公司是以创立人的名字直接命名，这种方式在婚庆行业比较常见。

图 8-8　华盛顿的一家婚礼策划公司品牌

品牌命名还有很多传统的思路：

产品效用——泻立停；

地名及名胜古迹——西湖电视机；

厂商字号即商号——同仁堂；

动植物——苹果；

神话、传说与传奇故事——敦煌；

数字——7-11；

外文译名——可口可乐。

2）品牌标识（LOGO）

标识按表现形式，可分为文字标识、图形标识和图文相结合的标识三种。部分婚庆品牌标识如图 8-9 所示。品牌标识的作用首先是引导消费者进行品牌联想，让消费者在见到品牌标识时能马上想到自己品牌的独特属性。其次，品牌标识起激发消费者好奇心，使消费者在见到品牌标识时对这个品牌产生喜爱之感。最后，品牌标识起唤醒消费者记忆的作用。

3）品牌形象代表

品牌形象代表通常以虚拟或实在的人、动物、景物等为创作原型。比如肯德基的老爷爷形象、王致和臭豆腐的真人形象以及米其林轮胎的米胖子卡通形象等。

4）品牌口号

品牌口号是关于品牌信息的记述或品牌承诺、思想传达的短语。品牌口号代表了品牌所倡导的精神，具有深刻的内涵，是长期的，企业不仅要长期地宣之于口，还要长期地付之于行。人们平时所见的广告口号则可以是短期行为，在大部分情况下，广告口号都定位于产品本身，强调功能与促销所达到的效果。

5）品牌音乐

品牌有时需要借助声音的力量来助推并强化目标受众对品牌的联想。比如 Intel 的音乐“灯，等灯等灯”，几乎家喻户晓。

图 8-9　部分婚庆品牌标识

8.6　婚庆产品经理

产品经理（Product Manager）是企业中专门负责产品管理的职位，产品经理负责市场调查并根据用户的需求，确定开发何种产品，选择何种技术、商业模式等，产品经理推动相应产品的开发组织。他还要根据产品的生命周期，协调研发、营销、运营等，确定和组织实施相应的产品策略（见图 8-10）。自 1927 年，美国 P&G（宝洁）公司出现第一名产品经理以来，产品管理制度逐渐在越来越多的行业得到应用和推广，并且取得了广泛的成功。

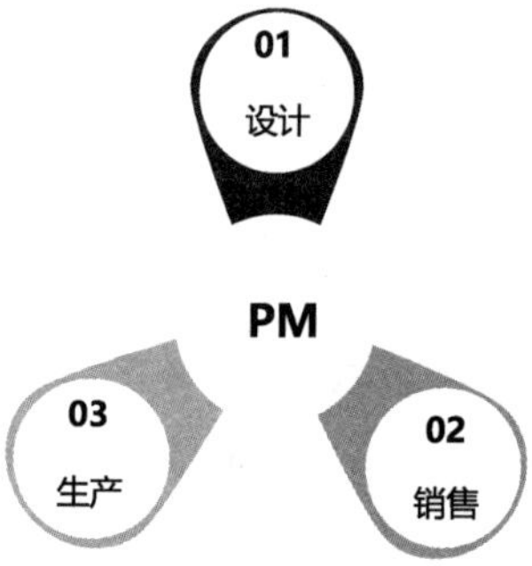

图 8-10　产品经理的能力

8.6.1　产品经理的职责与技能

产品经理是每个产品的牵头人，在市场营销部，对某个产品在集团内的盈亏负责，并为这个产品的运作去协调所有的人，充分地协调这个产品的所有运作环节和经营活动。

1. 产品经理的任务

（1）了解市场需求，负责亲自或者牵头去调研市场。

（2）为客户设计产品，可以找专门的设计人员。

（3）为研发产品而协调企业内部关系，确保按时完成产品。

（4）跟踪产品的使用过程。

（5）分析优劣并反馈。

（6）负责协调企业内外部资源，升级优化产品。

2. 产品经理的技能

（1）项目管理能力。在项目管理方面，有 35% 的能力包括团队合作的能力。好的产品经理首先是成功的项目经理，项目管理的经验对于产品经理十分重要，可以帮助产品经理更好地进行产品的管理，团队合作的经验和能力可以让产品经理在产品团队中比较好地处理团队内部的人员关系和团队的其他情况。

（2）领导能力。成功的产品经理应该是成功的领导人，他的个人能力包括他的领导能力、个人的情况和能力以及他个人的亲和力。

（3）技术能力。技术能力对于产品经理是必备的技能，技术能力让产品经理更好地理解产品的性能和特点，更好地进行产品的团队管理。

（4）沟通和处理冲突的能力。

8.6.2　如何成为婚庆服务产品经理

产品经理的一般要求同样适用于婚礼产品的产品经理，至少需要具备以下技能：

1. 婚庆市场分析能力

（1）了解宏观经济环境。

（2）了解婚庆企业微观环境。

（3）了解婚庆行业，包括市场、消费者。

（4）能够随时收集并分析市场信息。

（5）能够总结市场需求。

2. 婚礼设计能力

（1）能恰当接触消费者。

（2）了解新人对婚礼的具体设想。

（3）了解市场中的酒店、场地等硬件配套设施，熟悉婚礼风格。

（4）能提供不同的婚礼主题设想，吸引消费者。

（5）能制定出完整的附带报价的策划方案。

3. 婚礼策划能力

1）组织协调能力

组织协调能力是指策划人能够根据策划本身的要求将策划资源进行有机结合的能力。它包括对策划方案的分解、策划资料的搜集、策划人员的分配等，也就是对人、物、事的统筹安排。

2）执行能力

优秀的策划师不仅要勤于思考，更要善于行动。有时实际操作能力甚至成为策划方案能否成功的关键之所在，这就是可行性。何况策划不仅是写出策划方案，还必须设计出切实可行的操作流程和方式，不能把所有工作都交给基层的策划人员，必要时要指挥、监督甚至具体操作执行。

小　　结

1. 产品的概念是复杂的，它包括三个层次：核心产品、有形产品和辅助产品。核心产品是客户购买的主要利益。有形产品本身是看得见的，包括特征、样式、质量、品牌名称和包装。辅助产品包括有形产品的附加服务，如保证、安装、售后等。

2. 产品系列是一组产品，这些产品紧密相关，并在功能、使用者、分销渠道和定价几方面相类似。

3. 宽度是指一个企业拥有多少条不同的产品线；长度是指企业的产品组合中的产品项目总数。平均长度是产品总长度除以产品线数；深度是指产品线中的每一个产品项目有多少个品种；关联度是指各产品线在最终用途、生产条件、分销渠道或其他方面相互关联的程度。

4. 品牌是通过名称或明显的标记，辨认和区别产品或服务的一种方法，品牌所产生的长期价值称为品牌价值。

关键概念

产品 服务 产品层次 产品组合 品牌策略

习　　题

一、简答题

1. 产品的整体概念分为哪几个层次？
2. 产品组合策略有哪些？
3. 产品的生命周期指的是什么？
4. 品牌策略包括哪些内容？

二、实训题

【实训项目 1】

婚庆公司产品组合设计。

【实训目的】

了解产品组合决策，描述产品系列的延伸与补充，产品系列的更新，产品系列的重点和产品系列的宽度与深度。

【实训内容】

教师提出婚庆公司的设想，包括规模、业务范围等，利用本章所学的理论知识分析问题，并分组进行组合的设计。

【实训步骤】

1. 教师提出基本要求。
2. 学生进行准备。
3. 学生分组完成市场细分方案，并要求在班级汇报。
4. 学生提出问题。
5. 教师进行点评、总结。

【实训项目 2】

尝试设计一种产品或者服务的品牌。

【实训目的】

了解品牌的概念和作用，掌握品牌设计的基本原则，能够在品牌标识的设计过程中领会品牌的无形价值。

【实训内容】

教师不规定产品类型，学生自由设计，但必须提供所有品牌内涵的说明。

【实训步骤】

同实训项目 1。

第9章 婚庆服务定价策略

学习目标

通过本章的学习，你应该能够：

• 指出影响定价决策的内部因素，着重了解市场营销的目标、市场营销组合策略、成本和组织方面的考虑；

• 辨认和定义影响定价决策的外部因素，包括市场与需求、竞争者的成本和策略以及其他外界因素；

• 比较几种一般的定价方法，注意能够区别成本导向定价法、需求导向定价法和竞争导向定价等；

• 针对不同产品的具体情况制定相应的定价策略。

导入案例

婚礼 DJ & 灯光服务公司 Directsound 的定价理念

我不能在不知道所有细节的情况下给你一个确切的数字。请先确认你所需的，这将有助于我们为您提供惊艳的服务。我们可以做打包定价，但我们不做碎片化的婚礼招待会或仪式活动。我们的婚宴和活动都是从最低价开始并逐步向上，以适应客户的期望和需要。为了给出一个准确的价格，我们需要知道你所设想的是什么，并计算出要花多少努力才能使它成为现实。我们的定价不是秘密，因为它不是“看人下菜碟”的，我们并不是根据我们认为客户有能力支付的价格来“欺骗”他们。

婚礼占我们所做活动的 95%，我们投入了大量的时间和资源来确保每个婚礼都是成功的。我们每天只为一场婚礼表演，而且对婚礼的计划和准备都很细致。我们很乐意（也是合法的）为我们所做的每一件事购买所要求的大部分音乐，并且只要有空，我们愿意随时与客户会面交流。

“你是怎么定价的？”因为我们觉得做一件事的唯一“正确”的方法就是提供最好的人才、设备和服务。我们的观点是，提供差别化的定价也意味着提供差别化的质量——这是我们永远不愿意做的。一半的价钱我们不能做到刚好一半的好，两倍的价钱我们也不能刚好做到两倍的好。

我们会以公平的价格为每位客户尽我们最大的努力，因此我们坚持我们的公平和一致的价格。

有许多因素会决定活动的价格范围，包括活动的时间长度、设备的数量、要求的元素的数量、季节等。

所有婚礼套餐包括：无限咨询、电邮和电话支持、活动时间表协调、专业音响系统、无线麦克风、现场备份设备、定制播放列表（经典热门）、着装优雅的婚礼 DJ 和主持人、书面合约。

（资料来源：Wedding DJ & Decor Lighting Service，http://directsound.com/pricing.htm）

理论知识

定价策略，市场营销组合中一个十分关键的组成部分。价格通常是影响交易成败的重要因素，同时又是市场营销组合中最难以确定的因素。企业定价的目标是促进销售，获取利润。这要求企业既要考虑成本的补偿，又要考虑消费者对价格的接受能力，从而使定价策略具有买卖双方双向决策的特征。此外，价格还是市场营销组合中最灵活的因素，它可以对市场迅速做出反应。

9.1　影响定价的因素

影响定价的因素也分为企业内部因素和外部环境因素。

案例 9-1

某婚庆公司的新产品

某公司开发了一款非常新颖的婚礼样式，加进了一些不常见的元素，比如世界各地采购的婚礼用品和风情各异的场面布置、新颖的场面调度等，在目前的市场上，这款婚礼产品具有一定的垄断性。

这款婚礼原来的旧样式均价 8 万 8 千元，这一款怎么定价呢？翻它一倍好不好？

营销经理们展开了激烈的争论。

分析一下价格翻倍的坏处：这样的价格体系将产生的暴利诱惑，必然会吸引大批追随者进入，企业将不可避免地面对海量同类产品，相互杀价，最后不仅导致市场混乱，而且直接损害自身的优势。

基于这种考虑，该公司或许应该定价在 10 ～ 12 万元之间，这个价格策略虽然使自己损失了一部分利润，但是却成功地实现了主要目标，就是最大限度地扩大市场份额，把自己的竞争者阻止在新型婚礼的大门之外，这就是以价格阻吓对手的策略。

9.1.1　定价的目标

案例 9-1 是对企业提出了一个目标的要求，即企业的定价希望达到什么样的目标，这个目标将极大地影响价格策略。定价的目标大致有以下几种：

（1）以获得最大利润为定价目标。

（2）以维持或提高市场占有率为定价目标。

（3）以投资报酬率为定价目标。

（4）以稳定市场价格为定价目标。

案例 9-1 显然应该以维持或提高市场占有率为定价目标。

9.1.2 定价的其他影响因素

企业的定价目标其实也是影响定价的因素，除此之外，主要的定价影响因素如下：

（1）产品成本。如果产品的成本很低，比如企业掌握了更新的技术，那么定价的余地就很大，可以根据目标灵活定价。关于成本的概念，第 2 章已经详细阐述过。

（2）供求关系。由第 2 章学过的关于市场供需的知识可知，产品的价格弹性也会极大地影响定价。

（3）国家的物价政策。某些商品的价格是由国家指定的，或者有一个基本的指导价，如汽油等。

（4）竞争状况。

（5）消费者心理。

9.2 定价的方法

定价的具体方法，主要有三大类：成本导向、需求导向以及竞争导向定价方法。

9.2.1 成本导向的定价方法

以营销产品的成本为主要依据制定价格的方法统称为成本导向定价法，这是最简单、应用相当广泛的一种定价方法。

1. 总成本定价法

1）成本加成定价法（Cost-plus Pricing）

即按产品单位成本加上一定比例的毛利定出销售价，其计算公式为：

$$P=C\times(1+r)$$

P 为商品的单价；c 为商品的单位总成本；r 为商品的加成率。

2）目标利润定价法

根据企业总成本和预期销售量，确定一个目标利润率，并以此作为定价的标准。其计算公式为：

单位商品价格 = 总成本 ×(1+ 目标利润率)/ 预计销量

2. 边际成本定价法

边际成本定价法是企业以单位产品的边际成本为基础的定价方法，属于成本导向定价。在完全竞争市场中，边际成本定价法是达到市场均衡的定价方法，此时企业的边际收益等于边际成本，短期利润为零。由于边际成本是商品在不考虑沉没成本的情况下可以销售的最低价格，因此企业在短期内能继续维持下去。这种方法适合婚庆公司这样的轻资产企业，但前提是市场充分竞争。

3. 盈亏平衡定价

考虑到销售额变化后，成本也在发生变化，这种方法是运用损益平衡原理实行的一种保本定价法。根据在第 2 章学过的相关知识，可通过以下公式计算：

盈亏平衡点销售量 = 固定成本 / 单位－单位变动成本

盈亏平衡点销售额 = 固定成本 /1－单位变动成本率

表 9-1 是一家小型婚庆公司的采购成本，加上策划的费用以及公司的利润目标，就可以得出定价，这就是简单的成本加成定价法。

表9-1 某婚庆公司成本表

化妆			摄影				摄像				司仪			花艺			
价格	类型	总价	价格	超时	超张	总价	价格	超时	母带	总价	价格	类型	总价	价格	人工	材料	总价

婚车/巴士公司					蛋糕			干冰		气球		电子签到			焰火			道具租赁	
车型	价格	超时	超程	总价	价格	层数	总价	数量	总价	类型	总价	数量	类别	价格	类型	数量	总价	类型	价格

9.2.2 需求导向的定价方法

需求导向定价法是指根据市场需求状况和消费者对产品的感觉差异来确定价格的定价方法。它主要包括以下三种：

1）认知导向定价法

根据消费者对企业提供的产品价值的主观评判来制定价格的一种定价方法。极端的情况是，当有人认为你设计的一款婚礼产品极度符合其价值观时，你的定价就可以采用价格歧视的方式。

案例 9-2

某公司的同类产品定价

某公司为其某一款婚礼打包定价 10 万元，尽管其竞争对手同类的婚礼售价只有 9 万元。当一位潜在顾客问该公司的销售谈单人员为什么要多付 1 万元时，销售人员回答说，这一款婚礼的价格是这么构成的：

90 000 元是所有采购成本，与竞争者的价格相同；

7 000 元是最佳的婚礼策划的价格加成；

6 000 元是最可靠的流程督导的价格加成；

5 000 元是最佳延伸服务的价格加成；

2 000 元是仪式后的及时投诉处理的价格加成；

总价格是 110 000 元；

减去 10 000 元折扣；

最终价格为 100 000 元。

新人或许会惊奇地发现，尽管他们可能多付 1 万元，但实际上他却得到了 1 万元的折扣。实施这一方法的要点在于提高消费者对商品效用认知和价值的理解度。企业可以通过实施产品差异化和适当的市场定位，突出企业产品特色，再辅以整体的营销组合策略，塑造企业和产品形象，使消费者感到购买这些产品能获取更多的相对利益，从而提高他们可接受的产品价格上限。

2）逆向定价法

它是指依据消费者能够接受的最终销售价格，考虑中间商的成本及正常利润后，逆向推算出中间商的批发价和生产企业的出厂价格。

可通过公式计算价格：

出厂价格 = 市场可零售价格 ×(1- 批零差率)×(1- 进销差率)

3）习惯定价法

按照市场长期以来形成的习惯价格定价。

9.2.3 竞争导向的定价方法

竞争导向定价法是企业通过研究竞争对手的生产条件、服务状况、价格水平等因素，依据自身的竞争实力，参考成本和供求状况来确定商品价格。竞争导向定价主要包括随行就市定价法、产品差别定价法和密封投标定价法，这里介绍婚庆行业主要适用的前两者。

1）随行就市定价法

在垄断竞争和完全竞争的市场结构条件下，任何一家企业都无法凭借自己的实力而在市场上取得绝对的优势，为了避免竞争，特别是价格竞争带来的损失，大多数企业都采用随行就市定价法，即将本企业某产品价格保持在市场平均价格水平上，利用这样的价格来获得平均报酬。

此外，采用随行就市定价法还有一个优点，企业不必去全面了解消费者对不同价差的反应，也不会引起价格波动。

2）产品差别定价法

产品差别定价法是指企业通过不同营销努力，使同种同质的产品在消费者心目中树立起不同的产品形象，进而根据自身特点，选取低于或高于竞争者的价格作为本企业产品价格。因此，产品差别定价法是一种进攻性的定价方法。

9.3 定价策略与价格调整

9.3.1 定价策略

定价的具体策略，主要有撇脂定价策略、渗透定价策略、差别定价策略、消费者定价策略、组合定价策略等。

1. 撇脂定价策略

所谓撇脂定价是指在产品生命周期的最初阶段，把产品的价格定得很高，以获取最大利润。撇脂定价的条件：

（1）市场有足够的购买者，他们的需求缺乏弹性，即使把价格定得很高，市场需求也不会大量减少。

（2）高价使需求减少，但不致抵消高价所带来的利益。

（3）在高价情况下，仍然独家经营，别无竞争者。高价使人们产生这种产品是高档产品的印象。

案例 9-3

明星们的天价婚礼

黄晓明和杨颖夫妇前两年的婚礼轰动不小，太高调了，请了大半个娱乐圈好友多达百人到场，伴郎伴娘团就够强大了，连杨受成、洪金宝等都来祝贺。为了给 2 000 人备餐，黄晓明担任股东的北京宴从全国调集百名厨师集结沪上，大部分食材亦是从各地空运而来。据了解这场世纪婚礼花费近 2 亿元。

周杰伦和昆凌结婚在当时可是很轰动的，当时有新闻说周杰伦娶昆凌满足了女孩对婚礼的所有幻想，古堡、教堂、牧师，绝对是王子公主童话般的婚礼。据媒体报道，古堡、教堂、乐队、50 位亲友的机票食宿等所有的费用全部由周杰伦一包到底，总花费约 450 万元人民币。

李家诚和徐子淇，可能很多朋友不认识他，可能会误认为是亚洲首富李嘉诚，其实不是，他是香港富豪李兆基二子，在 2006 年和女星徐子淇结婚，整个婚礼花费 7 亿人民币。这个数字是不是像是天文数字啊，如果说黄晓明的婚礼是用钱铺的红地毯，那么他的婚礼是不是桌布都是用的钱铺的呀，简直无法想象。

（资料来源：搜狐（2018-04-18），http://www.sohu.com/a/228669209_767201）

2. 渗透定价策略

所谓渗透定价是指企业把其创新产品的价格定得相对较低，以吸引大量顾客，提高市场占有率。渗透定价的条件：

（1）市场需求对价格极为敏感，低价会刺激市场需求迅速增长。

（2）企业的生产成本和经营费用会随着生产经营经验的增加而下降。

（3）低价不会引起实际和潜在的竞争。

另外还有一种满意定价策略，是一种介于撇脂定价策略和渗透定价策略之间的价格策略。其所定的价格比撇脂价格低，而比渗透价格要高，是一种中间价格。这种定价策略由于能使生产者和顾客都比较满意而得名。有时它又被称为“君子价格”或“温和价格”。

3. 差别定价策略

差别定价也就是价格歧视，一般分三级：

1）个体歧视

让每个人付出他能付出的最高价格。通过讨价还价（菜市场买菜）、拍卖等方式完成，如电信公司拍卖手机靓号，腾讯公司拍卖 QQ 靓号等。

2）销量歧视

买得越多越便宜。几乎绝大部分商品和服务都适用。

案例 9-4

折扣定价策略

日本东京银座美佳西服店为了销售商品采用了一种折扣销售方法，颇获成功。具体方法是这样：先发一公告，介绍某商品品质性能等一般情况，再宣布打折扣的销售天数及具体日期，最后说明打折方法为第一天打九折，第二天打八折，第三、四天打七折，第五、六天打六折，依此类推，到第十五、十六天打一折。

这个销售方法的实践结果是：第一、二天顾客不多，来者多半是来探听虚实和看热闹的。第三、四天人渐渐多起来，第五、六天打六折时，顾客像洪水般地拥向柜台争购。以后连日爆满，没到一折售货日期，商品早已售罄。

3）区隔歧视

常见的几种有：区域歧视（不同地域不同价格，多半是由于一些不可抗拒的原因导致这种办法综合效率最高）、人群歧视（老人票、儿童票）、时间成本（电影院的上午场、夜场就便宜，下午场和晚场贵）、机会成本歧视（青年机票，可以等候即将起飞的航班，有空座就能飞，没有就回去）。

4. 消费者定价策略

消费者定价，是自古就有的一种定价策略，又称拍卖。拍卖，是一种特殊的定价策略。这种策略中，蕴含着信息经济学、激励理论、博弈论等重要学问。

消费者定价通常实现的方式是“拍卖”和“逆向拍卖”。拍卖的方法有普通的竞价抢购、荷兰式拍卖（先从一个最高价开始不断往下喊价）。逆向拍卖，就是在供大于求、库存压力大、买方主动的情况下，通过商家竞标的方式，尽量用低价满足价格敏感者，实现消化库存的目的。

5. 组合定价策略

组合定价，就是通过把不同商品组合在一起，集合定价，获取最大销售利益的定价方法。本章导入案例中，DJ 和灯光公司的定价方法就是组合定价。

1）产品线定价

根据产品的功能和品质定价，以满足不同类型的消费者。

2）捆绑式定价

利用价格锚点的心理，推销套餐。核心是单买某一个产品价格很贵，但是购买套餐价格就很便宜。一个绝佳的婚礼创意，往往可以搭配销售大量的其他环节，从这些环节里赚取利润。

3）附属产品定价

以较低价销售主产品来吸引顾客，以较高价销售备选和附属产品来增加利润。例如美国柯达公司推出一种与柯达胶卷配套使用的专用照相机，价廉物美，销路甚佳，结果带动柯达胶卷销量大大增加，尽管其胶卷价格较其他品牌的胶卷更昂贵。

4）副产品定价

在许多行业中，在生产主产品的过程中，常常有副产品。如果这些副产品对某些客户群具有价值，必须根据其价值定价。副产品的收入多，将使公司更易于为其主要产品制定较低价格，以便在市场上增加竞争力。肉类、石油、化工等行业，常常伴有副产品。

5）分部式定价

根据人的需求程度，从免费到收费，从收费逐步到收更多的费，目的也是占领更多的市场达到销售最大化。例如公园门票收费，入园后一些特殊项目再额外收费；自助餐厅，一口价之外，特别菜品单独收费；廉价航空公司，除了机票之外，飞机上的每一样东西都要额外收费。同理，某些廉价的婚礼，也可以采用分部式定价。

6. 心理定价策略

心理定价策略主要有：尾数定价策略、整数定价策略、声望定价策略、招徕定价策略、最小单位定价策略以及习惯性定价策略六种。

1）尾数定价策略

尾数定价，又称零头定价或缺额定价，即给产品定一个零头数结尾的非整数价格。大多数消费者在购买产品时，尤其是购买一般的日用消费品时，乐于接受尾数价格，如 0.99 元、9.98

元等。消费者会认为这种价格经过精确计算，购买不会吃亏，从而产生信任感。

2）整数定价策略

整数定价与尾数定价正好相反，企业有意将产品价格定为整数，以显示产品具有一定质量。

3）声望定价策略

声望定价即针对消费者“便宜没好货”的心理，对在消费者心目中享有一定声望，具有较高信誉的产品制定高价。购买这些产品的人，往往不介意产品价格，最关心的是产品能否显示其身份和地位，价格越高，心理满足的程度也就越大。

4）招徕定价策略

将产品价格定得低于一般市价，或者明显异乎寻常的高于市价，以引起消费者好奇心，然后再进行相应的推销。

5）最小单位定价

以最小包装单位量制定基数价格，使得单价看起来很低。

6）习惯定价策略

有些产品在长期的市场交换过程中已经形成了为消费者所适应的价格，称为习惯价格。企业对这类产品定价时要充分考虑消费者的习惯倾向，采用“习惯成自然”的定价策略，不宜轻易变动。

9.3.2　价格调整

价格调整策略是指企业在市场营销活动中，根据市场状况、企业条件等价格影响因素的变化适时修订和调整产品基本价格的手段。价格调整策略实质上是企业的一种动态定价策略。

1. 降价策略

这是定价者面临的最严峻且具有持续威胁的问题。企业降价的原因很多，有企业外部需求及竞争等因素的变化，也有企业内部的战略转变、成本变化等，还有国家政策、法令的制约和干预等。具体主要表现在以下几方面：

（1）企业急需回笼大量现金。

（2）企业通过削价来开拓新市场。

（3）企业生产能力过剩。

（4）企业决策者预期削价会扩大销售。

（5）由于成本降低。

（6）政治法律环境及经济形势的变化，迫使企业降价。

2. 提价策略

提价确实能够增加企业的利润率，但却会引起竞争力下降、消费者不满、经销商抱怨，甚至还会受到政府的干预和同行的指责，从而对企业产生不利影响。虽然如此，在实际中仍然存在着较多的提价现象。其主要原因是：

（1）减少成本压力。

（2）为了适应通货膨胀。

（3）产品供不应求。

（4）利用品牌优势。

3. 对价格调整的反应

很多时候，企业的价格调整并非出于主动，而是为了应对竞争对手的价格调整。这时企业必须考虑以下问题：

（1）为什么竞争者要变动这个价格？它是想悄悄地夺取市场，利用过剩的生产能力，适应成本的变动状况，还是要引导一个行业范围内的价格变动？

（2）竞争者计划的这个价格变动是临时的还是长期的措施？

（3）如果本公司对此不做出反应，本公司的市场份额和利润将会发生什么样的情况？其他公司是否将对此做出反应？

（4）对于每一种可能发生的反应，竞争者与其他企业的回答可能是什么？

案例 9-5

高星级酒店婚宴降价亲民

北京商报记者走访北京多家高星级酒店了解到，2013 年中央“八项规定”实施后，酒店遭遇了“寒冬年”。面对经营低潮期，原本一些以商务会议为主的酒店纷纷降低身价打起“亲民牌”。北京商报记者调查发现，不少外资和内资酒店在今年都根据市场情况对婚宴价格进行了调整，北京嘉里大酒店去年最低档婚宴价格为 688 元 / 人，最高档价格为 1 388 元 / 人；今年酒店最低档婚宴价格仅为 488 元 / 人，另外设置了 3 档，分别为 588 元 / 人、688 元 / 人、788 元 / 人（最高）。中国大饭店去年最低婚宴价格为 5 888 元一桌，今年则为 4 888 元一桌。内资酒店方面，北京国际饭店去年婚宴价格为 588 元 / 人和 688 元 / 人两档，今年在去年的基础上增加了 388 元 / 人和 488 元 / 人两档婚宴价格。

一些高端酒店出于对自身情况的综合考虑，依然沿用去年的价格。国贸大酒店去年的婚宴价格从 6 888 元一桌到 13 888 元一桌不等，今年依旧。国贸大酒店相关工作人员表示，“今年虽然有的酒店降价了，但由于目前我们酒店婚宴预订情况不错，所以依然沿用去年的价格”。同样延续去年婚宴价格的还有北京柏悦酒店和北京四季酒店。北京柏悦酒店的销售人员表示，目前来酒店举办婚礼的客人相对来讲还是有较高需求的，一般花费都在几十万元。

业内人士表示，目前还有一些高档酒店并未调整价格，是出于对市场的考虑。一方面是由于这些酒店还是以会议市场为主，客源方面还是以外企为主，婚宴市场对这些酒店影响不大；另一方面则是这些酒店目前在婚宴市场上仍以高端市场为主，一些婚宴客源还是有高端婚礼的需求。

（资料来源：http://www.cnjdyp.com/news/648.html）

小　结

1. 定价工作是一个动态过程，企业为自己的全部产品设计一个定价的结构。随着时间的推移，公司不断改变这个结构，以适应不同的消费者和情况。

2. 在为新发明的产品定价时，企业可以使用撇脂定价法，制定一个很高的价格，从各个子市场获得最大的收入；或者使用渗透定价法，制定一个较低的初始价格，占领较大的市场份额。

3. 当产品是产品组合的一部分时，企业寻求一组产品组合定价策略，这些策略通过产品组合的整体实现最大利润。

4. 企业实施各种价格调整策略，目的是适应不同的竞争态势。

关键概念

定价目标　定价策略　价格调整

习　　题

一、简答题

1. 影响产品定价的主要因素有哪些？

2. 怎样用盈亏平衡法给产品定价？

3. 企业在什么情况下用撇脂定价法？

4. 企业被动调价时应注意哪些问题？

二、实训题

【实训项目】

婚礼定价。

【实训目的】

了解定价的各种实用方法。

【实训内容】

教师灵活规定婚礼的样式，学生比较几种一般的定价方法，注意能够区别成本导向定价法、需求导向定价法和竞争导向定价，然后选择其中一种或几种方法，为某个婚礼样式定价。

【实训步骤】

1. 教师提出基本要求。

2. 学生进行准备。

3. 学生分组完成市场细分方案，并要求在班级汇报。

4. 学生提出问题。

5. 教师进行点评、总结。

【完成任务】

1. 形成完整的设计方案。

2. 在课堂上用 PPT 汇报。

3. 将 PPT 作业交给老师。

第10章 婚庆市场分销策略

学习目标

通过本章的学习，你应该能够：

• 描述分销渠道的性质与分类，解释为什么需要市场营销中介机构；

• 辨别主要分销渠道选择，包括市场中营销中介机构的种类，辨别正常的分销行为与不健康的销售行为；

• 了解服务产品分销的主要渠道；

• 判断每一种主要分销模式是否适用于婚庆服务市场。

导入案例

易结网的婚庆平台模式

经过两年的试错，韩硕发现易结网这种类型的平台模式并不适合婚礼行业。

“从2014年下半年到现在，其实我们已经做了两年多的互联网婚礼平台，但是我们发现在结婚这个低频的传统行业要做一个那么虚的平台，其实是不大现实的。”韩硕说道。

易结网的运营模式跟大众点评类似，由婚礼策划公司入驻易结网平台，用户在平台上选择自己满意的婚礼策划公司，然后平台向商家收取一定的入驻广告费。

但是婚礼行业跟餐厅不同，婚礼服务的周期很长，一般都要经过几个月到半年的时间，并且所有的服务都在线下完成，易结网作为一个平台，并没有能力监管到线下所有的服务环节，因此也就不能保证服务的质量。除了难保证质量，婚礼平台也存在跟其他平台一样的跑单问题，从而直接影响平台的收益。

韩硕回忆道，2014年下半年，在IDG对易结网的600万美元A轮投资到账之后，韩硕开始组建自己的互联网团队。“当时我去美国、日本、韩国研究了当地的婚礼市场，发现在美国有垂直的婚礼行业网站，而在日本则是有那种类似黄页的杂志，前一半是各种结婚信息，后面都是商家的信息。在我们综合考察了国外的模式和国内的市场之后觉得，如果在中国做一个婚礼行业的平台，大概就是易结网这个样子。”

易结网最早是借鉴一些服务类对接平台的做法，进行撮合交易。但是，在做易结网的过程中韩硕逐步发现，结婚这个行业如此低频，一旦有客人发布需求，可能有 20 家婚礼公司都能给她提供服务，但是客户在线上根本无从选择，因为在线上根本看不出这20家婚礼公司有什么不同。

“发现这种问题之后，我们就想做些改善，于是转变了发展的策略。”韩硕说，“因为出现客人选择困难的就是行业标准的不统一，所以我们干脆把之前做美薇亭时建立的一套服务标准做一个培训体系，然后把平台上入驻的这些婚礼公司做一个分级。”

但是分级之后，用户并没有因此而觉得选择起来更方便。因为婚礼策划毕竟是执行层面的产品，仅仅是标准的输出并不能控制商家的服务质量。“那我们就想，要不再做得重一点，让用户先把钱给我们，随着婚礼策划执行按照我们的标准推进，我们再一步一步把这些钱打给婚礼公司。”

在 2015 年底，易结网介入了付款流程，一个月大概能签七八十单，单价在六万元左右。这种模式确实让线下商家从易结获得了不少客户，但随后易结收到的客户投诉也多了起来，基本上是投诉商家没有按照标准执行或出现了各种各样无法监控的问题。这其中一个原因就是婚礼服务的流程长且烦琐，虽然有平台的存在，但是对商家和客户来说好像并没有什么效果。

撮合交易、做行业标准以及介入交易流程，三种不同的形式都尝试过了，但韩硕发现好像互联网并没有给婚礼行业带来多大的改变。

这也是整个婚礼行业的现状。小公司、夫妻店、婚礼公司、酒店、花店……环节众多，提供服务的公司分散，互相打通的关系也非常复杂。整个婚礼行业都处于赚快钱的一种状态，根本没有想要通过提升服务质量从而建立一个长期口碑的公司。

韩硕说：“其实当时我跟投资人达成的共识是，通过提升 B 端的服务能力，从而最终提升 C 端的服务体验。”

不过，经过这两年的尝试，韩硕发现自己再一次错了。

“我们一直搞错了这个 B 的角色到底是谁，我们开始以为 B 就是婚礼公司，但是这个 B 应该是婚礼公司里具体提供服务的人，就是那些婚礼的策划师和设计师。之前，我以为我们要做的平台是给婚礼公司提供一个流量平台，但其实给那些有才华的婚礼人提供一个平台，不也是在做平台吗？”

韩硕觉得前两年易结网做的就是“互联网中介”这个角色，仅仅是利用互联网解决了信息不对称这个难点，但是并没有提升服务的质量，没有从本质上提升 C 端的服务体验。

（资料来源：杵针网，http://moozhen.com/category/qiye/）

理论知识

分销策略是市场营销组合策略之一。它同产品策略、促销策略、定价策略一样，是企业能否成功将产品打入市场，扩大销售，实现企业经营目标的重要手段。在西方经济学中，分销的含义是建立销售渠道的意思，即产品通过一定渠道销售给消费者。也可以这么来理解：分销是 4P 中的 Place，也就是说，企业把产品放在什么地方销售，就是分销。分销的简单模型如图 10-1 所示。

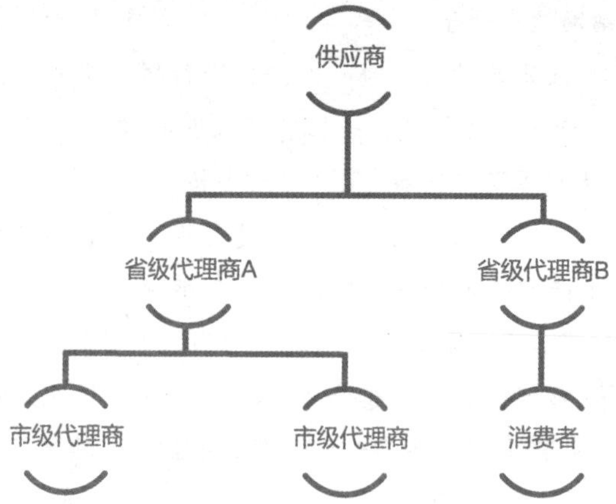

图 10-1 分销的简单模型

10.1 分销渠道类型与选择

一个企业进行分销的基本任务有三个，即渠道策略的选择、中间商的选择以及物流的组织与管理。要完成这个基本任务，需要设计不同类型的分销渠道，并选择适用的分销模式。

10.1.1 分销渠道的传统分类

分销渠道的分类一般是依据流通环节的特性。

1. 直接渠道和间接渠道

这种划分是看企业在其分销活动中是否通过中间商。

直接渠道就是商品从生产领域转移到消费领域不经过任何中间商转手的分销渠，如直销模式。

间接渠道则是商品从生产领域到消费者或用户手里经过若干中间环节的分销渠道。间接渠道是两个以上层次的分销渠道模式。

2. 长渠道和短渠道

对于间接渠道来讲，根据其介入的中间商层次的多少可分为长渠道和短渠道。长渠道是指生产者经过两道以上的中间环节，把产品销售给消费者；而短渠道则指生产者没有或只经过一个中间环节，把商品销售给消费者。

分销渠道的长短一般是按通过流通环节的多少来划分，具体包括以下四层：

（1）零级渠道：生产者—消费者。

（2）一级渠道：生产者—零售商—消费者。

（3）二级渠道：生产者—批发商—零售商—消费者；或生产者—代理商—零售商—消费者。

（4）三级渠道：生产者—代理商—批发商—零售商—消费者。

3. 宽渠道和窄渠道

渠道宽窄取决于渠道的每个环节中使用同类型中间商数目的多少。企业使用的同类中间商多，产品在市场上的分销面广，称为宽渠道。例如一般的日用消费品，由多家批发商经销，又转卖给更多的零售商，能大量接触消费者，大批量地销售产品。

企业使用的同类中间商少，分销渠道窄，称为窄渠道，它一般适用于专业性强的产品，或贵重耐用消费品，由一家中间商统包，几家经销。它使生产企业容易控制分销，但市场分销面受到限制。

4. 单渠道和多渠道

当企业全部产品都由其直接所设门市部销售，或全部交给批发商经销，称为单渠道。多渠道则可能是在本地区采用直接渠道，在外地则采用间接渠道；在有些地区独家经销，在另一些地区多家分销；对消费品市场采用长渠道，对生产资料市场则采用短渠道。

婚庆企业可以采取多渠道或单渠道的模式，也可以采取宽渠道和窄渠道，但是长渠道是不可取的。

在图 10-2 中，左边是宽渠道，表示中间商的类型单一，但是同类代理商有很多；右边是多渠道，表示有很多种类的分销渠道。

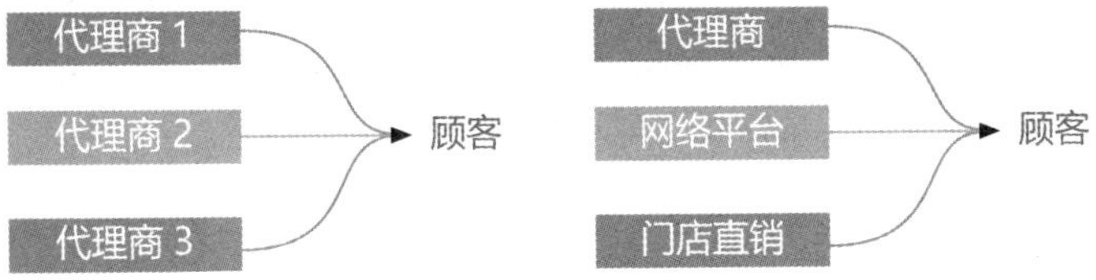

图 10-2　宽渠道与多渠道

10.1.2　营销分销渠道选择的因素

影响分销渠道选择的因素很多。生产企业在选择分销渠道时，必须对下列几方面的因素进行系统的分析和判断，才能做出合理的选择。

1. 产品因素

1）产品价格

一般来说，产品单价越高，越应注意减少流通环节，否则会造成销售价格的提高，从而影响销路，这对生产企业和消费者都不利。而单价较低、市场较广的产品，则通常采用多环节的间接分销渠道。

2）产品的形式

产品的形式对于那些按运输部门规定的起限（超高、超宽、超长、超重）的产品，尤应组织直达供应。服务型企业的产品是过程性的，形式的特殊性必须考虑。

3）产品的技术性

有些产品具有很高的技术性，应以生产企业直接销售给用户为好，这样可以保证向用户提供及时良好的技术服务。

4）定制品

定制品一般由产需双方直接商讨规格、质量、式样等技术条件，不宜经由中间商销售。婚礼在很大比例上属于定制品，前面说过长渠道是不可取的。

2. 市场因素

市场因素有：

（1）消费者的分布。

（2）潜在顾客的数量。

（3）消费者的购买习惯。

3. 企业因素

企业因素有：

（1）资金能力。

（2）销售能力。

（3）服务水平。

4. 中间商特性

1）选择性分销

一般说，消费品中的选购品和特殊品、工业品中的零配件宜采用此分销形式。

2）独家分销

它指企业在某一目标市场，在一定时间内，只选择一个中间商销售本企业的产品，双方签订合同，规定中间商不得经营竞争者的产品。

3）中间商的市场份额

如果一个中间商本身市场份额就很小，那么这个渠道的销售收入减去管理渠道的成本，利润就难以保障。

10.2 婚庆服务业的分销模式

服务分销是指服务从生产者转向消费者，所涉及的一系列企业或机构。在服务销售中，最普遍的是直销，即一种短渠道形式。虽然直销在服务市场中很常见，但仍有许多服务业的分销渠道包括一个或一个以上的中介机构。

婚庆市场的分销模式，大体可以适用直销、加盟、代理代销、经纪等。

10.2.1 婚庆的直销

婚庆属于服务产品，由于其不可分性和不可存储性，所以一般也只能采取直销的分销方式，即没有中间商的销售渠道，渠道长度为零。换句话说就是服务提供者直接推销自己的服务产品。这里直销的意思是服务商自己的服务产品，由企业直接销售，而不是通过中间企业或者个人。像安利那样的直销方式，指的是企业不设立门店，直接通过人员销售。婚庆的直销模式就是门店与网店，比如上市公司花海阁在2016年时北京城八区就有十六家分店，武汉、呼和浩特、广州、太原、东营、辽阳、大连、沈阳等多个地市均设有直营分公司，还有一些加盟店。

网站可以认为是直接销售的一种类型，但是与门店的直销相比，其人员销售效果不可同日而语，因此近些年来兴起的O2O销售模式，事实上只能称之为准直销模式。某婚庆公司的店面与网站如图10-3所示。

1. 门店的一般选址原则

一般选址原则如下：

（1）门店的空间布局以均衡为主。服务业的店铺与消费品零售业不同，店铺的作用更多的是用于品牌宣传，现场销售只是其中的一方面。

（2）选址要和城市发展规划相符合。

（3）既要注重商铺周围的人流量，又要关注客流的构成。这一点和企业的目标市场直接相关，企业要寻找和接近的是目标客户，因此必须了解人群的特点和布局。

（4）注意店铺成本。

图 10-3　某婚庆公司的店面与网站

2. 直接销售的优缺点

1）直接销售的优点

渠道越短，成本越低，越能控制最终零售价格，越容易给顾客提供全面的服务，可以及时获取消费信息，有利于提高企业的服务质量。

2）直接销售的缺点

第一，对于某些特定专业的个人服务提供，直销会严重影响其市场扩展，如著名的辩护律师、资深的咨询专家、知名策划师、主持人等；第二，采取直销往往意味着地域的局限性，服务提供者有不可复制性，只能照顾特定区域；第三，覆盖一个大区域的直营店成本太高。

在互联网经济的大潮下，电子商务的冲击迫使越来越多的服务产品开拓其他的分销渠道。

10.2.2　婚庆企业的加盟模式

加盟经营是指企业总部将自己所拥有的商标、商号、产品、专利和专有技术、经营模式等以加盟连锁经营合同的形式授予加盟者使用，加盟者按合同规定，在总部统一的业务模式下从事经营活动，并向总部支付相应的费用。由于总部企业的存在形式具有连锁经营统一形象、统一管理等基本特征，因此又称连锁经营。人们熟悉的加盟商业，有肯德基、麦当劳等。

加盟的经济成本根据地域和企业影响力各有不同，以上海为例，2017年有媒体调查的一般数据：面积为 145 平方米的门店，加盟费用一般在 3 万～ 5 万元左右，房租费用（押一付三）20 000 元 / 月，装修费用 1 100 元 / 平方米，设备费用 26 万～ 29 万元，道具费用 6 万～ 9 万元，广告宣传费用 4 万～ 5 万元，开业费用 2 万～ 2.5 万元，人员工资（季度）4 300 ～ 4 800 元 / 月 / 人（9 人），流动资金 10 万～ 12 万元，总投资费用为 85 万～ 90 万元左右（数据仅供参考）。某婚庆公司的加盟广告如图 10-4 所示。

1. 加盟的优势

加盟的优势有：

（1）不需要重资产，可以占领更多市场。

（2）节约资金。注册、地税、办公设备、装修、婚庆服务设备等均由加盟店承担。

（3）不需要大量扩充人员：专业的婚礼策划师、财务、顾问、接待、网络客服、执行、化妆师、摄影师、主持人等。

（4）不需要做区域性推广。

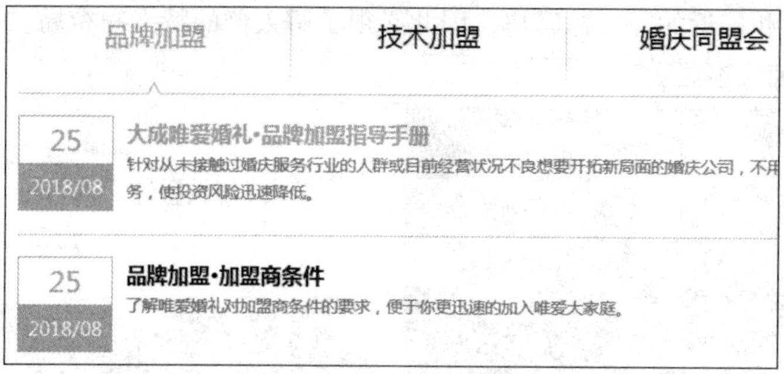

图 10-4　某婚庆公司的加盟广告

2. 加盟决策的注意事项

1）大众化与简单化并重

加盟的基本概念是品牌与经营经验的传授，加盟者因为不懂经营技术，所以才要加盟。也就是让外行的人，通过短期的教育训练就能上场操作。但是，在短期内要让加盟者从生手变成熟手，经营操作的技术必须简单化，比如婚礼产品可以由总部提供模块化的设计。

2）开店数量适可而止

一个企业如果想扩大加盟，必须达到连锁的经营规模，也就是加盟店要开得足够多。而且加盟总部对每一家加盟店所持续收取的费用不能过高，所以加盟店一定要多，从各店所收取的费用总额才能够使总部自给自足。

但是，加盟店的数量又不能过多。如果加盟店越开越多，那么每家店的商圈范围势必变小，意味着商圈内的消费者也会越来越少。

3）圈定好目标客户

不同形态的店面对选择地点的要求也有不同。如果某种形态的店对商圈的要求标准不很严格，那么选择开店地点就相对容易一些。

4）注重品牌的维护

加盟企业的品牌，也就是店门口所挂的招牌，它的知名度和美誉度非常重要。连锁体系所要建立的是连锁企业的品牌，而非产品品牌。唯有建立起连锁企业的金字招牌，加盟店才会依附在这块招牌下。

10.2.3　婚庆产品的代理

代理分销渠道模式是指厂商利用一定的中间商帮助寻找顾客、销售商品，但是制造商没有向中间商转让产品所有权。因此，中间商只是在接受生产商委托的前提下进行商品的代销或推广。

1. 传统代理的特征

一般来说，中间商不购买产品，不必为产品付款，也没有产品的所有权。这样的中间商通常称为代理商。中间商必须将产品销售以后所取得的货款返还给生产商，而他们则根据协议从生产商（委托人）那里获得佣金。这是代理分销渠道模式的基本特征。

2. 代理的优点

代理的优点有：

（1）因为产品所有权没有转移给代理商，所以生产商能够利用其所有者的地位对代理分销渠道的运行施加一定的控制。

（2）在商品分销方面，代理商可以利用自身能力寻找和开发潜在顾客，从而分担销售投资，节省交易费用。

（3）在一定程度上也能够实现生产商与代理商共同分担销售风险。为降低风险，代理商必须努力开拓市场，代理商的努力将为生产商带来好处。

3. 代理的缺点

1）代理企业的积极性

由于代理商没有产品所有权，所承担的销售风险较小，因此他们可能不会尽最大努力来开拓市场，全面提升销售业绩。

2）灵活度较差

由于产品销售价格、销售服务等的决策权最终还是掌握在生产商手中，代理商难以灵活地调整价格策略和服务策略，因而对市场竞争的适应性较低。

3）管理代理关系的难度

有时代理商为了谋求自身利益，不惜要挟生产商推出成本很高的服务项目，或者过度降低价格来提升商店人气，或者向生产商收取佣金之外的促销费、进场费等。这些弊端必然降低代理分销渠道模式的运行效益，损害生产商的利益。

4. 互联网销售平台

如果不是互联网的普及，婚庆行业的销售模式很难出现代理的方式。如本章的导入案例所述，互联网平台以网络商城的形态出现，作为婚庆公司直销的卖场之一，其中一些平台逐步转向佣金代理模式或保证金营销中介。The Knot 上的供应商列表如图 10-5 所示。

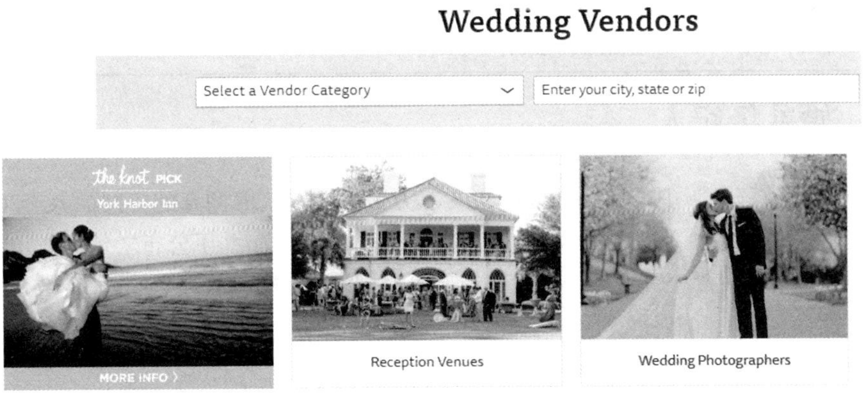

图 10-5　The Knot 上的供应商列表

小资料

美国主要婚庆网络平台

网站名称：OneWed.com

类　　别：婚庆

外文网址：http://www.onewed.com/

网站名称：婚礼线
外文名称：WeddingWire
外文网址：http://www.weddingwire.com/

网站名称：婚礼频道
外文名称：WeddingChannel.com
外文网址：http://www.weddingchannel.com/

网站名称：完美婚礼指导
外文名称：The Perfect Wedding Guide
外文网址：http://www.perfectweddingguide.com/

网站名称：爱结网
外文名称：The Knot.com
外文网址：http://www.theknot.com/

网站名称：我的婚礼
外文名称：Mywedding.com
外文网址：http://www.mywedding.com/

网站名称：新娘
外文名称：Brides
外文网址：http://www.brides.com/
中文网址：http://www.brides.com.cn/

10.2.4 婚礼经纪人

经纪人，在《辞海》中的解释是介绍买卖双方交易，以获取佣金的中间商人。2004 年 8 月 28 日，经国家工商行政管理总局修改的《经纪人管理办法》公布并于公布之日实施，规定："经纪人是指在经济活动中，以收取佣金为目的，为促成他人交易而从事居间、行纪或者代理等经纪业务的自然人、法人和其他经济组织。"

1. 按照行业来划分经纪人的种类

按照行业来划分经纪人的种类有：

（1）商品交易经纪人。

（2）金融市场经纪人。

（3）技术经纪人。

（4）文化体育经纪人。

（5）房地产经纪人。

2. 婚礼经纪人

如果把经纪人的一般概念移植到婚庆行业，大致是这样的：婚礼经纪人是根据新人需求及预算，提供全面的婚礼咨询、策划服务，提醒、跟进、协助新人婚前、婚中、婚后的每一个细节，为新人提供优良服务产品，并负责婚礼后反馈服务的中间人。它的关键点是：促成交易，收取佣金，对过程和结果负责。

小资料

婚礼经纪人的出现

婚秘创始人王琦对于婚礼经纪人出现的解释是：在婚嫁行业从业多年，服务了许多新人，行业有痛点、用户有需求。传统婚嫁行业不论是酒店、婚庆还是婚纱摄影，获取用户的成本都在日益增高，但客户来了却不能有效深挖或导流。如果商户把这部分工作交给婚秘（经纪人），他们只需做好服务部分，不仅可以节省拓客成本，还能因做专而增大效益。

婚嫁行业的企业不少，大家的方向不一样。可以说婚秘没有切任何一个入口，但同时也切了最大的入口，因为婚秘解决了用户面临结婚的第一个痛点，即没经验，不知从何下手。在真实情况里，用户要结婚都会先咨询父母、家人和身边结过婚的朋友，其实这些人就是“不专业”的婚礼经纪人，而婚秘提供的经纪人则是专业的，帮新人们解决没经验、不知从何入手、选择商户困难、费时费力、价格不透明、信息不对称、交易没有担保、一锤子买卖、服务无法评价等一系列的问题。用“婚礼经纪人”这个角色串联起商户、新人和平台，让商户只做自己专业的事并节省成本，让用户享受更高效、便捷、优质的服务。在婚嫁行业，大家喜闻乐见的是婚礼策划师，那两者之间有何区别？

从时间节点看，婚礼策划师做的是婚礼服务的一个点，而婚礼经纪人做的是一个面。策划师的服务已经到了婚礼筹备的最后一环，即婚庆公司，而婚礼经纪人是从选酒店、拍婚纱前就已经介入，经纪人甚至会协助新人选定婚礼吉日。

从服务内容看，经纪人真正做到了用户婚礼的“一站式”服务，经纪人更像是用户婚礼的一个贴身大管家，而传统的策划师是无法让新人当成甩手掌柜的。

（资料来源：http://www.hunjia520.cn/information/106.html）

3. 婚礼经纪人与产品经理的区别

经纪人与第 9 章产品经理的概念很容易混淆，表 10-1 所列可以比较清晰地区分两者之间的异同。

表10-1　婚礼经纪人和婚礼产品经理的异同

区别	婚礼经纪人	婚礼产品经理
工作流程	了解客户需求	了解市场需求
	为客户寻求公司	为客户开发产品
	为交易顺利而协调买卖双方	为研发产品而协调企业内部关系，确保按时完成产品
	跟踪服务过程	跟踪产品的使用过程
	反馈给供应商	反馈给企业
		升级优化产品
	收取佣金	工资制

小　结

1. 选择分销渠道是企业面对的带有挑战性的决策问题，所以了解分销渠道的性质是重要的。

2. 分销渠道也可以用在不怎么看得见的服务行业中，甚至在个人市场营销中。

3. 适用于婚庆服务市场的分销模式，主要有直销、加盟、代理、代销、经纪以及批发与零售。

4. 互联网销售的模式其实已经被包含在代理代销与经纪等分销模式之内，只不过采用了新的传播技术。

关键概念

分销渠道 服务分销 渠道分类 互联网分销

习　题

一、简答题

1. 分销的一般种类有哪些？
2. 婚庆市场主要适用哪些分销模式？
3. 婚庆加盟分销有哪些注意事项？
4. 婚礼经纪人的主要职能是什么？

二、实训题

【实训项目】

设计婚庆企业的加盟条件。

【实训目的】

了解加盟的条件、优势与劣势，了解企业选择加盟策略的原因。

【实训内容】

根据企业现状设计加盟商招募广告与条款。

【实训步骤】

1. 教师提出基本要求。
2. 学生进行准备。
3. 学生分组完成方案，并要求在班级汇报。
4. 学生提出问题。
5. 教师进行点评、总结。

【完成任务】

1. 形成完整的设计方案。
2. 在课堂上用 PPT 汇报。
3. 将 PPT 作业交给老师。

第11章 促销策略与婚庆谈单技巧

学习目标

通过本章的学习，你应该能够：

- 了解促销策略组合包含的方法；
- 了解服务产品促销的特殊之处；
- 了解婚庆市场的人员促销（谈单）的重要性及实践；
- 利用广告促销策略并认识到网络促销的优势。

导入案例

阿根廷总统推销生发水

【环球时报综合报道】总统帮生发水做广告，这在哪儿都算“破天荒”之举。据《阿根廷新闻》2018年11月19日报道，阿根廷总统毛里西奥·马克里手持生发水往头上喷洒的照片近期在社交媒体上疯传，引发阿根廷乃至中南美洲邻国的热议。

为宣传这款国产生发水，马克里还专门录制了一段视频并将其传至个人社交账号。视频详细介绍了生发水的配方、使用方法及功效。值得注意的是，总统还当场将生发水喷在自己的头上。

报道称，阿根廷自古以来以农业和足球著称，少有自主研制的高科技产品。此款生发水是阿根廷科研人员耗时数年的研究成果，目前已获准在欧盟国家销售。

（资料来源：环球网（2018-11-20），http://world.huanqiu.com/exclusive/2018-11/13590557.html）

理论知识

11.1 促销与促销组合

促销策略（Promotion）是指企业如何通过促销组合手段，向消费者传递产品信息，引起他们的注意和兴趣，激发他们的购买欲望和购买行为，以达到扩大销售目的的活动。促销策略是营销组合的重要组成部分，是营销活动一切策划活动在最终销售之前的最后一个重要环节。

11.1.1 促销的作用与基本策略

1. 促销的作用

促销的作用有：

（1）传递信息。

（2）激发需求。

（3）突出特点。

（4）建立信誉。

（5）扩大销售。

2. 促销的基本策略

1）“推式”策略

主要通过以人员推销方式为主的促销组合，把商品推向市场。推动策略的目的在于说服中间商，使他们接受企业和产品，从而使产品渗透进分销渠道，最终抵达消费者。

2）“拉式”策略

主要通过以广告为主的促销组合，把消费者吸引到企业的特定产品上来。这种策略首先设法引起消费者对产品的需求和兴趣，使消费者向中间商询购这种产品，最后促成中间向生产者进货。

一般来说，对于需求比较集中、技术含量高、销售批量较大的产品，宜用“推”的策略；对于需求分散、销售批量较小的产品，宜用“拉”的策略。从这个角度看，婚庆行业的产品一般要采用“拉”的策略，这也是为什么婚庆服务包的销售特别注重人员推销的原因。

3. 促销的本质

不管是推还是拉，促销说到底是一种信息沟通的艺术，它的三要素是：

（1）有吸引力、说服力的信息。

（2）适当的沟通方式。

（3）特定的沟通对象。

11.1.2 促销组合

促销组合是指企业根据促销的需要，对广告宣传（Advertising）、销售促进（Sales Promotion）、公共关系（Public Relation）与人员推销（Personal Selling）等各种促销方式进行的适当选择和配合。

1. 促销组合的内容

1）人员推销

它指企业派出推销人员或委托推销人员，直接与消费者接触，向目标顾客进行产品介绍、推广，促进销售的沟通活动。

2）广告促销

它指企业按照一定的预算方式，支付一定数额的费用，通过不同的媒体对产品进行广泛宣传，促进产品销售的传播活动。

3）营业推广

它指企业为刺激消费者购买，由一系列具有短期诱导性的营业方法组成的沟通活动。

4）公关促销

它指企业通过开展公共关系活动或通过第三方在各种传播媒体上宣传企业形象，促进与内部员工、外部公众良好关系的沟通活动。

2. 一般商品的促销组合特征

在第 3 章的营销观念演进中，介绍了营销观念从最初的生产观念一直到社会营销观念的发展过程。对于一般商品来说，目前最广泛被认识的市场营销观念认为品牌的销售促进相对重要，而人员推销方式已经过时。它的一般重要性排序是这样的：广告—销售促进—人员推销—公关宣传。但是婚庆行业属于服务行业，它的产品是服务产品或者一个服务包，促销的组合策略就有所不同。

11.1.3　服务产品的促销组合

服务企业将产品或服务向目标顾客进行宣传、报道和说服，以引起他们的注意和兴趣，激起他们的购买欲，从而促使其购买的行为就是服务促销。

1. 服务促销的路径

服务促销的促销方式和一般商品并无本质不同，通过图 11-1 所示的服务产品促销的路径，服务企业达成其促销目标如下：

图 11-1　服务产品促销的路径

（1）建立对该服务产品及服务公司的认知及兴趣。

（2）使服务内容和服务公司本身与竞争者产生差异。

（3）沟通并描述所提供服务的种种利益。

（4）建立并维持服务公司的整体形象和信誉。

（5）说服顾客购买或使用该项服务。

2. 服务促销的特殊性

服务促销与有形产品促销的不同之处主要在以下两方面：

1）消费者对促销行动的反应

消费者对服务促销的态度主要凭主观印象、更个性化、对服务挑剔，并且购买过程极不稳定，易受他人影响。

2）促销组合的方式或次序不同

图 11-2 列出了消费品市场和服务市场的促销组合的异同。

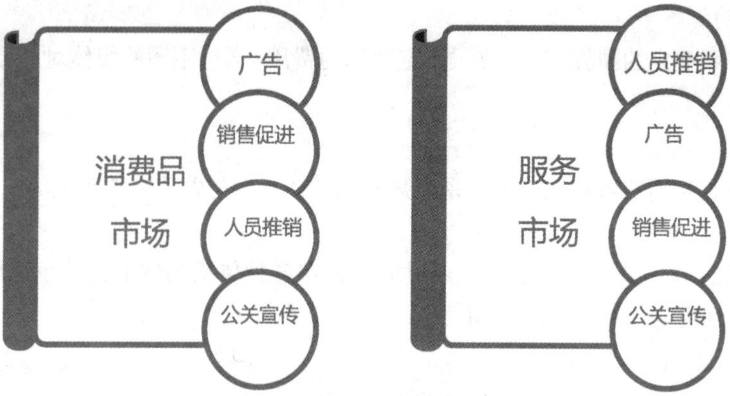

图 11-2 不同市场的促销组合的异同

如前文所述，服务类的产品促销方式中人员直接推销的重要性更加明显，也就是多采用“拉”的推销策略。

11.2 人员推销

人员推销是一种最古老的推销方式，即企业派专职或兼职的推销人员直接向可能的购买者进行的推销活动。人员推销的基本要素为推销员、推销产品、推销对象。

有人认为，人员推销就是多磨嘴皮、多跑腿，把手里的商品卖出去而已，无须什么学问和技术；也有人认为人员推销就是欺骗，推销技术就是骗术。这都是人们对推销的一种误解。其实，人员推销是一项专业性很强的工作，是一种互惠互利的推销活动，它必须同时满足买卖双方的不同需求，解决各自不同的问题，而不能只注意片面的产品推销。

人员推销，尤其是服务产品的人员推销，不仅是卖出产品的过程，还是购买的过程，即帮助顾客购买的过程（替顾客节约成本，4C 之一）。推销员只有将推销工作理解为顾客的购买工作，才能使推销工作进行得卓有成效，达到双方满意的目的。为顾客服务，不仅是推销员的愿望和口号，而且也是人员推销本身的客观要求。顾客不是购买产品实体本身，而是购买某种需要的满足；同理，推销员不是推销单纯的产品，而是推销一种可以解决某些问题的答案。

11.2.1 推销员的素质要求

优秀的推销人员除了对企业有较强的责任心、勤奋、不怕失败、善于沟通之外，还需要具备过硬的业务素质。

1）推销员必须对公司有全面了解

熟悉公司发展史，对公司历年财务、人员状况、领导状况及技术设备都了如指掌，因为这些知识都有助于增强顾客对推销员的信任感。同时，还应该学会巧妙地运用统计资料来说明公司的地位，力争在顾客心目中树立起良好的公司形象。

2）推销员应该是产品专家

应全面了解从产品设计到生产的全过程，熟悉产品特点，熟知产品成本、费用。还应全面掌握产品种类，了解竞争产品的情况。

3）推销员要了解顾客

一方面需要了解顾客购买的可能性及希望从中得到的效用，另一方面还需要了解顾客购买的决策依据，顾客购买决策权在谁手中，谁是购买者，谁是使用者和消费者，深入分析不同顾客的心理、习惯、爱好和要求。

4）掌握相关知识

主要包括营销策略、市场供求情况、潜在顾客数量、购买力、相关法律法规（如婚姻法、民法典等）。

5）优秀的推销员还应具备良好的文化素质

对推销员来说，同行竞争的焦点往往是文化素质的差异。在文化素质方面，要求推销员具有一定的专业知识，如经济学、管理学、心理学、语言学等。除此之外，还应在文学、艺术、地理、历史、哲学、自然科学、国际时事、外语、计算机技能等方面充实自己。博学多才是推销员成功的重要因素。

案例 11-1

推销员齐藤竹之助

齐藤竹之助 1919 年毕业于庆应大学经济学系。同年进入日本三井物产公司，后任三井总公司参事，1950 年退休。

1951 年，57 岁的齐藤竹之助为了偿还重债，成了朝日生命保险公司推销员。

齐藤竹之助进入朝日生命保险公司后，决定要成为公司首席推销员。当时朝日生命保险公司大约有两万名业务员，年过半百的他要脱颖而出，谈何容易？

为了实现这一愿望，齐藤竹之助更加努力地工作。早晨 5 点一睁开眼，立刻开始一天的活动。躺在被窝里看书，思考推销方案；6 点半往顾客家挂电话，最后决定访问的时间；7 点吃早饭，与妻子商谈工作；8 点到公司去上班；9 点坐最喜爱的凯迪拉克轿车出去推销；下午 6 点下班回家；晚上 8 点开始读书，反省，安排新方案；11 点准时就寝。这就是齐藤竹之助最典型的一天的生活。

1959 年 7 月，是朝日生命保险公司的成立纪念日，齐藤竹之助全力以赴，第一次实现了 1.4 亿日元的月销售额。其后，11 月又创造了 2.8 亿日元的新纪录，也是在这一年，他登上日本第一的宝座，成为日本首席推销员。

1963 年，齐藤竹之助的年保费达 12.26 亿日元。这一年，他被美国的百万圆桌会议（MDRT）吸收为会员。在随后的四年中，他作为唯一的亚洲代表，连续四年出席例会，而最后被认定人 MDRT 终身会员。

在他首次出席例会的那一年，他的年销售额已突破了 10 亿日元大关，第二年达到 17 亿日元，第三年却达到 27 亿日元。齐藤竹之助这样总结他的经验："靠坚定信念而焕发斗志，动脑筋，想办法，不断创新，顽强地使推销获得成功，就一定能成为优秀推销员。"

（资料来源：http://www.baike.com/wiki/%E9%BD%90%E8%97%A4%E7%AB%B9%E4%B9%8B%E5%8A%A9）

11.2.2 推销技术与流程

人员直接推销的方式一般有上门推销、门店柜台推销以及各种会议活动推销等。上门推销一般适用于普通消费品；各种活动的推销应用范围很广，比如婚庆行业会利用婚博会等行业的相关活动进行现场推销，也能取得不错的效果。只不过它的推销对象可能是最终的用户（新人），也可能是中间商。推销的技术性环节，一般包括顾客搜寻、接近顾客、说服技巧、达成交易以及异议处理等。

1. 寻找准顾客

一般消费品的顾客搜寻方法很多，如广告、逐户访问、电话寻访、地毯式搜寻、设立代理、个人观察等。婚庆服务的顾客搜寻一般采用广告搜寻、个人观察、连锁介绍等。

2. 接近顾客的技巧（邀约）

邀约有很多名目，比如介绍接近、利益接近、信息接近、电话写信接近、表演展示接近、共同点接近。

接近顾客的方式切忌生硬，不能让顾客产生不信任感。比如电话邀约顾客到门店来访问或者商谈，开场白如何说？顾客对你获得其电话号码的渠道有疑虑该怎么回答？这些问题都没有特别确定的答案，需要根据情况分别对待。有很多“行业实战技巧”会告诉读者确定的答案，比如接通电话直接有礼貌地叫出对方的名字，以让潜在顾客产生信任感。但是这种方式的反作用很有可能是顾客对此产生恐惧和反感，因为他们感到个人信息被他人确定无疑地掌握了。

因此，好的邀约方法不是强硬地占用顾客时间，迫使其做出某种承诺，而是充分考虑接到莫名电话时顾客的烦躁心理。对于关键的前 10 秒或者 20 秒，推销员应该让顾客感到放松，比如明确表示会简短说明情况，然后希望可以用不太打扰对方的方式发送详细的信息，进而获取更多的沟通渠道如邮箱、QQ、微信等。

为顾客考虑的重要一点是成本，推销人员必须尽量降低顾客的成本，包括访问门店的时间成本，清晰地描述最近的门店是较好的做法。

有时候，邀约的对象不一定是新人。推销人员学过消费者分析，知道消费者包括购买者、决策者和使用者等。新人必定是使用者，但未见得就一定是购买者和决策者，也许是妈妈决策、爸爸出资。所以把邀约的范围扩大也是提高接近顾客成功率的关键之一。

3. 说服客户的技巧

与服务产品的服务包概念类似的是，服务行业的推销经常也会有一个销售工具包，但是和产品的服务包有些不同。销售工具包一般包括服务包的内容，只不过侧重于有形形象的展示，是服务包的具象化结果，用于让顾客了解服务包。

婚礼的销售工具包一般包括精美的婚礼视频、图片、流程说明、顾客评价以及公司和产品的详细信息等。这是前述的销售员的业务素质的一部分。

营销学者们经过研究发现，在顾客心中往往有一连串的问题，这些问题不一定会被清晰地表达出来，因为这些问题可能只存在于顾客的潜意识中。虽然这样，这些问题都必须得到回答，否则就可能失掉生意。优秀的推销员应充分做好准备，以回答这些未被说明但十分关键的问题。这 6 个问题是：

（1）“我为什么要听你讲？”

销售人员一开始就要吸引住客户。

（2）“这东西是什么？”

应该从产品特征方面进行解释。

（3）“那又怎么样？”

关于问题的回答，需要解释这些特征能产生什么样的优势，而且要使用顾客熟悉的用语。

（4）“对我有什么好处？”

人们购物是为了满足自己的需求，不是销售人员的需求。

（5）“谁这样说的？”

（6）“还有谁买过？”

证明你的产品或服务确实像你说的一样好，以此打消顾客心中的疑虑。应该从权威性的购买者、证明方面介绍。

推销员必须回答以上 6 个问题，才有可能赢得顾客。由此，学者们整理出了一套简单的方法—FABE 法则来描述推销员的工作过程和规范。FABE 法则是建立在大量测试、分析顾客购物心理活动基础上的推介程序。FABE 法则成功地把最符合顾客要求的商品利益向顾客推介并转化为购买动机，如图 11-3 所示。

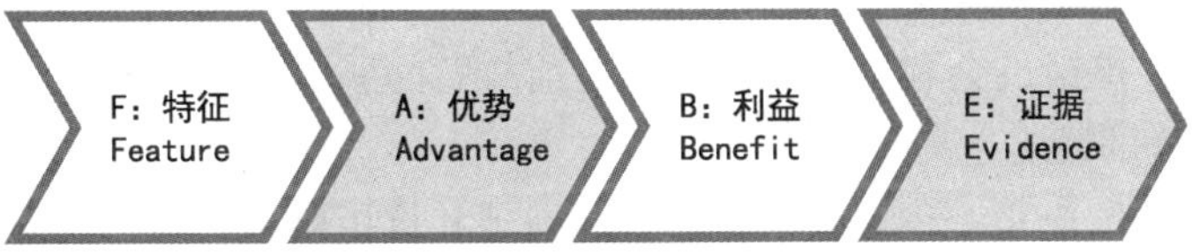

图 11-3　FABE 法则的流程

FABE 法则的内容：

1）特征（Feature）

特征是描述产品的款式、技术参数、配置和服务，是有形的，这意味着它可以被看到和感受到，它负责回答“产品是什么？”所以要求推销员的素质必须包括极度了解自己的产品。

2）优势（Advantage）

优势是解释了特征如何能被利用，是无形的，这意味着它不能被看到、尝到、摸到和闻到。优势回答了“它能做到什么？”

婚礼产品的优势指的是我们的产品和别人比有什么优势，是性价比高还是成本低，还是时尚，还是独一无二，这都是应该清晰地描述的。这个阶段，需要了解客户需求，包括其成本考虑，根据成本提供相应的产品样式。只有这样，才能在下一阶段自然而然地向顾客传达特殊的价值。

3）利益（Benefit）

利益是将功能翻译成购买动机，即告诉顾客将如何满足他们的需求。利益是无形的，如自豪感、自尊感、显示欲等。利益需要深入挖掘，找到最能打动消费者的点。利益回答了“它能为顾客带来什么好处？”

一款婚礼产品的利益，也就是能给新人和相关利益人带来什么效用。这是婚礼产品的核心产品层次，每个推销员都应该烂熟于胸，并且能根据顾客的需求特点及时升级，以使销售价格和利润达到最大可能。

4）证据（Evidence）

证据是向顾客证实你所讲的好处。证据是有形的，可见、可信。证据回答了“怎么证明你讲的好处？”已经举行过婚礼的人，对于某款婚礼产品的评价，自然好过其他人。

事实上，特征、优势、利益、证据是一种贯穿的因果关系。当销售员对他们之间的关系了解得非常清晰，运用得非常熟练后，就会有充分的理由让顾客购买所需商品。

4. 客户异议处理

销售人员每天在与顾客沟通的过程中会遇到很多拒绝和反对，一旦被拒绝或反对，难免心情会陷入低潮，而一旦进入低潮之后，再和下一个客户商谈时，就很难让客户感受到销售人员的兴奋与热诚，这样一来，客户反倒会给他更多的拒绝，更多的拒绝会导致更低潮，更低潮又会招致更多人的拒绝，于是形成恶性循环。

所以一个好的销售人员要擅长面对任何的拒绝和反对意见，客户不买也要能够将低潮化为高潮，也要能调整情绪到达巅峰状态，甚至根本不可以有任何的低潮。列出顾客的抗拒点，是一种比较有效的方法。

1）顾客疑虑而拖延成交

比如顾客说“我再考虑一下”，如果任其拖延，是很可能失去一个客户的。面对这种情况，应该马上弄清楚原因，即便是不可克服的原因，至少也有利于下一次的工作。

有些问题甚至需要提前处理，比如预感到顾客的个性特征很可能会用“需要和家人商量一下”作为拖延理由，有些推销员会利用逆反心理，提前故意问顾客“您是不是还得和家人商量一下才能做决定？”这样的话语在某些时候也是可行的。

必须要考虑到的情况是：很多时候，顾客的拖延和抗拒会用各种不同的借口，但最终的原因都是价格问题。

2）价格问题

处理价格抗议的最重要原则是：推销员的应对态度必须真诚。价格是个最重要的成交因素，但是公司一般不会随意以降价取悦消费者（这在本书第 9 章已经详细讨论过），那么推销员就必须让消费者相信该产品的性价比。一般采用的方法是同行比较、品质优势展示、企业运营成本刚性介绍等。

5. 成交的技巧

当一切就绪，顾客表露出成交的迹象时，推销员应该能够及时发现，并促使其进入成交，也就是签单的环节。注意两个问题：

（1）捕捉成交信号：语言信号、非语言信号。

（2）成交要求。

直接成交要求：把推销员最希望卖出的婚礼服务包打包成交；

选择性成交要求：有些时候顾客虽然提出了抗拒问题，但是愿意以选择性的方式购买服务包里的部分产品，这也是可以接受的，因为服务产品的后续销售还有很多。

（3）优惠成交。

（4）激将成交。

由于最后促进成交的方法非常多，这里不再一一列举。需要注意的是，无论哪个行业，促成销售成交的方法都不是一成不变的。

11.2.3 商务洽谈要点

人员推销或者说谈单，既是一门艺术，又是一个可以精确计划的、属于管理科学的技术问题。

面对商务洽谈的对手，也就是顾客，推销员难免有些迷惑和紧张，这时候就需要牢牢把握一些要点，以随时提醒自己不能犯错。

1）自信

要相信自己能够取得成功。相信自己的产品，相信自己的价格，相信事先的准备工作，不能随便就怀疑自己。

2）不能轻易让步

有时候会误认为让步是一种善意的举动，会得到对方的体谅和回报。但是，在市场中，任何参与者都不会随意展现善意的，让步的举动很有可能被对方认为是产品有问题，或者价格虚高。

3）维护价格

价格是交易的重中之重，价格的松动比其他的让步更容易引起连锁反应。价格一定要和服务相对应，价格的变动前提必须是服务的变动，这种变通才可以接收。

4）牢记自己的目标

商谈的目标是什么，是击败对手吗？当然不是，商谈的目的是促进成交，一切都以交易能达成为目标。

11.2.4 谈单礼仪

谈单的礼仪，包括仪表、言谈举止等。

1. 仪表

仪表虽不能绝对反映一个人的内心世界，但作为一个推销员，仪表是留给顾客的第一印象。任何时候，顾客都会更加喜欢仪表优雅、风度翩翩的推销员，而不喜欢不修边幅、形象拖沓的推销员。推销员的衣着以稳重大方、整齐清爽、干净利落为首要标准。尽管每个具体行业对着装各有不同的要求和特色，但是有些规则是通用的，例如：

（1）正统西服或轻便西式上装，或与行业风格匹配的服装；

（2）干净、整洁、平整；

（3）全身衣服颜色要慎重选择搭配，尽量保持大方、稳重；

（4）尽可能不佩戴代表个人身份或宗教信仰的标志，除非确知推销对象与自己的身份或信仰相同；

（5）不要戴墨镜或者有色眼镜，因为只有眼神才能给顾客以可信赖感；

（6）首饰不要佩戴过多，以免使人觉得俗不可耐；

（7）可适当佩戴公司标志或与婚庆服务相符的饰物，以使顾客加深印象并产生联想；

（8）每次工作前都仔细检查自身仪表。

谈单人员的穿着要反映时代气息，朝气蓬勃、健康活泼、进取向上、庄重大方的衣着可增强推销员的自尊心和自信心，才能勇气十足、信心百倍。

2. 言谈

谈单人员在言谈方面应做到语言表达准确，避免措辞含糊不清；注意使用规范语言，除特殊场合外，一般应讲普通话；使用礼貌语言，杜绝粗野语言；注意讲话的语音语调，速度适中，避免病句和错别字；讲话不应声嘶力竭或有气无力。总之，讲话要准确规范，富于表现力。条件允许的情况下，谈单人员最好经过一定时长的普通话和语言表达技巧培训。

3. 举止

推销员在举止方面，应注意遵守一些基本的准则，例如：

（1）应该怎么迎接顾客进店；

（2）招呼顾客时应后于顾客落座，切忌乱动顾客的东西；

（3）谈话时态度关切、温和，坐态端正并稍向前倾，倾听认真、用心，切忌东张西望、心不在焉；

（4）回答问题时不要直接顶撞，需要否定对方意见时可用委婉语气；

（5）谈话时应不慌不忙，动作适度，站立时切忌双手倒背；

（6）交换名片时应双手呈递和双手接受，以示对对方的尊重，切忌一边访谈一边摆弄顾客的名片；

（7）注意务必要克服吸烟、频繁眨眼、皱眉、掰手、咬嘴唇、搔头、挖耳朵、吐舌头、耸肩膀、抖腿、踏地板、不停地看表、东张西望、慌慌张张、假笑等一切引起顾客不适的坏习惯。

11.2.5 推销的语言艺术

只要有人类社会，就需要相互沟通，需要说话的技巧。古时族长、巫师可以利用说话的技巧和其他手腕来蛊惑、统治民众。现在一般把这些技巧作为语言表达技巧和谈判技巧来研究。

销售也需要语言的艺术。过人的销售技巧其实就是过人的语言艺术，它不仅要有洞悉人心的敏锐，也要有动摇客户心旌的表达能力。成功的推销员，往往能凭借三寸不烂之舌取得骄人战绩，他们的语言就像一双温暖的手，能抚摸到客户心灵最柔软的地方。

1. 正确认识销售语言

语言艺术不是骗术，这是每个销售员必须牢记的。由于商业法规和管理机制不够完善，近些年来在社会上出现大量的销售人员使用了一些不正当的销售手段，尤其在保险、直销商品、保健品等商品领域屡屡发生欺诈事件，才使得销售的语言技巧蒙受污名。优秀的推销员必须能够分清语言艺术和语言骗术的区别：

1）语言艺术是选择信息，骗术是编造信息

选择信息可以对自己有利，但不能对顾客有害，因为总有一天顾客会知道真相。语言欺诈是典型的短视行为，对销售员本身和对提供婚礼服务的公司都是有害的。一家短视的公司会提供类似的培训，这对销售人员的职业生涯很不利。

2）语言艺术的目的是双赢，骗术的目的是骗钱

做销售的语言无论多么精妙，最终在达成交易后，希望顾客也获得了良好的服务和感受，在服务之后没有对产品和服务产生疑虑。而骗术是只要收到钱就行，或者这次生意做成就行。

3）语言艺术的方法是引导，骗术则是欺瞒

销售语言虽然也使用技巧，并且可能也会利用人性的弱点，但目的是引导顾客达成对公司最有利同时不损害顾客的结果；骗术则是利用心理战和虚假信息，蒙蔽消费者。

2. 婚庆市场的销售语言艺术

婚庆公司一般都有自己的销售语言培训方法，根据公司情况，可能有些小差异，但是基本

原理都差不多。为新人服务是一件喜悦的工作，不能因过于追逐眼前利益而使工作堕入低端行列。

根据使用场景，销售语言可以适当分类练习。比如在陪顾客看图片或者视频的时候，就是边察言观色，边选择语言，这时候说话的目的是试探各种顾客不会主动提供的信息。因为消费者虽然不会有意隐瞒外在信息，比如他们开的车、着装、首饰等，但是有些隐藏的信息是只能说出来的，比如真实的婚礼想法和购买意图，甚至有时候是已经订好了酒店的规模和婚礼的预算等。而这信息对于婚礼的推销极为关键。这时候，恰当的语言技巧会起到关键作用。

案例 11-2

接待技巧两例

例一

夏日某一天，烈日当头。

某婚庆公司，一对男女进来。接待人员："您好！"引导客人坐下。一边给倒水，一边说："今天真热……"客人点头称是。"我把空调给您开大一点……"她把水放在桌上，冲客人微笑，边说边走向空调……接待人员回来时顺手抱起展示架上的几本样册，放在客人前面的桌子上，接着说："刚才有三个人，进门就对我说，小姐，我们不是来办结婚的。进来凉快一会儿行吗？……他们一口气喝了好几杯冰镇矿泉水……"她边说边情不自禁地笑。

这个门市开头就开得比较好。第一，利用了大家普遍公认的特征：天热，唤起了顾客的共鸣，使其建立了一种认同的潜意识；第二，倒水，调节空调冷气共鸣，显示出对客人的尊敬，关心之情，唤起了客人的好感；第三，举出"三个人避暑"的事例，使顾客感到了人情的温暖，顺手抱回样册，显示了良好的职业素质和有条不紊的工作作风。需要注意的是，在进行时，必须用面部表情、肢体语言和顾客保持沟通的连续性，如在倒水时，向顾客回眸微笑，在走向空调时，回头向顾客示意"稍候"等。

例二

某婚庆公司，一对拿着东西的男女进店。接待人员迎上前去，问好，让座，倒水。

"哇！"接待人员略作惊喜状，伸手去接女士的东西，边说："来，我帮你放一下……"殷勤地接过女士手里的东西放好。

"这个台灯真漂亮！我能欣赏一下吗？"客人点头示意，接待人员边欣赏台灯边问："谁的眼光这么好？"女士一指男士。接待人员称赞似地冲男士一伸大拇指。

我们应该恭喜接待人员找到了一个非常好的话题。第一，为客人拿放东西，显示了体贴如微的服务精神；第二，恭维客人的审美观，从侧面为谈单埋下了伏笔；第三，侦察到了男士所拥有的购物决定权，找到了谈单时主要进攻的对象。我们必须注意，称赞对方，发现对方的优点，是中外推销大师屡建奇功的一个法宝。顾客的发型、妆面、服饰等都为我们提供了谈资，提供了赞美顾客的借口，可助于我们从心理上、观点上拉近与顾客的距离。

（资料来源：河南喜文化传播公司）

11.3 广告促销

广告是一种为了某种特定的需要，通过一定形式的媒体，公开而广泛地向公众传递信息的宣传手段。广告促销是营销组合的重要组成部分，它主要由五个部分或流程构成，如图 11-4 所示。

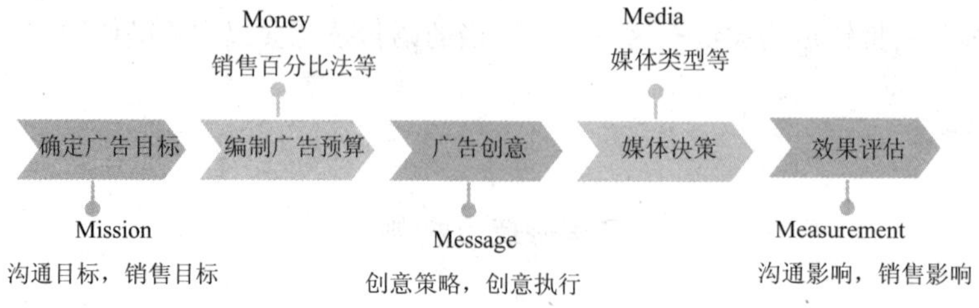

图 11-4 广告促销的 5M

5M 就是制定广告方案所需决定的五项主要部分：

任务（Mission）：广告的目标是什么？

资金（Money）：要花多少钱？

信息（Message）：要传送什么信息？

媒体（Media）：使用什么媒体？

衡量（Measurement）：如何评价结果？

11.3.1 广告目标

广告目标是指企业通过广告活动要达到的目的。其实质就是要在特定的时间对特定的受众（包括听众、观众和读者）完成特定内容的信息沟通任务。广告目标是广告策略的起点，它的确定必须与企业的市场定位、目标市场的选择以及企业的市场营销组合策略相适应。企业可以为了不同的具体目标进行广告活动，对于某一企业来说，在不同时期、不同的情况下可以确定不同的广告目标。

可供企业选择的广告目标很多，大致可分为四类：

1）开拓性广告

企业通过广告活动向目标沟通对象提供种种信息。例如，告诉目标市场将有一种新产品上市行销，减少消费者的顾虑，建立企业信誉等。这种以向目标沟通对象提供信息为目标的广告，称为提供信息的广告，又称开拓性广告。这种广告的目的在于建立基本需求，而不在于宣传介绍某种品牌。比如某公司要提供一种“书店婚礼”或者“水下婚礼”，介绍这种婚礼的新颖之处和优点，这就是开拓性广告，它主要目的不是品牌推广，而是用新产品的优势建立此类消费需求，然后自然将客户导流过来。

案例 11-3

麦当劳推出米饭产品

“麦当劳开饭了！”这家一贯坚持卖汉堡的连锁快餐巨头日前宣布，将从 2013 年 6 月 10 日起，在全国范围内售卖 4 款饭类产品。其中除了已经先期在北京、天津、上海、广州和深圳率先上市的“五色嫩鸡麦饭卷”和“五色至牛麦饭卷”外，还有两款米饭新品。

麦当劳在进入中国市场后，一直秉承西式快餐的风格，而这也是其进入中国市场 20 多年后首次在自己的餐单上出现中餐主食。麦当劳方面表示，这两款米饭类产品目前只在麦当劳晚餐时段推出，售价则从 16 元到 20 元不等。麦当劳希望以此能够发力晚餐市场，增加市场份额。

2）诱导性广告

企业通过广告活动建立本企业的品牌偏好，改变顾客对本企业产品的态度，鼓励顾客放弃竞争者品牌转而购买本企业品牌，劝说顾客接受推销访问，诱导顾客立即购买。以上述这种劝说、诱导、说服为目标的广告，称为诱导性广告（或说服性广告）。这种广告的目的在于建立选择性需求，即使目标沟通对象从需要竞争对手的品牌转向需要本企业的品牌。

3）提示性广告

企业通过广告活动提醒消费者在不远的将来（或近期内）将用得着某产品（如秋季提醒人们不久将要穿御寒衣服），并提醒他们到何处购买该产品。以提醒、提示为目标的广告，称为提示广告。这种广告的目的在于使消费者在某种产品生命周期的成熟阶段仍能想起这种产品。例如，饮料公司在冬季耗费巨资在杂志上做彩色广告，其目的就是要提醒广大消费者，使他们时时刻刻不要忘记他们的饮料，哪怕是在淡季。

4）加强性广告

加强性广告的目的是使现有用户确信他们所做出的选择是正确的。例如，汽车制造商常常用广告描述其顾客对于他们已购买的汽车很满意，以加强其购买选择。

以上广告目标的选择要根据企业和产品的具体情况而定，是新产品还是竞争性产品，还是成熟期的产品，各不相同。

11.3.2　广告预算

广告预算是企业为做广告而预先拟定的开支计划。通常在新的年度开始时，根据往年的情况，结合当年的生产销售计划，制定出全年所需要的广告费总额和广告费的使用范围。

1. 影响广告预算的因素

影响广告预算的因素有：

（1）销售目标。

（2）市场份额。

（3）产品的生命周期。

（4）竞争对手。

（5）广告媒体。

（6）企业财务的负担能力等。

2. 决定预算的方法

根据影响广告预算的因素，可以导出计算广告经费预算的方法：

1）目标达成法

在设定销售目标的前提下，为了达到销售目标，根据广告活动的费用需要来制定广告预算。

2）销售百分比法

按照销售比率决定广告经费预算。

3）盈利百分比法

根据企业的利润大小来提取广告费的比率。

4）竞争企业对抗法

根据竞争对手的广告活动来制定广告活动的经费预算。

5）任意百分比

凭广告经营者的直觉和经验制定广告经费预算。

6）支出可能法

根据企业的财力来确定广告预算的方法。

11.3.3 广告创意（信息）

广告创意是指通过独特的技术手法或巧妙的广告创作脚本，传达出产品的某种意图和信息，以更突出体现产品特性和品牌内涵，并以此促进产品销售。

广告活动的有效性远比广告花费的金额更为重要。一个广告只有获得注意才能增加品牌的销售量。

1. 广告信息的生产步骤

广告主通过下列 4 个步骤发展一项创造性战略，如图 11-5 所示。

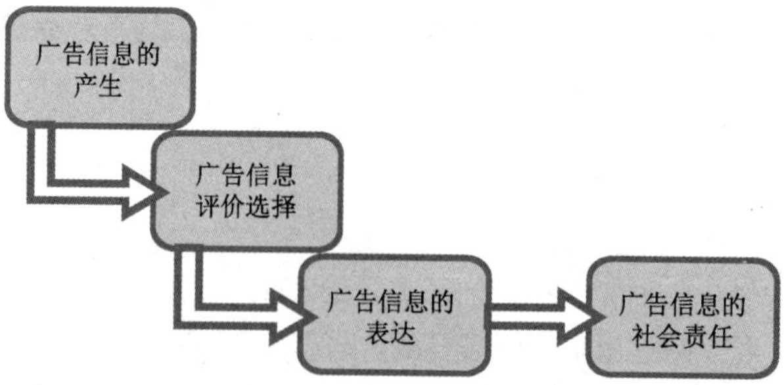

图 11-5 广告信息的生产步骤

2. 广告信息的生产形式

任何广告信息都有下列不同的表达形式，或者是它们结合起来的应用。

（1）生活片断：显示一个或几个人在日常生活中使用产品的情景。现在流行的网络短视频 App，能够极为便利地展示生活片段。

（2）生活方式：它强调产品如何适应人们的生活方式。这种方式往往以较长的篇幅展现。

（3）引人入胜的幻境：针对产品及其用途，设想出一种引人入胜的奇境。多媒体的展示效果，可以有效地完成这种形式。

（4）气氛或想象：借助产品营造某种气氛或想象，如美丽、爱情或者安宁等。

3. 广告信息的生产方法

要生产出好的创意，策划者必须从诉求出发，借助技术工具设计出既有创意又能够对准广告目标主题的方案来。

注意图 11-6 中最右面的主题和创意，其中包含了一个重要的广告概念：USP。USP（Unique Selling Proposition）在营销领域代表“独特的销售主张”。这个概念是罗瑟·瑞夫斯（Rosser Reeves）在 20 世纪 50 年代首创的，他当时是美国 Ted Bates 广告公司董事长。瑞夫斯比较早地意识到广告必须引发消费者的认同。他认为，USP 是消费者自己能从广告中领会到的东西，而不是广告人员强要赋予广告的东西。

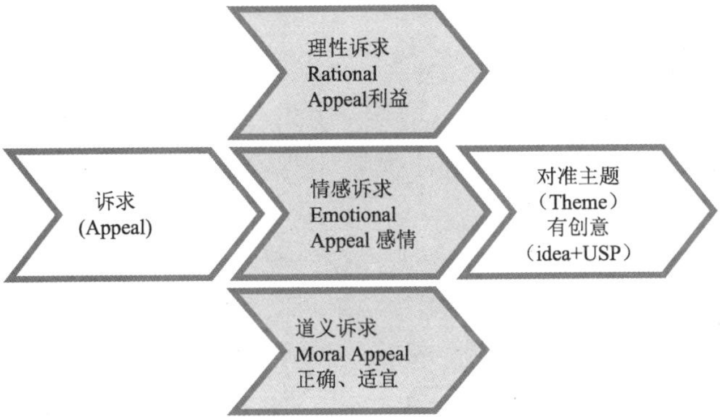

图 11-6 广告生产过程

USP 的特点是找出商品的与众不同之处，即独特的卖点。它具有以下三种特质：包含特定的商品利益、是独特的和唯一的、是和销售有关的（促销因素）。从实战角度，人们更愿意将其解释成“销售第一诉求主张”。

图 11-7 所示的联邦快递广告的 USP 是什么呢？

图 11-7 联邦快递的广告

图 11-8 所示的油漆广告的 USP 又是什么？

图 11-8　油漆广告

11.3.4　广告媒体决策

广告媒体决策，是在主要的媒体类型中选择合适的媒体。媒体决策同样包括 4 个步骤，如图 11-9 所示。

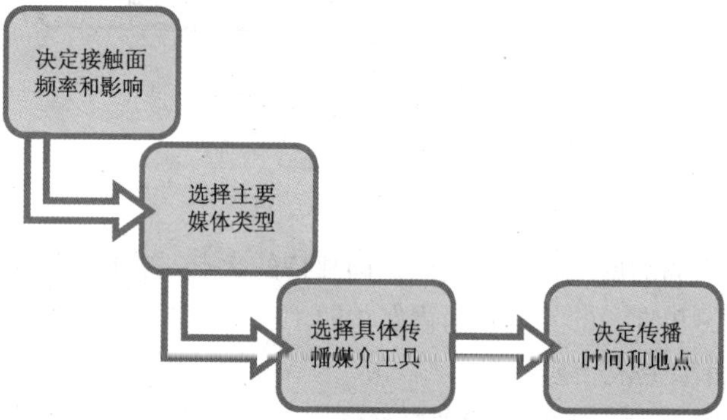

图 11-9　广告媒体决策步骤

1. 媒体接触面与影响力

在主要的媒体类型中选择合适的媒体，媒体计划者必须了解各类主要媒体在触及面、频率和影响等方面所具备的能力。媒体的接触面和影响力受到众多因素的影响：

1）受众

目标受众的媒体习惯极大地影响媒体的选择，有些人喜欢一直看手机，有些人还保留着看报纸的习惯。

2）产品

妇女服装广告过去登在彩色印刷的杂志上最吸引人，现在转变为网络媒体，加上互动环节，非常吸引女性消费者。

3）广告信息

一条宣布明天有重要商品出售的信息就适合用广播或网络媒体作媒介。一条包含大量技术资料的广告信息，可能要求选用专业性杂志或者专业的网络服务商作媒介。

4）费用

电视费用过去非常昂贵而现在逐渐降低，网络的费用也是越来越便宜，因为社交软件的流行使得自媒体无论是数量还是形式都突飞猛进。当然，企业应该考虑的是每千人展露的平均成本，而不是总成本。同时，网络费用降低的同时，海量的网络信息很容易淹没有效的信息传播。

2. 选择具体的媒介工具

媒体计划者下一步要选择一个具体的、成本效益最佳的媒体工具。但是，在如此众多的媒体种类中如何选择呢？企业可以通过对目标受众规模的测算，来决定使用哪个媒体，对于目标受众规模有以下几种可行的衡量尺度：

1）发行量（Circulation）

登载广告的实体物体的数量。

2）目标受众（Audience）

接触到媒体的人数。

3）有效目标受众（Effective Audience）

接触媒体的具有目标特点的目标受众人数。

4）接触广告的有效目标受众（Effective Ad-exposed Audience）

实际看到广告的具有目标特点的人们。

对于婚庆行业来说，有目标受众和接触到广告的有效目标受众是很重要的指标。一般的媒体到达率是指看到广告的人和媒体覆盖总人口的比率，但是总人口对婚礼产品并不重要，有目标特点的受众才是重点。

案例 11-4

广告的目标受众衡量

假设某市总人口 100 万，婚龄人口 20 万，公司决定在覆盖全市的网络媒体做一个月的广告，包括免费的社交平台和视频 App，以及收费的客户端软件。最后的结果是有效点击的数量是 20 万，而调研得来的数据是婚龄人口接触到广告的数量是 2 万。

公司此次广告的到达率是 20%，而接触广告的有效目标受众数是 2 万人。

最终了解到能够接触到广告的有效目标受众，对于企业对广告媒体的决策具有决定性意义。

3. 安排媒体的广告时间

为了决策应用哪种媒体，广告主要面临着一个总体安排问题和一个具体安排问题，既包括总体的时间安排，也包括具体的安排。

1）总体安排问题

广告主必须决定如何根据季节变化和预期的经济发展来安排全年的广告。

2）短期安排问题

短期安排问题是指在一个短时期内部署好一系列广告传播方案，以达到最大影响力。比如一个婚庆公司的广告，把它安排在黄金时段播出应该是不明智的，这个时段价格昂贵，但是年轻人并不集中。而碎片化的广告投放时间显然更符合年轻一代的信息接触特点。

案例 11-5

如何为婚礼摄影做广告

经营自己的婚礼摄影业务可能是一件困难的事情。最难的部分之一是为你的服务做广告以获得客户。因为大多数婚礼摄影生意都是个人拥有的，你的营销预算和方法都在你的掌握之中。花大量的钱在一个不会产生结果的营销方法上是浪费时间，并且会减少你的利润。有上百种方式可以宣传婚礼摄影。你可以使用以下步骤来为你如何有效地做广告获得灵感。

第一步：在当地报纸上购买一个小的广告版面。

首先，在你的城镇的周末报纸上登一个广告。如今报纸媒体广告的回报已经下降了很多，但报纸让我们的广告空间可以相对便宜。

如果你在第一次尝试之后接到了很多电话，就增加你的广告版面。这个更大的广告应该提供图片范本和一系列的联系信息。

第二步：发放传单和张贴传单。

设计醒目的活页广告，在你所在的城市张贴。最好放上令人惊叹的照片，在杂货店、花店和咖啡馆张贴传单来推销你的生意。

第三步：务必使用互联网。

创建一个专门用于您的摄影业务的脸书页面。上传你的婚礼照片展示并为客户贴上标签。这将把照片发布到客户的脸书上，这样他们的朋友和家人就可以看到你的作品。

建立一个摄影网站。除了脸书页面之外，你还可以考虑设计一个完整的网站来为你的图片和服务做广告。你的网站链接可以放在名片、传单和你的电子邮件签名上以方便查阅。

在你所在城市的社区论坛上为你的服务做广告。解释你的定价，上传示例图片和链接到你的婚礼摄影网站。有些网站是免费使用的，并且非常有效。

第四步：请你的朋友和客户介绍他们的朋友。

不要低估推荐的力量。一旦你得到了一个客户，并为他们提供了优质的服务，他们就很有可能向他们的朋友歌颂你。

向每个推荐其他客户的客户提供 5% ～ 10% 的推荐奖金。虽然这可能一开始就削减利润，但这只是小意思，而且你很快就会拥有许多客户。一旦你在你的社区建立了声誉，你就可以随时停止推荐。

第五步：与当地的婚礼供应商友好相处。

与花商、婚纱店、蛋糕设计师、理发师、酒店及摄像师建立联系，分享客户及广告技巧。

与不同的供应商合作，促进彼此的业务。例如，如果一家蛋糕店允许你在橱窗里贴一张传单，也许你可以向需要结婚蛋糕的客户推荐这家店。

在你的网站上添加其他婚礼供应商的链接，让他们也这样做。

（资料来源：https://www.wikihow.com/Advertise-for-Wedding-Photography）

11.3.5 广告效果评估

广告效果是广告活动或广告作品对消费者所产生的影响。

狭义的广告效果指的是广告取得的经济效果，即广告达到既定目标的程度，就是通常所包括的传播效果和销售效果。

从广义上说，广告效果还包含了心理效果和社会效果。心理效果是广告对受众心理认知、情感和意志的影响程度，是广告的传播功能、经济功能、教育功能、社会功能等的集中体现。广告的社会效果是广告对社会道德、文化教育、伦理、环境的影响。良好的社会效果也能给企业带来良好的经济效益。

从技术角度来说，广告效果的评估，就是调查消费者对于各种媒体，如杂志、电台、电视、户外广告、网络门户广告以及手机等信息终端广告的接触情形。

由于广告效果研究有一整套的专门方法，本书不再详细介绍，现阶段只需要了解其原理和基本路径。

11.4 营 业 推 广

营业推广又称销售促进（Sale Promotion），包括各种各样短期性的刺激工具，用于刺激消费者和贸易商较迅速或较大量地购买某一特定产品或服务。

营业推广的主要特点在于它是一种非经常性和无规则的促销活动，能有效地刺激早期需求，短期效果比较明显。如果说广告提供了购买的理由（Reason），那么营业推广则提供了购买的刺激（Incentive）。

11.4.1 一般商品的营业推广

营业推广是指那些不同于人员推销、广告和公共关系的销售活动，它旨在激发消费者购买和促进经销商的效率，所以非常适合一般消费品。

1. 营业推广的作用

1）可以吸引消费者购买

这是营业推广的首要目的，尤其是在推出新产品或吸引新顾客方面。

2）可以奖励品牌忠实者

因为营业推广的很多手段，譬如销售奖励、赠券等通常都附带价格上的让步，其直接受惠者大多是经常使用本品牌产品的顾客。

3）可以实现企业营销目标

这是企业的最终目的。营业推广实际上是企业让利于购买者，它可以使广告宣传的效果得到有力的增强，破坏消费者对其他企业产品的品牌忠实度，从而达到本企业产品销售的目的。

2. 营业推广的工具

1）消费者促销

提供样品、优惠券、现金返还、减价、赠品、免费试用、产品保证、产品陈列和示范等。

2）交易促销

购买折扣、广告和展示折扣、免费产品等。

3）业务和销售人员促销

贸易展览会、销售员竞赛和特色广告等。

市场经济体中的绝大多数组织，包括一些非营利机构，都经常运用营业推广工具。这些工具也应用于服务的营销，包括婚庆服务。

11.4.2 婚庆服务产品的营业推广

由于婚庆服务产品的特殊性，对于种类繁多的营业推广工具不过多介绍，利用上述三个工具来加深对婚庆服务的理解。

1）婚庆的消费者促销

在谈单时，公司规定了哪些项目或者礼品是可以作为议价的一部分的，这些都是消费者促销。

2）婚庆服务的交易促销

折扣、团购或者集体婚礼的优惠等。

此外，婚庆服务产品还可以通过教育培训、婚庆行业的各类博览会、婚庆技能比赛等活动来开展现场演示的营业推广。

小资料

中国婚博会的资料

中国婚博会，是由商务部、民政部、国家工商总局先后批准的、商务部全国百家重点支持的品牌展会，携手世界著名五大结婚时尚盛会：意大利米兰婚纱展、加拿大多伦多结婚展、韩国首尔结婚展、日本结婚展、中国香港结婚展，每年分别在北京、上海、广州、武汉、天津、杭州等主要城市同时举办春夏秋冬四季婚博会。

自 2005 年首创“婚博会”平台概念至今，中国婚博会已在北京成功举办 42 届、在上海成功举办 36 届、在广州成功举办 24 届、在武汉、天津分别成功举办 9 届，并于 2017 年 3 月 4 日成功进驻杭州，举办了首届杭州中国婚博会。

2005 年至 2017 年，中国婚博会先后引入了 30 多个国家的名品名店、名设计师、名流明星来中国婚博会发布每季国际前沿结婚时尚，成功服务了数千万对结婚新人，现场结婚新人一站式结婚消费年成交额超过 100 亿元人民币，是中国结婚时尚风向标，也是中国结婚新人向往的结婚消费品质平台。

（资料来源：https://bj.jiehun.com.cn/help/637.html）

11.5 公共关系宣传

公共关系宣传是指企业面向社会公众所做的一切宣传联系活动。这里所说的公众既包括企业现实和潜在的顾客，也包括竞争对手、中间商、金融保险机构、政府部门、新闻机构、科研单位及高等院校等。

公关宣传并不是推销某个具体的产品，而是利用宣传手段，把企业的经营目标、经营理念、政策措施等传递给社会公众，使公众对企业有充分了解。这有助于对内协调各部门的关系，对外密切企业与公众的关系，扩大企业的知名度、信誉度、美誉度，为企业营造一个和谐、亲善、友好的营销环境，从而间接地促进产品销售，并且降低促销成本。公共关系是一种间接的促销方式。

11.5.1　公共关系的类型

公关关系主要有以下几种类型：

1）宣传性公共关系

企业利用各种传播媒介传播有商业价值的新闻或通过广播、网络等对企业或商品作有益的报道。一般由第三者撰写报道文字，企业有可能付费或者付出隐形代价。

2）服务性公共关系

企业向顾客或公众提供各种服务，以实际行动来获得社会公众的理解，从而提高企业声誉。例如提供产品保证质量的可靠性服务，及时性服务、指导性服务、售后服务等。

3）社会活动性公共关系

以各种社会活动为主而开展的各项活动，如召开座谈会、开业庆典、周年活动、赞助文化、教育、体育等各种社会公益活动。

11.5.2　公共关系的工具

公共关系是一项管理功能，内容是制定政策及程序来获得公众的理解和认可。它是一种有意识的管理活动，需要一个良好的公共关系活动的策划职能来实施和实现。

1）内部刊物

这是企业内部公关的主要内容。企业各种信息载体，是管理者和员工的舆论阵地，是沟通信息、凝聚人心的重要工具，如万科房地产公司的《万科周刊》、苹果公司官网上也有专门板块 Newsroom 等。

2）发布新闻

由公关人员将企业的重大活动、重要的政策以及各种新奇、创新的思路编写成新闻稿，借助媒体或其他宣传手段传播出去，帮助企业树立形象。

3）参与公益活动

积极参加政府或者公益团体组织的公益活动，展现企业的社会责任感和爱心。企业经常借由公益活动发布新闻。

4）赞助和学术活动

通过各类捐助、赞助活动，努力展示企业关爱社会的责任感；或者参加学校的学术建设，提供实习项目等。这些活动的目的都是树立企业美好的形象。

5）企业庆典活动

营造热烈、祥和的气氛，显现企业蒸蒸日上的风貌，以树立公众对企业的信心和偏好。

6）散发宣传材料

公关部门要为企业设计精美的宣传册或画片、资料等，这些资料在适当的时机，向相关公众发放，可以增进公众对企业的认知和了解，从而扩大企业的影响。比如有些企业把企业 CI 或者其他信息印刷在纸巾上向消费者发放，还有鲜花企业在教师节向教师们赠送附有企业 Logo 的花束等。

7）制造新闻事件

制造新闻事件能起到轰动的效应，常常引起社会公众的强烈反响，吸引“眼球”。题材优良的事件能让企业获得意想不到的正面传播效果，如海尔集团的张瑞敏刚入主海尔时的“砸冰箱”

事件，至今人们谈及还记忆犹新。尤其是现在的互联网时代，信息传播速度极快，企业如能合理利用网络论坛、博客、社交网站、社交 App、大众娱乐 App 等技术手段，可以迅速夺取公众“眼球”。

但是在制造新闻事件时，务必要切记遵纪守法，坚守道德底线。尤其是现阶段有些企业为了追求短期商业利益，利用一些原本就比较低俗的网络平台和App客户端，传播一些不健康的图文和视频。这些低俗的传播手段一旦突破界限，不但会给企业声誉带来严重损害，还可能使个人违法犯罪。

案例 11-6

“×× 红领巾”事件被立案调查

（法制网济南 2018 年 9 月 29 日电 记者 姜东良徐鹏）昨天，本报报道的“×× 红领巾”事件引发社会广泛关注。记者今天了解到，菏泽市当地有关部门已对涉事的广告主和广告制作人立案调查，菏泽 ×× 广场管理公司总经理等 3 名主要责任人被解聘。

山东省菏泽市开发区丹阳路小学向学生发放的红领巾上竟然出现其商业广告，对此，菏泽市开发区教育局相关负责人表示这是交通安全进校园活动发放的。今天，菏泽市经济开发区官网发布信息称已给予丹阳路小学校长吕某某党内严重警告处分。

有法律人士在接受采访时表示，这种行为不仅违背道德，伤害了未成年人的身心健康，而且涉嫌违反法律法规。《中华人民共和国广告法》第三十九条明确规定，不得在中小学校、幼儿园内开展广告活动，不得利用中小学生和幼儿的教材、教辅材料、练习册、文具、教具、校服、校车等发布或者变相发布广告，但公益广告除外。

11.6 婚庆的互联网促销

网络促销是指利用计算机及网络技术向虚拟市场传递有关商品和劳务的信息，以引发消费者需求，唤起购买欲望和促成购买行为的各种活动。随着互联网的进一步普及，利用互联网进行营销活动已经变得极为普遍。

11.6.1 婚庆行业的 O2O 及互联网营销现状

在我国，大约是从 2013 年起，O2O 销售模式在互联网世界中开始被广泛运用。O2O 即 Online To Offline，是指将线下的商务机会与互联网结合，让互联网成为线下交易的前台，这个概念最早来源于美国。O2O 的概念非常广泛，只要产业链中既可涉及线上，又可涉及线下，就可通称为 O2O。一般来说，一家企业能兼备网上商城及线下实体店两者，并且网上商城与线下实体店全品类价格相同，即可称为 O2O；也有观点认为，O2O 是 B2C（ Business To Customers ）的一种特殊形式。

婚庆行业真正跻身于热闹的互联网营销的队伍中，大约是在 2014 年。但是迄今为止，还没有哪一个平台或者哪一款互联网婚庆产品真正改变了消费者的消费习惯。

婚庆相关的互联网产品曾经数以千计，涉足各个婚庆环节与业务。

互联网巨头涉入婚庆的有：阿里巴巴、大众点评、58 同城、赶集网；做婚宴预订的有：到喜啦、婚礼小秘书、喜事网；婚礼参考信息平台的有：喜结网、易结网、爱结网、婚礼时光；做婚礼筹备综合平台的有：591 结婚网、婚礼纪和找我网；还有服务于婚庆公司谈单的有：婚礼优品，以及各大城市的婚嫁论坛。

目前看来，市场上更多婚庆互联网产品主要是站在 B 端来开发，其盈利模式一般都是佣金提成和商户入驻费。这种模式的问题已经在前文分析过。婚庆互联网平台从某种角度看确实为新人筹备婚礼提供了便利，但同时增加了商户的成本压力。商户为了争取更多的收入，最终的压力还是给了新人消费者。换句话说，消费者寻找资源方便了，却为此付出了隐性的代价。

婚庆行业很大一部分收入来自信息不对称，这也是服务产品的特点之一。消费者并不知道上游供应商报价如何，因此有可能付出加倍的代价，而互联网等电子商务模式的最大特点是信息的透明，因此婚庆行业的某些传统和互联网的特征是背道而驰的。这一点也是婚庆行业利用互联网进行营销的关键问题所在，即便是互联网巨头也很难轻松应对。

案例 11-7

阿里推婚庆平台“婚伴”，进入婚庆 O2O 领域

2014 年，阿里巴巴（滚动资讯）宣布，旗下本地生活事业部进军婚庆垂直领域，推出婚庆平台——婚伴（hunban.taobao.com），旨在为消费者提供个性化、品质化以及透明化的婚纱摄影及其周边服务。

据悉，婚伴主推本地婚纱摄影和旅游婚纱摄影服务，并且进行差异化运营。目前本地婚纱摄影已经开通了北京、杭州、三亚、青岛、丽江 5 个城市的服务；而旅游婚纱摄影已经开通了毛里求斯、巴厘岛、马尔代夫、泰国等几十个国家的旅游系婚纱拍摄路线。

本地生活事业部相关负责人表示，婚伴是平台化的 B2C 模式，吸引全国和地方性的婚纱摄影机构和工作室入驻，规范入驻品牌和商家的服务，为消费者提供品质保障的同时，还会推出个性化的解决方案。

婚伴平台是由淘宝婚庆平台上升级而来。2013 年，阿里巴巴率先推出淘宝婚庆平台，涉足婚庆的商品类服务和生活服务，同时推出结婚清单、结婚问答、新人秀秀等互动产品。

（资料来源：http://tech.sina.com.cn/i/2014-08-11/12319547237.shtml）

11.6.2 婚庆行业 O2O 的主要模式

婚庆领域的 O2O 模式大致可以分为以下几类：

1）线下活动与线上相结合

比如将传统婚庆博览会嫁接到线上平台，但仍以线下活动为主，利用网站进行宣传预热、媒体宣传、门票发放等，如中国婚博会、地方门户网站、传统婚庆公司的线下婚庆活动等，还有与酒店等商家合作的婚礼秀、新娘课堂等类型。

2）线上平台集成或直接销售

很多婚庆机构通过网站预订平台和婚庆移动客户端 App 销售。这种模式最为常见，如前述的婚伴等，通过整合线下婚庆产业链的商家资源，针对精准的用户群体集中宣传，吸引线下婚庆商家入驻，给他们带去流量并从中通过销售分成。对于婚庆企业来说，平台的优点是便利、成本低，能聚集到精准用户；缺点是平台流量的转化率较低。

3）传统婚庆机构 O2O

传统婚庆机构因为有丰富的婚庆行业线下行业操作经验，如果能借助互联网思维的团队和工具，是能够拓宽其销售渠道的。企业自己做网站，其实本质上跟开门店的道理是类似的，同样可以有客服人员，甚至安排线上谈单，伴随更加丰富的展示方式。

4）社交网络营销

社交网络是 Web 2.0 或者新世纪的交流平台，它们拥有大量的免费流量，能很快成为营销的重要场所。尤其是移动技术的发展，给社交网络带来了巨大的便利性与商机，它们的作用不仅是提供要闻故事，人们关注它们如何将巨大的流量带到商业领域。从 QQ 到微信，从博客到微博，从客户端 App 到公众号，从论坛（BBS）到视频化交互，网络营销的技术不断演进。

11.6.3 网络营销的本质

必须认识到，无论数字技术如何发展，营销的基本原理和方法依然是如何利用企业资源做好从生产到社会服务的一系列工作。对企业来说，媒介技术影响了营销的信息沟通渠道和销售渠道，无论是摆在村口的小卖部还是流量千万的移动客户端。互联网的最大意义是提供了新的促销媒介，但是网络营销并不是促销组合的一种新方法，而是促销组合（人员促销、广告促销、营业推广和公关宣传）的实施舞台和渠道。

从行业视角看，无论是哪种婚庆 O2O 模式，面临的共同问题是如何获取用户，并且考虑促销手段在网络空间中实施的成本。即使有些社交媒体和音视频客户端是允许免费发布企业营销信息的，营销人员的时间和工作量以及制作文字、图片、视频等的资金投入也是巨大的机会成本。企业营销人员必须充分评估利用网络传播的效果。

更重要的是，婚庆互联网营销并没有真正解决婚庆市场中消费者一直以来的痛点：婚庆服务的消费是一个很烦琐的、甚至很折磨人的过程。消费者登录各种五花八门的网站平台，或下载各种 App 后，看到的仍然是眼花缭乱的各种优惠促销的杂乱信息如酒店、婚礼策划、婚纱摄影、婚礼用品等，该如何选择，依然是互联网和婚庆服务提供商需要更好解决的问题。

小　　结

1. 促销组合是指企业根据促销的需要，对广告宣传、销售促进、公共关系与人员推销等各种促销方式进行的适当选择和配合。

2. 人员推销是一种最古老的推销方式，即企业派专职或兼职的推销人员直接向可能的购买者进行的推销活动。人员推销的基本要素为推销员、推销产品、推销对象。

3. 广告是一种为了某种特定的需要，通过一定形式的媒体，公开而广泛地向公众传递信息的宣传手段。广告促销是营销组合的重要组成部分。

4. 公共关系是指企业面向社会公众所做的一切宣传联系活动。这里所说的公众，既包括企业现实和潜在的顾客，也包括竞争对手、中间商、金融保险机构、政府部门、新闻机构、科研单位及高等院校。

关 键 概 念

促销组合 人员推销 广告促销 营业推广 公共关系宣传

习　　题

一、简答题

1. 什么是促销组合？企业促销组合的四种方式是什么？
2. 一般商品和服务产品的促销组合有什么不同？
3. 根据广告目标特点的不同，可以把广告分成哪四大类？
4. 在什么条件下适宜采用人员推销的形式进行促销？

二、实训题

【实训项目】

模拟人员推销的 FABE 法则。

【实训目的】

了解人员推销的基本方法和流程，熟悉人员推销的关键要素，并为以后丰富和完善这些要素做好知识储备。

【实训内容】

每个学生把自己当作一种产品推销出去。假设有 30 秒的时间介绍并推销自己，如何利用 FABE 法则进行快速推销。

【实训步骤】

1. 教师提出基本要求。
2. 学生进行准备。
3. 学生不分组，完成后教师随机抽查学生获得的结果，并要求在班级汇报。
4. 学生提出问题。
5. 教师进行点评、总结。

【完成任务】

1. 完整描写，并形成报告。
2. 在课堂上汇报。
3. 将分析报告提交给教师。

第12章 婚庆商务合同与签单

学习目标

通过本章的学习，你应该能够：

- 了解合同的基本概念；
- 了解商务合同在婚庆服务活动中的重要作用；
- 了解婚庆市场营销中签单的重要事项。

导入案例

婚宴自助餐菜品分量惹分歧

2015 年，江苏省淮安市清河区人民法院审理了一起餐饮服务合同纠纷案，法院认为婚宴服务协议中虽未约定自助餐菜品分量，但餐饮服务提供者应按照诚实信用原则提供服务，应酌情扣减部分餐饮费用。

2015 年 4 月 17 日，李某与淮安某酒店签订一份婚宴协议，约定 2015 年 5 月 1 日 16 时至 21 时，淮安某酒店在店内朝阳厅为李某提供婚宴服务，婚宴形式为自助餐，开餐时间定于当天下午 18 时，120 人就餐（不足 120 人按 120 人计算），餐费标准 150 元 / 人，菜单双方均已确认，并约定孙经理为酒店联系人。

婚宴结束后，李某认为婚宴自助餐菜品供应分量严重不足，且部分餐品是生、冷、半熟的，导致客人提前离席，婚礼不能圆满进行，拒绝支付自助餐餐饮费。双方协商无果，淮安某酒店诉至法院，主张被告李某支付自助餐餐饮费 1.8 万元。

法院审理过程中，被告申请证人韩某、陈某、张某出庭作证，三位证人均陈述当天下午 6 时左右到酒店自助餐区就餐，发现很多菜都是空的且有生、冷现象，尤其是热菜区，由于没有足够的菜，很多宾客在当晚 7 时左右就走了。期间，证人韩某曾找酒店孙经理反映情况，孙经理同意加菜，但只加了几道素菜。

法院经审理认为，原告淮安某酒店与被告李某签订的婚宴服务协议系双方真实意思表示，合法有效，双方应按照合同约定及诚实信用原则履行义务。双方在婚宴服务协议中虽未约定自助餐菜品分量、供应情况等内容，但作为自助餐提供者的原告应按照诚实信用原则保证菜品供应质量、分量，婚宴现场宾客感到菜品分量不足且有生、冷现象，原告淮安某酒店的餐饮服务存在一定瑕疵，法院酌情对自助餐餐饮费扣减 3 000 元，判决李某支付自助餐餐饮费 1.5 万元。

（资料来源：新华网，http://www.xinhuanet.com//legal/2015-10/13/c_128311139.htm）

随着现代商务活动的日益频繁，社会对商务合同的需要也越来越迫切。商务合同是一种通用合同，在一般的商务活动中，如没有特殊情况，一般都采用商务合同的基本内容和形式规定交易双方的权利与义务。

《中华人民共和国民法典》中规定：合同是民事主体之间设立、变更、终止民事法律关系的协议。它具体是指有关各方之间在进行某种商务合作时，为了确定各自的权利和义务，而正式依法订立的、并且经过公证的、必须共同遵守的协议条文。在很多行业，包括婚庆服务行业也通俗地把签订合同称为“签单”。

12.1 合同相关的重要概念

关于合同的基本知识，最重要的是名称与内涵、印章的使用、双方的对等。

12.1.1 商务合同的名称与内涵

合同（Contract）有很多种叫法，如合同、契约、协议、合约等，还有意向书和备忘录等其他的类似合同的文件。

1. 合同及其相同概念

合同、契约、协议和合约是完全意义上的同义词，只是应用的语言环境不太一样，但从法律的角度来讲，它们是完全一致的：

（1）合同。合同名称的来由是大陆地区的官方语言，比如《中华人民共和国民法典》（第二编合同），“合同”是最正式的官方语言。

（2）契约出现在民国时期，甚至更早。当谈到类似于合同这样的词语时，更多用的是契约，合同和契约没有差别。

（3）协议是口语中的一个词语，但是也可以用在正式的合同中。

（4）合约，通常在演艺行业、娱乐行业等使用。

2. 意向书和备忘录

这两个概念和前面的合同有所不同，一般情况下并不会自动具有承诺的效力。它们在通常情况下旨在表明双方当事人在某个时间点、对某一个特定问题的理解和判断，意义在于记录和描述，以利于双方在此基础上继续协商与完善。

因此，但凡正式的意向书和备忘录当中，会有这样一段话：本意向书（或者本备忘录）除了保密条款之外的其他条款都不具有法律上的约束力。除了前述保密条款外，意向书中包含的以下条款一般也具有法律约束力：

（1）成本分配和负担；

（2）合作的排他性；

（3）不得聘用合作对方的员工以及适用的法律和争议的解决方式等。

如果一个意向书和备忘录写得非常完整，双方当事人的意思表示得非常明确，在司法判定中会把它视为合同。

3. 框架协议（Term Sheet）

即框架条款（Frame Agreement），和意向书、备忘录一样并无明确的法律定义，但是详细程度有区别。

实践中，一般将拟签订合同中最关键的条款，如在买卖合同中，品名、价格、数量、付款条件等先抽取出来，形成一个框架性的法律文件，然后以此为基础，再做适当补充，签订正式的合同或协议。所以就会有两种情形发生：

（1）交易各方并不在框架条款上签字，仅是把它作为谈判的基础；

（2）但是有时会在上面签字，使之成为一个具有法律约束力的文件。

需要注意的是，不论是用“合同”、“协议”还是“意向书”等名称，整篇文件里都应该统一。

12.1.2 印章的使用

企业印章，或者称为公司印鉴，是企业在商务活动中处理内外部事务的印鉴，公司对外的正式信函、文件、报告使用印章，盖了章的文件具有法律效力。公章由公司的法定代表人执掌，法定代表人如果把法定代表人章与公章一同使用就代表公司行为，其他的企业印章根据公司制度来管理。

与营销人员经常有关联的印章主要是公司章与合同专用章，有时需要了解法人章、财务章、发票章等的使用方式。

1. 公司章

公司公章代表了一个公司，在没有合同专用章的情况下，就必须使用公司公章来为合同加盖。由于婚庆服务行业主要是非国企的一般有限责任公司和股份有限公司，也有外资或中外合资企业，这里只介绍三种：

1）有限责任公司公章

有限责任公司印章一律为圆形，直径为4.0 cm，专用章和公司所属部门印章直径为3.8 cm，圆边宽为0.1 cm，中央刊五角星，五角星外刊企业名称，自左而右环行，或者名称前段自左而右环行，后段自左而右横行，印文使用简化的宋体字。

2）股份有限公司公章

股份有限公司印章一律为圆形，直径为4.2 cm，圆边宽为0.12 cm，专用章和公司所属部门印章直径为4.0 cm，圆边宽为0.1 cm，中央刊五角星，五角星外刊企业名称，自左而右环行，或者名称前段自左而右环行，后段自左而右横排，印章使用简化的宋体字。

3）外资企业公章

中外合资（合作）、外商独资经营企业的印章规格为椭圆，横径为4.5 cm，竖径为3.0 cm，中央不刊五角星，企业名称自左而右环行，或自左而右横排，根据用章单位的要求，可刻制钢印和中英文印章。

2. 合同专用章

合同专用章是营销签单人员最常使用的印章。工商企业合同专用章不论何种经济成分一律为圆形，直径为 5.8 cm，圆边宽为 0.15 cm，上刊企业名称，自左而右环行，中央不刊五角星，企业开户银行、银行账号、电话号码及企业地址，自上而下横排，如刻多枚合同专用章，印章下端应加刻编号，印文使用简化的宋体字。部分公章样式如图 12-1 所示。

图 12-1　公司公章样式

3. 法人章、财务章、发票章

法人章为方形，材料为有机玻璃、牛骨等，胶印和原子印章不允许使用。法人章一般用于银行印鉴、支票等。

财务章大部分为正方形，上刊执照上的名称，下加财务专用章，部分地区为椭圆和圆形加星的形状。常用材料为牛角，可盖支票及发票。

发票章为椭圆，上刊公司名称，中刊税号，下刊发票专用章，最下面刊防伪码，可用材料为胶印、原子印章、渗透印、牛骨，用于普通发票。

这些印章可大致了解，以免在签单的过程中产生不专业的问题，甚至导致业务损失。

12.1.3　合同的主体

所谓合同的主体就是参与合同订立的当事人。任何合同的订立都离不开订立合同的主体，也就是订立合同主体存在的前提条件，当这个前提条件不合格时，合同就会存在风险，想要通过合同关系得到相应利益的愿望就会落空。比如，婚庆服务合同不可能在公司与未成年人之间签订。

常见合同的主体，就是人们经常提到的甲方、乙方。甲方、乙方这几个字并非必须在合同中出现，也可以写“需方”“供方”“买方”“卖方”“委托人”“受托人”等，只是甲方、乙方比较常用。

一般来说，乙方指提供服务或产品的一方；甲方则是为服务或产品付费的一方。从法律角度看，甲方和乙方没有任何区别，订立合同的关键是划清权责和义务，确立合法合规的合同关系，这是签单工作的重点。

12.2　商务合同的结构

一般来说，合同由前言（Preamble）、正文（Main Body）和结尾（Final Clauses）三个主要部分组成，每个部分包括不同功能的条款。

12.2.1 合同的前言

前言即合同总则，其主要内容有：具有法人资格的当事人的名称（字号）或姓名、国籍、业务范围、法定住址、合同签订日期和地点，就感兴趣问题的原因，愿意达成协议的原则及授权范围。

1. 首部

主要内容指甲乙双方是谁，甲乙双方的法定代表人、注册经营地、电话和传真。如果合同有很多方，就以甲乙丙丁的顺序来排列。首部需要注意以下事项：

（1）合同当事人：可以超过两人，人数没有法律限定；当事人的名称应使用全称，以表示法律身份。

（2）法定地址：应是固定的，而不是临时的，亦不是下属分公司的。

（3）签订日期：不一定是生效时间。

（4）签订地点：如果合同的当事人不在同一地点签约，亦可不必注明签字地点。

2. 合作意向

合作意向是指描述双方当事人的交易意向和合作意向，比如甲方愿意出让某标的物（服务），乙方愿意购买某标的物（服务）。

合作意向是在表述完鉴于条款后经常被提到的，“鉴于双方有合作意向，所以特订立本协议，以兹遵守……”然后进入合同的正文部分。

12.2.2 合同的正文

正文是合同或协议的主体，明确规定当事人各方的权利、义务、责任和风险等，由各类实质性的法律条款组成。

1. 标的物（合同内容）

标的是合同的核心，它是指合同当事人之间存在的权利义务关系，如婚庆服务合同，其中的标的就是“婚礼服务”。

2. 数量与质量

这是合同对标的物的数量和质量做出保证。

3. 价格

应该明确、详细地注明价格的构成。

4. 支付方式

正常的商业行为，在选择价款支付时，甲方总是本着分期履行的原则，即尽量不要将款项一次性付清，而是根据标的物交付的具体时间和期限分批付清。

5. 交货的时间和方式

婚庆服务不同于商品交付，它的交付过程其实就是产品形成的过程，因此交货方式就是服务的流程和品质的保证。

6. 保险

婚庆服务的保险是近几年才出现的新事物，也并未广为流行。但是，作为新的保险品种，有其独特的意义，值得大家了解。

案例 12-1

沈阳推出婚礼保险

沈阳婚庆行业消息，2015 年沈阳将推出“婚礼保险”。保险范围包括化妆品造成的皮肤损伤、蛋糕到场延误半个小时、主持人言辞不当对婚礼产生不良影响等。

最高赔付额度 100 万元

据悉，新人花 66 元买份婚礼保险，将可获得最高赔付额度 100 万元。

准新娘孙女士得知即将出台的“婚礼保险”后表态：“如果保费不是很贵，我会考虑买一份。”她说，因为参加过很多次婚礼，婚庆现场难免会有一些小事故。她的闺蜜甚至还出现过婚礼化妆使皮肤过敏的，“保险也许能够挽回婚礼上带来的不快。”与孙女士看法不同，王先生认为，因为我觉得结婚毕竟是件比较喜庆的事儿，在举办婚礼前要签署一份这样的保险是比较忌讳的。

婚礼保险还将继续扩大范围

其实，早在 2007 年，相关行业就一直在力推“婚礼保险”，但迟迟没有推出。保险行业的业内人士透露，之所以“婚礼保险”推了几年才真正推出，主要是因为婚庆市场比较复杂，婚庆环节非常复杂，每个环节都有不同的责任方。针对婚庆推出保险，婚庆公司只是一个中介，一旦出现问题，保险公司要花费大量的人力、物力去核实追究过错方的责任，成本相对很高。而婚庆保险本身还有很多需要完善的地方，所以很多保险公司暂时没有大力推广。

据悉，去年一酒店突然发生火灾，使正在酒店内举行的婚礼被迫中断，客人被紧急疏散，“婚礼保险”的出台对这种情况是很好的保障。

（资料来源：http://www.hualongxiang.com/tanhunlunjia/11842704）

7. 知识产权

打包的综合婚礼服务，很有可能涉及各个团队的知识产权问题，如照片、视频等，最好提前根据相关法律约定权责。

案例 12-2

未经新郎新娘同意，摄像师竟然将婚礼视频传到了网上

绍兴的一对夫妻碰到了这么一件棘手的事情，去年 5 月份结婚时，通过婚庆公司请了一个摄像师莫某帮他们拍摄婚礼场面，但意想不到的是，去年 9 月，从朋友口中得知，这位摄像师莫某竟然没有经过夫妻俩的同意，将他们的婚礼视频放在了国内最大的视频网站，做广告宣传。夫妻俩知道具体情况后，要求莫某停止侵害他们权利的行为，莫某口头上是同意了，但却没有付诸实际行动，在 2012 年的 3 月份仍旧可以看到他们夫妻俩的视频。夫妻俩只好将莫某告上法庭。

（资料来源：（2012-04-27）http://www.e0575.cn/read.php?tid=3684795）

8. 违约责任

合同必须详细规定一旦有一方违约，应该如何处理。

9. 争议解决

属于格式性的通常条款。在国内签署合同，通常情况下应当使用国内的法律和争议解决办法。

10. 不可抗力

《中华人民共和国民法典》第一编总则第一百八十条规定：不可抗力是不能预见、不能避免且不能克服的客观情况。不可抗力条款也是属于格式性和通常的条款，不可抗力一般包括：

（1）自然灾害，如台风、洪水、地震等；

（2）政府行为，如征收、征用等；

（3）社会异常事件，如罢工、骚乱等。

12.2.3 合同的结尾

合同的结尾亦称合同的最后条款，主要内容包括合同生效、合同使用文字、补充条文及额外协议等。常见的内容有：

（1）本合同当中的附件和正文具有同等法律效力；

（2）本合同如果有补充协议，补充协议和合同正本是平等的法律关系；

（3）本合同中文本的排列序号是为了描述得更加清楚，与合同本身的理解和效力无关；

（4）此合同中任何一个条款的非法、违法、无效不影响其他条款的效力；

（5）如果双方当事人就某一事情发生争议，应当解决此争议，合同的其他内容应当继续履行；

（6）本合同一共有多少份，双方各持几份，合同自双方签字盖章之日起成立且生效。

12.3 签单的风险防范

商业活动总是伴随着风险，商务合同也不例外，既有内容的安排问题，也有签单的问题。为了防范风险，合同的谈判和签单都会有一些技术性的安排，并且已经融合在合同的结构里面。

12.3.1 法律技术性安排

法律技术性安排是指合同设计层面，服务合同一般有以下几方面：

1. 定金

（1）定金的目的

定金的目的是稳定交易，促进交易的实现。

（2）定金的规定

“定金”有别于“订金”，前者具有定金法则的法律效力。《中华人民共和国民法典》第三编合同中规定：当事人可以约定一方向对方给付定金作为债权的担保。定金合同自实际交付定金时成立。……给付定金的一方不履行债务或者履行债务不符合约定，致使不能实现合同目的的，无权请求返还定金；收受定金的一方不履行债务或者履行债务不符合约定，致使不能实现合同目的的，应当双倍返还定金。

（3）定金的数额

定金的数额可由双方当事人约定，但上限是标的物的 20%。

2. 违约金

违约金以损失为参考。在司法事件中，双方所约定的违约金的标准是不能超过同期人民银行贷款利率的 4 倍。

《中华人民共和国民法典》第三编合同中规定：当事人可以约定一方违约时应当根据违约情况向对方支付一定数额的违约金，也可以约定因违约产生的损失赔偿额的计算方法。

约定的违约金低于造成的损失的，当事人可以请求人民法院或者仲裁机构予以增加；约定的违约金过分高于造成的损失的，当事人可以请求人民法院或者仲裁机构予以适当减少。

3. 担保

合同是对权利义务的约定，当双方不能为自己的约定负责时，就需要有第三方来进行担保。

（1）一般保证是指如果债务人不偿还债务，债权人状告债务人，然后执行债务人的财产，若债务人的财产不足以偿还债务由保证人承担。

（2）连带保证责任是指债权人可以找保证人直接主张债权，也可以找债务人主张债权，也可一并状告二者。

婚庆服务的担保可以涉及新人与婚庆机构双方。

12.3.2　婚庆签单的风险控制

签单风险是指签单时因为没有注意到时间、主体效力以及附件等因素的缺点而导致的合同履行风险。签单时的风险主要是流程性质的，需要细心，同时要对合同的所有环节心中有数。

1. 注意所有的日期

（1）签署日期。

（2）生效日期。

（3）工作日和非工作日。

2. 注意名章效力

（1）法定名称才行，不能是笔名，人名章也不行。

（2）手印。

（3）法定代表人签字。

（4）授权人或指定代表人。

3. 注意附件风险

婚庆服务合同尤其需要注意附件风险，因为其附件有时候很多，且很烦琐。

（1）本合同及其附件构成不可分割的整体，并具有同等法律效力。

（2）附件也需盖好骑缝章。

案例 12-3

婚庆服务合同（样本）

甲方：（委托方）　　　　　　　　　　乙方：某婚庆服务公司

新郎：　　　　　　　　　　　　　　　联系人：

新娘：

地址：

联系电话：

根据《中华人民共和国民法典》《中华人民共和国消费者权益保护法》及有关法律法规，结合本次婚礼庆典服务的具体情况，甲、乙双方在遵循自愿、平等、公平、诚信的原则基础上，经双方协商一致，签订本合同。

第一条　婚礼庆典基本情况

举行时间：____年____月____日____时____分

举行地点：____市____区____路____弄____号　　（饭店）____厅

婚　　宴：共____桌

第二条　约定事项

各具体项目类别及价款（请在选定的项目前打√，未选择项目请划去）：

□总体策划　价款：人民币________元

□婚礼主持　价款：人民币________元

□婚车使用　价款：人民币________元

□化妆服务　价款：人民币________元

□纪实摄影　价款：人民币________元

□纪实摄像　价款：人民币________元

□其他服务项目　价款：人民币________元

各项目的具体约定内容详见相关附件。

第三条　约定事项的总价款

上条选定约定事项的价款总计为人民币（大写）________元。

第四条　付款

（一）本合同生效后，甲方应按所选约定事项总价款的 30 %即人民币________元向乙方交纳定金；

（二）如选择婚车使用项目，则试妆、婚礼主持人见面、策划完成后付总价款的 50 %即人民币________元；婚礼当天车辆到达验收合格后付总价款的 10 %即人民币________元；

如未选择婚车使用项目，则试妆、婚礼主持人见面、策划完成后付总价款的 50 %即人民币________元；

（三）完成所有服务项目后付清余款总价款的 10 %即人民币________元；

（四）如需增加服务项目，需另订补充协议，价款及付款方式以补充协议为准；

双方所有款项往来均应出具收据，结束后乙方应统一开具发票交甲方。

第五条 乙方义务

乙方应严格遵照本合同的内容，按照双方约定的程序及要求，安全、有效、及时地完成各约定事项。

第六条 甲方义务

甲方应按时支付各约定事项的价款。

第七条 任一方如单方面无故终止本合同，应按合同总价款的 30% 即人民币________元支付违约金。

第八条 乙方违反第五条的约定，甲方有权单方面解除合同，并要求乙方承担由此产生的违约责任，同时根据所造成的实际损失，要求乙方给予赔偿。

第九条 甲方违反第六条的约定，乙方有权单方面解除合同，并要求甲方承担由此产生的违约责任，同时根据所造成的实际损失，要求甲方给予赔偿。

第十条 若附件对违约条款及赔偿标准另有具体约定的，从其约定。

第十一条 不可抗力在本合同有效期内，任何一方对于不可抗力事件所直接造成的延误或不能履行合同义务不需承担责任，但该方应采取必要的措施以减少造成的损失。

第十二条 合同权利义务的转让

乙方如遇不可抗力事件，经甲方同意后，可将本合同中乙方的部分权利和义务转让给第三人，如该转让使甲方遭受损失的，该实际损失应由乙方承担。

第十三条 争议解决方式

合同履行中若发生争议，由双方自行协商解决；或向有关行业组织及消费者权益保护委员会申请调解。

当事人不愿协商、调解的或协商、调解不成的，可通过下列方式（请选定的方式前打√，空置内容请划去）：

□向仲裁机构（名称：　　　　　　）申请仲裁

□向人民法院提起诉讼

第十四条 合同的未尽事项及变更

本合同如有未尽事宜，双方应通过订立书面补充协议进行约定。

本合同在履行过程中如需对本合同及附件内容作补充、删减或修改等变更事宜的，须经双方达成书面变更协议，取代其所修正的内容。

第十五条 合同的生效

本合同自双方签字或盖章之日起生效，本合同壹式 份，具有同等效力。其中甲、乙双方各执份。本合同附件、补充协议、变更协议为本合同的组成部分，具有同等效力。

第十六条 合同附件

下列附件与第五条的约定相对应（请在需要的项目前打√，空置项目请划去）：

□附件一：总体策划约定　　　　□附件二：婚礼主持约定

□附件三：婚车使用约定　　　　□附件四：化妆服务约定

□附件五：摄影服务约定　　□附件六：摄像服务约定

□附件七：其他服务项目约定　　□附件八：补充约定

□附件九：服务变更约定　　□附件十：服务验收单

合同附件上均应有甲乙双方的签名及具体签署日期。如企业另有合同附件的，其内容应当包括上列示范合同附件内容。

[本页以下无]

甲方（签章）：　　乙方（签章）：

新郎：　　婚庆机构：

新娘：　　法定代表人：

联系地址：　　联系地址：

联系电话：　　联系电话：

日　期：　年　月　日　　日　期：　年　月　日

附件一

婚车使用约定

乙方向甲方提供婚车，用于婚礼庆典活动当天使用。具体约定如下；

一、婚车要求：

品牌　　；型号　　；颜色　　；数量　　辆；

品牌　　；型号　　；颜色　　；数量　　辆。

若上述车辆发生异常情况（如车辆故障、意外交通事故等），同意选择以下备用车辆；

备用选择一：品牌　　；型号　　；颜色　　；数量　　辆；

备用选择二：品牌　　；型号　　；颜色　　；数量　　辆。

二、服务项目：

□ 80 公里或 8 小时

□ 50 公里或 5 小时

□其他____。

三、服务起始时间：　年　月　日　时　分；

服务起始地点：______________________________。

四、婚车装饰要求（见附件五）。

五、每辆婚车须配司机 1 名，婚车服务费包括汽油费。其他费用由甲方承担（如停车费、过桥费等）。由于甲方原因造成车辆损坏的，车辆维修费及其他相关费用由甲方承担。

六、婚车服务超出上述公里部分，按每公里________元支付；超出上述时间部分，按每小时________元支付；两者均超出约定的，按________方式支付。本条所涉报酬，甲方应于用车当天一次性支付给乙方。

七、婚车在服务过程中，如遇异常情况导致车辆无法正常行驶的，乙方应于________小时内另派车辆到达原车辆正在提供服务之处。使用同等级别以上车辆的不作赔偿，使用低于原级别车辆的，赔偿该车约定报酬的________%；超过________小时到达的，赔偿该车约定报酬的________%。

八、婚车未在服务起始时间内到达起始地点的，延迟________分钟应退还本附件报酬的________%即________元作为赔偿。

九、婚车使用前________天，如遇异常情况导致车辆无法按约定服务的，乙方应及时告知甲方，并提供相关证明，同时提供约定的备用车辆，并向甲方退还差额部分服务报酬________元；若提供其他车辆的，乙方承担违约责任，并支付违约金________元。

十、无法如约提供婚车服务的，乙方按下列方式赔偿；

□以本附件报酬退一赔一的方式赔偿甲方________元；

□以________________的方式赔偿甲方________元。

十一、其他约定____。

甲方（签字）：　　　　　　　　　　　　乙方（签章）：

日期　　年　　月　　日　　　　　　　日期　　年　　月　　日

附件二

化妆服务约定

婚礼庆典化妆服务具体约定如下：

一、化妆师：

人数________名________级别________联系电话________。

二、服务起始时间：________年____月____日____时____分；

服务起始地点：　　　　　　　　　　　　。

三、使用的化妆品必须符合国家的相关标准，如有特殊要求的请注明。

四、被化妆人员。

五、化妆服务项目。

□全程：第一套服装造型化妆至最后一套服装造型化妆结束；

□半程：提供第一套服装造型化妆；

□补妆：不提供第一套服装造型化妆、仅提供补妆及造型改变服务；

□其他____。

六、被化妆人员皮肤过敏史说明____________________（可附页）。

七、乙方应提供________次免费试妆，以确定化妆师的具体人选和测试被化妆人员有无过敏反应；因化妆产生过敏反应允许调换化妆品，如皮肤不适应化妆，甲方可以解除本约定。

试妆时间：____年____月____日____时____分或电话预约________；

试妆地点：____。

八、被化妆人员婚礼当天服装说明________________________（可附页）。

九、双方均不得随意更换约定的化妆师人选及使用的化妆品。

十、本约定服务报酬中包含约定的化妆品、________________等服务所需用品。

十一、其他约定。

甲方（签字）：　　　　　　　　　　乙方（签章）：

日期：____年____月____日　　　　　日期：____年____月____日

附件三

摄影服务约定

婚礼庆典摄影服务具体约定如下：

一、服务项目：

乙方提供摄影师____名，在甲方举办婚礼庆典时，以□数码摄影　□胶片摄影　的方式，提供摄影服务（□是 / □否），需要进行后期制作。

二、服务标准及要求：

（一）提供服务的摄影师应具备如下条件：

级别________其他要求__________________。

（二）服务要求：

□数码摄影要求：

（1）照相机品牌________，不小于________像素；

（2）在服务时间内，拍摄数字图像不少于________幅；

（3）图像输出方式：□冲印　□喷墨打印　□ ________；

（4）所有原始图像文件应刻录成数字光盘。

□胶片摄影要求：

（1）相机品牌及型号________；

（2）在服务时间内，使用________品牌，□ 135　□ 120 胶卷，数量为________卷；

□其他拍摄要求：____________________；

□后期制作要求：____________________；

□电子相册：选定照片制成□ VCD □ DVD 电子相册________碟；

刻录光盘或其他刻录介质的品牌

□冲印：相纸使用________________品牌，□光面□绒面。

三、交付时间：

摄影成品的交付时间为____年____月____日至____年____月____日。

四、乙方提供摄影服务中的拍摄时间为______小时；

拍摄起始时间：____年____月____日____时____分；

拍摄起始地点：______________________________。

五、其他约定：

（一）甲方如需变更拍摄时间，应提前____天书面告知乙方。

（二）甲方应于拍摄前提供活动流程并注明必拍场景。

____（可附页）。

（三）甲方要求延长拍摄时间的，另外加付________元 / 小时拍摄服务报酬。（不足一小时以分钟计）

（四）甲方超过约定日期____个月未领取摄制成品的，乙方不负保管责任，但应作妥善处理。

（五）在本约定履行完毕后，乙方仅享有对于摄影作品的署名权，对于著作权中的其他权利，乙方必须在取得甲方的书面同意后方可行使。

（六）乙方留有原始图像文件或复制件的，必须妥善保管，不得向第三方提供。

（七）乙方必须保守因签订和履行本合同而获悉的甲方隐私。

（八）制成的 VCD 或 DVD 影碟制式应当兼容 CD-R、DVD±R 播放设备。

（九）____。

六、违约责任：

（一）乙方所摄制的成品缺少约定的必拍场景，应按每个场景____元进行赔偿。

（二）摄影师不能在约定的时间提供摄影服务的，经甲方同意，乙方可及时安排职业等级或技术水平相当的其他摄影师；但甲方也可以因此单方解除本约定，并要求乙方支付违约金________元。

（三）乙方胶片摄影（以 36 张 / 卷为基数）中，允许废片幅度（影像模糊、曝光不足或过度致使影像质量不良、空镜头）率为____%，超过________% 的部分由乙方按实际张数的________倍赔偿胶片（不满一卷按一卷计），并承担冲印费。

（四）乙方在处理加工拍摄图像时，造成图像全部灭失，则由乙方负责退还全部服务报酬，并向甲方支付________倍于服务报酬的赔偿金，即________元；如图像部分灭失，退还灭失部分的报酬，并按前述赔偿金的比例向甲方支付赔偿金________元。

（五）乙方应当对其工作人员利用职务之便侵犯甲方肖像权、隐私权的行为承担责任。

甲方（签字）：　　　　　　　　　　　　乙方（签章）：

日期：____年____月____日　　　　　　日期：____年____月____日

附件四

摄像服务约定

婚礼庆典摄像服务具体约定如下：

一、服务项目：

乙方提供摄像师____名，在甲方举办婚礼庆典时，提供摄像服务，并进行后期制作。

二、服务标准及要求：

（一）提供服务的摄像师应具备如下条件：

级别____________其他要求____________。

（二）摄像机要求

□数码摄像机，品牌及型号________，台数________；

□模拟摄像机，品牌及型号________，台数________。

（三）后期制作要求：

1. 拍摄内容经简单剪辑（包含：片头、片尾，字幕，配乐等）后，制作成录像片，片长不少于________分钟，并制成□ DVD □ VCD □________，数量________碟。

2. 光盘或其他刻录媒介的品牌及型号________________________________。

3. 电子相册：将指定照片________张，制作成电子相册，编入录像片。

三、交付时间：

摄像成品的交付时间为____年____月____日至____年____月____日。

四、乙方提供摄像服务中的拍摄时间为____小时；

拍摄起始时间____年____月____日____时____分；

拍摄起始地点______________________________。

五、其他约定：

（一）甲方如需变更拍摄时间，应提前____天书面告知乙方。

（二）甲方应于拍摄前提供活动流程并注明必拍场景。

____（可附页）。

（三）甲方要求延长拍摄时间的，另外加付________元/小时拍摄服务报酬。（不足一小时以分钟计）

（四）甲方超过约定日期____个月未领取摄制成品的，乙方不负保管责任，但应作妥善处理。

（五）在本约定履行完毕后，乙方仅享有对于摄像作品的署名权，对于著作权中的其他权利，乙方必须在取得甲方的书面同意后方可行使。

（六）乙方留有原始影像文件或复制件的，必须妥善保管，不得向第三方提供。

（七）乙方必须保守因签订和履行本合同而获悉的甲方隐私。

（八）使用模拟摄像机拍摄的影像制作成 DVD、VCD 或录像带后，影像质量逊于原像带。

（九）制成的 VCD 或 DVD 影碟制式应当兼容 CD-R、DVD±R 播放设备。

（十）____。

六、违约责任：

（一）乙方所摄制的成品缺少约定的必拍场景，应按每个场景________元进行赔偿。

（二）摄像师不能在约定的时间提供摄像服务的，经甲方同意，乙方可及时安排职业等级或技术水平相当的其他摄像师；但甲方也可以因此单方解除本约定，并要求乙方支付违约金________元。

（三）乙方在处理加工拍摄影像时，造成影像全部灭失，则由乙方负责退还全部服务报酬，并向甲方支付________倍于服务报酬的赔偿金，即________元；如影像部分灭失，退还灭失部分的报酬，并按前述赔偿金的比例向甲方支付赔偿金________元。

（四）乙方应当对其工作人员利用职务之便侵犯甲方肖像权、隐私权的行为承担责任。

甲方（签字）：　　　　　　　　　　乙方（签章）：

日期：____年____月____日　　　　　日期：____年____月____日

附件五

其他服务项目约定

序号	各项服务内容说明	服务报酬
一	总体策划 1．策划人员 人数______名　姓名______________________ 联系方式______________________________________ 2．策划项目 □婚礼前　□婚礼当天 □其他______________ 3．乙方应于______年____月____日前将策划方案交于甲方。 4．具体策划方案（另附页）	
二	婚礼主持 1．主持人 人数____名　姓名____________________________ 级别________　联系方式______________________ 特别要求______________________________________ 2．主持项目 □全程　□半程　□其他____________________ 3．主持人服务时间 ______年____月____日____时____分起至____时____分止。 服务地点__________________________________ 到达时间__________________________________ 4．主持流程和注意事项（另附页）	
三	婚事顾问、督导及其他	
四	婚纱及礼服 尺　　寸： 取还时间：	
五	喜帖及请柬 型号及数量	
六	喜糖 品种及数量 1．送货方式 2．送货地点 3．送货时间 其他	
七	代订婚礼场地	
八	婚礼场地背景装饰	
九	鲜花 1．婚礼场内 2．车花 3．手捧花 其他	
十	舞台烛台 宴席烛台	
十一	舞台灯光及效果	
十二	香槟塔及香槟酒	
十三	蛋糕 1．品牌 2．式样 3．其他	
十四	乐队	

续表

序号	各项服务内容说明	服务报酬
十五	婚房布置	
十六	宴席酒水	

其他服务项目服务报酬小计：__________________（大写）

甲方（签字）：　　　　　　　　　　乙方（签章）：

日期：_____年_____月_____日　　　　日期：_____年_____月_____日

小　结

1. 合同、契约、协议和合约是完全意义上的同义词，只是应用的语言环境不太一样，但从法律的角度来讲，它们是完全一致的。

2. 与营销人员经常有关联的印章主要是公司章与合同专用章，有时候需要了解法人章、财务章、发票章等。

3. 一般来说，合同由前言（Preamble）、正文（Main Body）和结尾（Final Clauses）三个主要部分组成，每个部分包括不同功能的条款。

4. 签单风险是指签单时因为没有注意到时间、主体效力以及附件等因素的缺点而导致的合同履行风险。

关键概念

合同 公章 合同结构 合同主体 签单风险

习　题

一、简答题

1. 合同的前言一般包括哪些内容？
2. 婚庆服务合同是否必须包含保险条款，为什么？
3. 为了降低合同风险，设计合同时一般会做哪些技术性法律安排？
4. 签单时的风险主要有哪些？

二、实训题

【实训项目】

模拟设计婚庆服务合同。

【实训目的】

了解合同的结构、必要条款和风险因素，为以后可能出现的合同订立做好知识储备。

【实训内容】

学生针对婚庆服务的任何一个环节设计一个合同。

【实训步骤】

1. 教师提出基本要求。

2. 学生进行准备。

3. 学生分组，完成后教师检查各组作业，并要求在班级汇报。

4. 学生提出问题。

5. 教师进行点评、总结。

【完成任务】

1. 形成完整的合同格式。

2. 在课堂上汇报。

3. 将作业提交给教师。

参 考 文 献

[1] 科特勒，阿姆斯特朗 . 市场营销 [M]. 俞利军，译 . 北京：华夏出版社，2003.

[2] 科特勒 . 营销管理：第十版 [M]. 梅汝和，梅清豪，周安柱，译 . 北京：中国人民大学出版社，2001.

[3] 科特勒，阿姆斯特朗 . 科特勒市场营销教程：第四版 [M]. 俞利军，译 . 北京：华夏出版社，2000.

[4] 科特勒，阿姆斯特朗 . 市场营销原理：第 9 版 [M]. 北京：清华大学出版社，2003.

[5] 孙全治 . 市场营销案例分析 [M]. 南京：东南大学出版社，2004.

[6] 昆奇，多兰，科斯尼克 . 市场营销管理: 教程和案例 [M]. 吕一林，等译 . 北京: 北京大学出版社，2004.

[7] 索罗门，马歇尔，斯图尔特 . 市场营销学原理：第 4 版 [M]. 何伟祥，熊荣生，等译 . 北京：经济科学出版社，2005.

[8] 埃策尔，沃克，斯坦顿 . 新时代的市场营销：第 13 版 [M]. 张平淡，牛海鹏，译 . 北京：企业管理出版社，2004.

[9] 杰恩 . 市场营销策划与战略：第六版 [M]. 贾光伟，译 . 北京：中信出版社，2004.

[10] 海德 . 市场营销实务 [M]. 陈立平，译 . 北京：经济管理出版社，2005.

[11] 茅野健 . 销售学 [M]. 钱兆和，刘春明，译 . 北京：北京科学技术出版社，1988.

[12] 克拉克 . 市场营销的成败得失 [M]. 高寿昌，等译 . 上海：上海译文出版社，1996.

[13] 史蒂文斯，洛顿，雷恩，等 . 营销规划：第 2 版 [M]. 王琦，等译 . 北京：机械工业出版社，2000.

[14] R W JACKSON，R D HISRICH. Sales and Sales Management[M]. New Jersey：Prentice-Hall,Inc.，1996.

[15] W D PERREAULT, D J MCCARTHY. Basic Marketing[M]. 13th ed. New Jersey：McGrawHill，1999.

[16] PHILIP KOTLER. Marketing Management[M]. 10th ed. New Jersey：Prentice-Hall,Inc.，2000.